# 空荡荡的地球

EMPTY PLANET

## 全球人口下降的冲击

[加] 达雷尔·布里克（Darrell Bricker） 著　闫佳 译
　　 约翰·伊比特森（John Ibbitson）

机械工业出版社
China Machine Press

## 图书在版编目（CIP）数据

空荡荡的地球：全球人口下降的冲击 /（加）达雷尔·布里克（Darrell Bricker），（加）约翰·伊比特森（John Ibbitson）著；闾佳译 . —北京：机械工业出版社，2019.7

书名原文：Empty Planet: The Shock of Global Population Decline

ISBN 978-7-111-63159-0

I. 空… II. ①达… ②约… ③闾… III. 人口 - 研究 - 世界 IV. C924.1

中国版本图书馆 CIP 数据核字（2019）第 135187 号

本书版权登记号：图字 01-2019-3886

Darrell Bricker, John Ibbitson.Empty Planet: The Shock of Global Population Decline.
Copyright © 2019 by John Ibbitson and Darrell Bricker.
Simplified Chinese Translation Copyright © 2019 by China Machine Press.

Simplified Chinese translation rights arranged with Westwood Creative Artists Ltd.through Andrew Nurnberg Associates International Ltd. This edition is authorized for sale in the People's Republic of China only, excluding Hong Kong, Macao SAR and Taiwan.

No part of this book may be reproduced or transmitted in any form or by any means, electronic or mechanical, including photocopying, recording or any information storage and retrieval system, without permission, in writing, from the publisher.

All rights reserved.

本书中文简体字版由 Westwood Creative Artists Ltd. 通过 Andrew Nurnberg Associates International Ltd. 授权机械工业出版社在中华人民共和国境内（不包括香港、澳门特别行政区及台湾地区）独家出版发行。未经出版者书面许可，不得以任何方式抄袭、复制或节录本书中的任何部分。

## 空荡荡的地球：全球人口下降的冲击

出版发行：机械工业出版社（北京市西城区百万庄大街 22 号　邮政编码：100037）
责任编辑：黄姗姗
责任校对：殷　虹
印　　刷：北京瑞德印刷有限公司
版　　次：2019 年 8 月第 1 版第 1 次印刷
开　　本：147mm×210mm　1/32
印　　张：10.125
书　　号：ISBN 978-7-111-63159-0
定　　价：59.00 元

客服电话：（010）88361066　88379833　68326294　　投稿热线：（010）88379007
华章网站：www.hzbook.com　　　　　　　　　　　　读者信箱：hzjg@hzbook.com

版权所有·侵权必究
封底无防伪标均为盗版　本书法律顾问：北京大成律师事务所　韩光 / 邹晓东

致 Nina 和 Emily，没有你们，就没有我。

达雷尔·布里克

缅怀 Barry Bartmann，我的导师和最敬爱的朋友。

约翰·伊比特森

|推荐序|

## 空荡荡的星球，就是再美对人类也没有意义

黄文政 / 梁建章

### 里约奥运的环保主题

2016年里约奥运会开幕式给我们印象最深的，不是美轮美奂的视觉效果，而是贯彻始终的环保主题。开幕式展现了海洋、森林的景象，并用系列图表说明，碳排放不断增加，气温升高，不少绿地可能消失在海平面之下。巴西以此告知世人，人类面临气候灾难，要珍惜大自然给予我们的一切。

巴西是一个自然资源丰富，但发展程度依然不高的国家。里约奥运会开幕式上选择这一主题，反映了环保理念已在全球深入人心。确实，巴西对气候变化的担忧是在情理之中的。过去几十年里，主体位于巴西、被称为"地球之肺"的亚马逊雨林一直在萎缩，让人们担心这会影响地球气候。

但亚马逊雨林的变化不是单向的。在哥伦布到达美洲前，亚马

逊雨林中很多地方已有大量印第安人居住，在欧洲殖民到来以后，这些地方逐渐成为无人区，雨林面积也随之扩大。而到 1972 年跨亚马逊公路开通后，雨林面积又开始大幅减少，并持续至今。

实际上，包括气候在内的地球环境一直处在振荡性的变化中。比如，地表海平面在 1900～2000 年的 100 年间上升了约 0.2 米，而 2000～2100 年的 100 年间，预计将再上升到 0.3～1.2 米，最悲观的估计甚至达到 2.7 米。

但这个令人类忧心忡忡的变化，放在更长的时间尺度上并不突出。从上一冰河期结束的 2 万多年前到人类文明出现的 8000 年前，海平面上升就超过 120 米。但在人类活动日益频繁的过去 6000 年里，海平面却基本处于稳定之中。而上一次冰河期开始之前的约 13 万年前，海平面甚至比现在还要高出 6～9 米。

## 人类自身繁衍的危机

虽然气候变化值得人类警觉并认真应对，但上述海平面上升的例子也说明，相对于地球自身的变化，人类的力量依然十分渺小。在更好地预测并适应地球变化的同时，我们对其他可能深刻影响人类未来的变化应该给予更多的关注。在这方面，《空荡荡的地球》一书所讨论的人类自身繁衍危机，正是一个需要引起广泛重视的议题。

这本书的作者分别是国际知名的益普索公司公共事务 CEO 达雷尔·布里克和加拿大《环球邮报》的资深记者和专栏作家约翰·伊比特森。该书的主要观点是，到 2050 年前后，或者更早，人类将迎来全球人口拐点。未来人口下降趋势几乎是不可遏制的。在许多发达国家和发展中国家,人口下降已经是进行时。我们正在面临一个急剧缩水的地球村。作者敏锐地认识到,这个变化正在重塑人类社会。

作为长期关注并探讨中国乃至世界人口问题的研究者,我们非常欣慰地看到这本书的中译本在中国出版。我们还认为,该书关注的人口萎缩趋势,对人类文明的影响,要远比气候变化更加确定,也更加深远。比如,在未来一两百年里,环保努力能否拯救亚马逊雨林还不得而知,但巴西人口的大幅减少,看来则是确定无疑的。

本书第 7 章以"巴西的工厂关门了"为标题,描述生育意愿越来越低的巴西女性以结扎等措施来减少生育。书中提到,巴西的生育率近年在不断下降,而且未来难以回升。不过,书中列出的巴西生育率依然有 1.8。根据世界银行的最新数据,巴西 2017 年生育率只有 1.71,而位于华盛顿的人口文献局以及美国中央情报局的最新数据中,巴西 2018 年的生育率分别仅为 1.6 和 1.65。

要维持人口长期不衰减,生育率必须达到 2.1 左右的更替水平。相对于这个更替水平,1.65 的生育率意味着人口数每代减少 21.4%。即使假设生育率不再继续下降,而是维持在 1.65,巴西人口也将从目前的 2.1 亿衰减为 21 世纪末的 1.4 亿,和 22 世纪末的 7000 万左右。

相对于巴西，中国的人口衰减幅度更是触目惊心，这是因为中国未来的生育率会远远低于巴西。本书在列举中国生育率的各种不同数据后表示，即使是 1.0 左右的数据也不像听起来那么离谱。这与我们的判断是一致的。

我们根据近年出生人口及各种信息综合推算，在去除短暂的全面二孩堆积反弹因素后，中国自然生育率不到 1.2。即使中国生育率能维持在 1.2，而不像各种证据显示的会进一步下降，中国人口也将从目前接近 14 亿，到 21 世纪末萎缩到 6 亿，到 22 世纪末萎缩到与巴西相当的 7000 万左右。即，相对较低的生育率，在六七代人的时间里就会让中国目前 7 倍于巴西的人口优势消失殆尽。

尽管中国的人口坍塌问题较为突出，但人口衰减将是全球性的问题。对此，书中写道："在整个地球，出生率都在暴跌。这种暴跌意味着一切。这种暴跌是联合国预测错误的原因所在。这种暴跌将说明，为什么世界变得越来越小，而且进展的速度比大多数人想象中的要快得多。"

## 对联合国人口预测的质疑

本书的一大价值是全面质疑联合国对中国和其他发展中国家的人口预测。我们早在 2015 年就曾撰文《联合国不应严重高估中国未来人口》指出联合国对中国的人口预测具有严重误导性。本书作者则根据他们在全球各地的调查经历指出，联合国不仅严重高估中国未来人口，也普遍高估其他国家的未来人口，尽管对其他国家人口的高估没有对中国那么严重。

本书写道:"如果你跟一些人口统计学家私下讨论过,你会听到他们的怀疑:联合国是不是有意识地对所有不利的证据置之不理,保持高位人口预测以将危机感最大限度地放大,从而证明限制经济增长的干预措施正当合理,同时确保联合国的援助项目有继续存在下去的必要。但无须沉迷于阴谋理论也可以得出结论,联合国采用了一套错误的模型,这套模型的基础假设适用于过去,但很可能不再适合将来。"

本书作者认为未来全球人口将更加接近联合国的低位预测,而不是理应更准确的中位预测。他们写道:"我们认为,联合国的低位预测(或与之类似的情况)将成为现实。正在阅读本书的大多数人都能活到见证地球人口开始下降的那一天。多巴火山、黑死病、殖民统治的蹂躏以及其他天灾人祸,导致了过去的人口崩溃。这一次,情况会有所不同。这一次,它将来得缓慢且蓄意。出于人类自己的选择,我们每一年的人口,将年复一年地减少。"

## 人口趋势对全球竞争势力的影响

本书用不少篇幅讨论了人口变化对全球各国的影响。这些判断甚至体现在第9章"中国与印度:两个人口大国的选择"和第10章"第二个属于美国的世纪"这些标题上。

针对中国的人口趋势,书中写道:"如果中国的家长效仿此途(指生育率向大城市看齐),截至21世纪末,中国的人口就只剩5.6

亿了。从人口的角度看，中国的规模并不比美国大太多。因此，对中国而言，这些全非利好消息。"

作者的结论是，中国会因为人口衰减而陷入困境。本书还引用政治学家马克·哈斯的话说，"中国和俄罗斯人口的快速严重老龄化，将使这两个国家难于取代美国，成为世界领先的经济和军事大国。靠着充足的移民，美国迈入老龄化的步伐，将比其他大国慢，从而进一步巩固其领先地位。"

比起这位仅提及美国移民优势的政治学者，本书的作者更认识到："美国、中国和俄罗斯出生率之间的差距，是美国的另一项资产。美国的生育率为1.9；俄罗斯是1.5。据官方统计，中国为1.6——当然，我们已经看到，实际数据可能还要低许多。跟其最大的地缘政治竞争对手相比，美国的繁殖力更强健。依靠移民和更高的生育率，较之大多数主要发达国家，美国能更好地在21世纪内维持其人口规模。"

不过，作者对美国近年兴起的本土主义和反移民情绪以及特朗普的"美国优先"持负面的观感，并相信与世隔绝的美国必将承受不幸的命运。对此，书中写道："如果美国真的垮掉，另一个强国可能会占据主导地位：印度。尽管存在大量内部矛盾，但该国正在实现现代化，不断发展。由于其生育率目前处于替代率水平，印度可以享受数十年的黄金岁月，拥有大量的年轻人口生产和消费财富。但最终，印度的人口也将走向衰败，而与此同时，世界会饶有兴致地看着这个充满活力的社会走上舞台中央。"

## 不谋而合之外的观点差异

本书对全球人口趋势的判断方向与我们不谋而合，但对这种趋势影响的看法，与我们不尽相同。作者与我们最大的共识是，人口衰减是一件大事，今天出生的孩子步入中年的时候，世界将迥异于我们自己同龄时。作者和我们也都相信，随着人口衰减，地球会变得更加城市化，退休年龄会提高，创新和创造力会下降。特别是，面对人口的数量一代少于一代的趋势，还没有人找到任何方法来挽救文化的灭绝。

但书中也有一些观点是我们不认可的。

首先，我们觉得本书低估了中国的韧性和潜力。作者似乎没有考虑到，中国目前的发展，依然远不到与中国人聪明、勤劳、注重教育、追求成功的现实相符的水平。只要各种机制改革到位，中国依然有巨大的空间来发挥中国人口的存量优势。这种上升势头在未来二三十年锐不可当。如果中国当下能够痛下决心，全力应对人口危机，成功逆转人口颓势，中国的未来依然不可限量。

其次，我们对移民的态度也比两位作者更为谨慎。毫无疑问，移民是美国和加拿大立国的基础，也是这两个国家获得巨大成功的重要因素。但由于新进移民在种族、文化和宗教上与主流社会之间的差异远大于早期移民，美国和加拿大都从民族熔炉转变为民族拼盘。当原先的主流族群失去数量优势时，一旦经济遭遇困境，危机感很可能引发政治上的族群分裂。特朗普当选的这次大选，就比美国过去任何一次大选更表现为白人和非白人的分野。

如本书所言，与其他东亚国家一样，中国没有接受和吸纳移民的传统。我们虽然支持中国吸引并接纳国外特殊人才，但并不认为大规模引进移民是缓解低生育率危机的可行之道。中国目前人口的危机根本无法由其他国家的移民所填补。而如果引进的移民多到足以缓解人口衰减的危机，那移民进入所带来的问题可能比其所解决的问题更大。这点可以从网络上近年兴起的反移民言论看出端倪。

此外，本书似乎认为，人口衰减会带来劳动力短缺，能让老年人更容易找到工作，而人工智能会解决劳动力短缺问题。对这些看法我们抱以不同观点，人口萎缩并不意味着劳动力短缺。这是因为所有的工作机会都来自人的需求，人口少需求也小，工作机会自然也少。整体而言，人口规模对就业的影响为中性，但略偏正面。这是因为人口越多，求职者与工作机会越容易匹配。假设全球人口衰减为现在的1/100，那么理发师、会计师职位可能也是现在的1/100，而航天、高铁这些需要巨量人口支撑的行业以及类似罕见疾病治疗和研究古代语言这些小众领域的职位就会消失。

劳动力过剩或短缺的根源是经济失衡，而非人口多寡。在持续低生育率下，由于年轻人口减少造成劳动力萎缩先于消费市场萎缩，人口锐减在初期可能会带来劳动力短缺，但长期更可能造成劳动力过剩。原因是，低生育率除了弱化规模效应，更减少了孩子和年轻人口的比例。相对于成人和中老年人，孩子和年轻人更容易适应新的生活方式，更能发展未来所需的技能。实际上，在目前出现人口萎缩的国家和区域，就业形势甚至更差。

至于人工智能可以缓解劳动力短缺，看起来像是对虚假问题提供的不当的解决方案。像之前的技术进步一样，人工智能可以提高工作效率，让人类以较少的工作时间创造出更多更好的商品和服务。虽然人口萎缩短期内可能造成暂时性劳动力短缺，并提升对人工智能的需求，但长期而言，却会弱化和窄化这种需求，并削弱开发人工智能技术的人力和财力。目前人工智能最发达的恰恰是中国和美国，因为这两个国家需要和开发人工智能的有效人口也最多。

本书认为人口减少可以让更少的工人分享更多的工资，让家庭收入更高，让社会变得更加富裕（尽管作者坦承他们对此也不确定）。在我们看来，这些观点是站不住脚的。在宏观上，我们所享受的财富并不是存量，而是流量。

衡量社会富裕程度最核心的指标人均GDP是指每个人平均创造或者享用的价值。这些价值的产生来自于需求与供给的匹配。人口越少，需求和供给的多样性和规模效应都会下降，匹配的效率也会降低。因此，与很多人预料的相反，人口萎缩最终不仅降低GDP总量，也会导致人均GDP相对下降。

这点也为实证分析所印证。比如，日本人口已经步入萎缩，而美国人口一直在增长，但日本的人均GDP却从20世纪90年代初期比美国高出15%，变成今天比美国低30%多。经济学家普遍认为日本的相对衰弱的原因与其说是日元升值，不如说是长期少子化导致的人口老化和萎缩。

但人口萎缩难道不是降低人类对自然资源的需求吗?

确实如此,但这丝毫不意味着人类会变得更加富足。实际上,我们目前享受的不论是手机、汽车、房屋等商品还是教育、医疗、旅游等服务中,自然资源在价值中的占比平均不到5%,而且整体趋势是越来越低。由人所创造的价值占比反而是越来越高。这背后正是人口增长驱动技术进步,让之前不是资源的物质变成了对人类有用的资源。如果人类一直停留在几千人的规模,那么我们今天可能依然在与非洲草原的野生动物争夺水源和果实,而认识不到地底下的煤炭、石油甚至地面的硅以及来去无影的风都能成为我们可资利用的资源。

在环境方面,本书一定程度上有着与马尔萨斯学派相近的观点,认为随着人口减少,环境会更好、更干净,海洋将开始愈合,大气冷却下来,或者至少不再变暖。这个预测听起来似乎有道理,但情况不会如此简单。如同我们在前面所说,在2万到8000年以前,地球海平面上升了超过120米,而那时人类文明还几乎没有兴起。

人类数量与环境也远非简单的单向关系。根据美国国家航空航天局(NASA)的研究,在过去20年里,地表增加了200万平方英里的植被,相当于多出一块亚马逊雨林。而这其中1/3的绿色增长要归功于世界人口最多的两个国家——中国和印度。虽然这其中有多大程度与气候变化有关并不确定,但中印两国在变得更富裕的同时，更加注重环境而投入更多资源用于造林和植被改善的努力也功不可没。在这种努力的过程中，两国巨量的人口规模甚至是改善环境的有利因素，这点与蒙古等人口稀少的国家环境加剧恶化形成了鲜明的对照。相比之下，人口要少得多的巴西，其亚马逊雨林反而在不断萎缩。

## 文明由盛转衰的起点？

如本书所言，以往的人口剧减都是因为灾变、瘟疫、饥荒、文明崩溃等外部因素，这次却是人类选择生养更少的后代而自我缩减。这种内生性的变化，比外部因素导致的危机更难应对。回顾人类乃至生命演化的历史，我们有理由担心，这次人口剧减很可能成为人类文明由盛转衰的起点。

按现代普遍接受的理论，我们所知的宇宙在生命出现之前已经存在了几十亿年。在生命出现以前，宇宙的运行规律能够用相对简单的规则来描述。我们可以用牛顿定律来近似天体的运行轨道，用量子场论来理解微观粒子世界，用超弦理论来表述宇宙形成之初的状态。尽管我们无法同时确定粒子的位置和速度，也不能预测混沌系统的轨迹，但这些不可为本身就是理论所蕴含的推论。换言之，我们对没有生命的物理世界的理解，能够逼近理论所允许的边界。

但生命的出现从根本上改变了这点。我们甚至永远无法准确描述一只蚂蚁，甚至一个细菌与外部世界互动的刺激－反应机制。这种描述困难可以归因于生命的自由意志。这体现在刺激－反应机制的或然性和复杂性。

这种机制是生命演化的产物，嵌入了生命体与环境互动的记忆，不仅包括个体生命体在其自身生命周期中对经验和知识，也包括其祖辈在漫长的演化历史中通过基因传递下来的各种应对机制。生命的演化体现于遗传基因所能表达的复杂程度在不断增加。在繁衍过程中，基因不断地突变、交叉重组以尝试不同性征来让生命体适应环境。

不过，这种演化非常缓慢，也未必会让生命变得更加精巧。如果环境大致相似，今天出生的大象与其1万年前的祖先在生存方式上并没有本质不同。但今天人类在生活方式上，不仅迥异于1万年前的人类，也明显不同于1000年、100年甚至20年前的人类。这种演化并不是表现在个体的改变上。现今人类个体的智力与几千年前的祖先可能并没有多大差别，而体力甚至可能还会因为脱离野外生存环境而有所退化。

那么人类到底进步在哪里呢？

答案是群体交流和协作方式。也就是说，人类的演化不再是个体体能和智能的提升，而是群体交流和协作方式的改变和效率的改进。

群体交流的基础是不同个体在感知和认知方面的共性，以及建立在这些共性之上的自然语言以及其他符号系统的交流方式。在这方面，自然语言的出现起到了至关重要的作用，因为它使得人类不仅在面对面的情况下可以交流和协同，也可以通过语言陈述让经验和信息跨时空分享，大大扩展了共享信息和知识的人群规模。

文字的出现更是在时空中进一步扩展了分享的范围,让人类可以在更长的时间尺度上积累知识,并在更广的空间里创造、运用和传播知识。得益于文字的记录,宋代的书生可以阅读《史记》来了解久远的治国理念。一个小学生可以通过教科书和老师的讲授在几个月内学会四则运算,而大部分人穷尽一生可能也无法独立探索来得出四则运算的规律。

所有这些交流方式的提升对人类文明的促进,都表现于互动范围的扩展,其核心意义在于发挥规模效应,即 1+1>2。在一个规模更大的群体内,消费者找到更好的产品或服务来满足自己的需求,生产者如果有更好的产品和服务也可以获得更多的顾客。而以现代通信和交通为基础的全球化,更是将整个人类紧密地联系在一起,将规模效应推到极致,从而惠及整个人类。

在这个意义上,我们可以把人类看成由几十亿人构成的一个有机的超级生命体,每个个体则是这个超级生命体的细胞。人类文明的演化体现在这个生命体内不同细胞之间的交流与合作效率的提升。互联网的出现,更是通过实时的、大容量的、便捷的信息传输大大提升了这种效率。在人类整体这样一个超级生命体内,互联网可类比为神经系统。

对人类这个超级生命体来说,人口规模是其赖以延续和生长的基础。但是由于历史上人口不断增长,人们一直把巨量的人口规模当成理所当然,甚至看成负担。早在两百年前,马尔萨斯就认为,由于人口的增长快于食物供给的增加,人类将面临灾难。但这些并没有发生。比起马尔萨斯时代，现代人类数量相比那时增长了六七倍，却比任何时候都吃得更好更健康，也活得更长更多彩。

试想，如果全球人口一直维持在马尔萨斯年代的10亿，再假设不同地域人口比例不变，那现在的发达国家只有1亿多人。这种人口规模完全无法支撑现代人习以为常的手机、互联网、高铁、喷气式飞机以及各种艺术流派和作品。即使存在某种类似的发明或产品，其迭代进步的步伐也不可能有现在这么迅速。

我们现在认为天经地义的观念，其中很多背后的逻辑可归于人口规模效应。比如，我们都认可开放而不是封闭是发展的秘诀。但人类经济对外星球可以说是封闭的，却一直在发展。所以开放本身并不是关键，其真正意义在于开放可以将自己的体系置于更大体系之内，而享受更大体系的规模效应。

正是因为人类社会的规模如此重要，人口从增长走向萎缩可能是人类文明由盛转衰的起点。目前几乎所有国家的生育率都在快速下降，迄今为止没有一个国家在生育率降低到更替水平以下之后能成功反弹到更替水平以上。虽然由于人口惯性，全球人口还会继续增长一段时间，但生育率低于更替水平意味着总人口将步入萎缩，而且除非生育率能够回升到更替水平以上，否则人口萎缩将持续下去。

从人口减少到经济萎靡和技术停滞还有相当长的滞后。随着人口不断减少，所有行业都成为夕阳行业，需求和供给同步萎缩，投资意愿低迷，创新步伐放缓并最终停滞。基础设施也会因为需求和财力的不足而难以更新，最终不断地被废弃。现在的大城市会随着人口减少而退化为中等城市，再变成小城市；机场、医院、学校、公园也将不断地关闭，让居民的选择越来越少。

更基础性的变化是知识更新的放缓和停滞乃至现有经验和技能的失传。现在一架空客380客机有超过400万个零部件，由遍布全球30多个国家的1500多家公司供应，其中很多公司是专注于研发和生产某类产品。随着人口衰减，大型客机的需求将锐减，产能都难以为继，更不用说研发新型号了。而许多专注于特定零部件产品线的公司可能被迫关闭，几代工程师积累的经验、知识和专业技能有可能永久性地失传。

等到人口变得很少，若有人再不幸患上某种罕见疾病，恐怕只能听天由命了。少得多的人口基数可能让全球患有这种疾病的病人也屈指可数，制药公司没有动力为如此少的患者群体开发药物。甚至以前曾有成功的治疗方案，也会因为届时的医生的经验太少而无法使用。没有不断更新的实践，以前积累的经验和技能也将逐渐消失。

无论是生产飞机零部件的技术，还是治疗罕见病的方案，都是人类文明的结晶，是人类这个超级生命体经年累月创造和积累的刺激-反应机制的一部分。当人口开始萎缩，首先是创新和技术进步将逐渐停止，之后是已有的知识和技能开始流失并被遗忘，而这正是人类这个超级生命体衰亡的表征。而且，人类中首先开始萎缩的恰恰是那些以往创造了更多知识和财富的群体。

**美丽而孤独的星球**

文明的退化在人类历史上常有发生。但不管是经历自然灾变，还是瘟疫或战争，人类自我繁殖的意愿和行为，在危机过后总能让人类文明重现生机。虽有磨难和波折，人类仍在不断拓展自己的认知和行动边界，创立起我们所知的最为精巧的文明。在这个过程中，人口增长是常态而非例外，这种增长正是人类文明演化的动力和基础。

只要人口继续增长，人类就会有向外探索的需求及满足这种需求的才智规模。假设人口突破1000亿，人类大量走出地球恐怕会从梦想成为现实。反过来，假设全球人口在达到150亿之前就开始萎缩，那么除了极少数宇航员，人类很可能将永远被困在这个星球之上。

当然，比起这种失去太空之梦更加现实的问题是，如果人口一直萎缩，那么人类唯一的结局就是消亡。不同于以往由外部因素导致的人口减少，这次低生育率导致的人口衰减是内生性的，源自现代生活方式尤其是避孕手段普及带来的繁衍意愿的下降。如果说之前的人口减少是局域和短期的，这次人口衰减则是全球性和长期性的趋势。除非人类自身的观念和行为，乃至社会结构在整体上做出根本性改变，否则人类文明恐怕会走上不归之路。

但由于之前对人口爆炸及其后果的恐吓性预言全部破产，包括本书作者在内的许多人，在谈及人口萎缩的影响时都显得谨小慎微。就像本书作者承认，他们只是不想成为反向的马尔萨斯主义者。

但对人口增长的担忧，与对人口萎缩的担忧有着本质的区别。人类就其影响来说，即使对地球也还非常有限，而这个星球甚至它所在的银河系，只是浩瀚宇宙中的一粒细沙。在可预见的将来，人口再怎么增长，人类在宇宙乃至地球上的体量依然微不足道。

可以说，对人口增长的担忧源自对未知的恐惧。人口增长的边界与其说存在于物理世界中，不如说受限于我们的想象力。破除这种焦虑需要的是乐观的精神和探索的勇气。相反，人口萎缩的终点就是人类自身的消亡。得出这个结论需要的只是最简单的逻辑。归根到底，对人口萎缩的担忧是人类文明自我求生的本能。

那么未来是否能够出现奇迹呢？

如果把时间拉到足够长，左右命运的可能不是那些理性分析的因素，而是理性预测之外的奇迹或者灾变。但人类最终会遭遇重生的奇迹还是消亡的灾变，并不是我们能掌控甚至预测的。我们能做的是基于理性分析来更好地预测并应对未来的变化。至于那些理性分析之外更长远的未来，哪怕消亡是常态，我们也宁愿相信奇迹会发生。但面对未来，这种信念只会给予我们一种坦然接受变化的乐观心态，却不能告诉我们该怎么做。

如果人类不想消亡，把生育率提升到更替水平以上是基本前提，而且越早做到越好。各种经验和分析都表明，低生育率具有几乎无法遏制的惯性。一旦陷入这个陷阱，每拖延一天，我们都会陷得更深,也更加回天无力。我们也有理由相信,人口减少并不会给人类整体带来几乎任何好处。因此,面对前所未有的繁衍危机,人类不仅应该了然于心,更应该行动起来,而且现在就开始。

对人类自身来说,繁衍生息是一切的前提和基础。里约奥运会开幕式的环保主题表明,关注气候和爱护地球在全球已经深入人心。相比之下,对人类自身的繁衍危机却未引起足够的重视,甚至很多人把人类本身与自然对立起来。实际上,人类本身就是自然演化的一部分,而且是其中特别精彩的一部分。

人类不应该在理念上自外于地球。我们要做的是适应地球的变化,并保护我们自己的生存环境。把地球或自然在理念上与人类分离,并视之为需要人类保护的对象,其实体现了人类的自大与傲慢。地球并不需要人类来保护。不管人类在还是不在,地球依然是浩瀚宇宙中一颗孤独的蓝色星球。如果人口灭绝、文明消亡,地球依然还会在自己轨道上运行,依然还会像今天这样美丽。只是这颗空荡荡的星球,即使再美,对人类也失去了意义,因为地球的美丽只存在于人类的意识之中。

| 前 言 |

那是个女孩。

2011年10月30日,星期日,就在午夜之前,达妮卡·梅·卡马乔降生在马尼拉一家拥挤的医院,让我们这个星球的人口达到了70亿。实际上,指针也可能指向几个小时以后在印度北方邦一座村庄里出生的纳吉斯·库玛尔。它也可能是个男孩,就是出生在俄罗斯加里宁格勒的普特·尼古拉耶夫。[1]

当然,其实他们都不是。我们并没有用摄像机或者隆重的讲演来庆祝地球人口进入70亿大关的那个婴儿出生,因为我们永远无法知道他(或者她?)到底是什么时候、在哪儿出生的。我们只知道,按照联合国最准确的估计,这个星球的总人口在2011年的10月31日左右达到了70亿。不同的国家会指定那一时段里出生的某个婴儿,用来象征历史上这一具有里程碑意义的瞬间,而达妮卡、纳吉斯和普特就属于这些被选中的孩子。

在很多人看来,这并不值得庆祝。印度卫生部长吴拉姆·纳比·阿扎德宣称,全球人口达到70亿"不是一件令人非常高兴的事情,而是一件令人非常担忧的事情……对我们而言,若能实现人口总量的稳定,才该庆祝"。[2] 许多人都跟阿扎德有着同样的悲观情绪。他们担心出现全球人口危机。**智人**正在不受约束、没有限制地繁殖,按照联合国儿童基金会的估计,每年要新出生 1.3 亿个婴儿,但我们没有足够的能力为他们提供成长所需的必要物质条件。随着人类在这个星球上占据了越来越多的空间,森林消失,物种灭绝,大气变暖。

先知们宣称,除非能够摘除这颗人口炸弹,否则,我们的未来将面临日益严重的贫困、粮食短缺、冲突和环境恶化现象。正如一位现代马尔萨斯主义者所说,"除非人口增长出现急剧下降,温室气体的排放迅速减少,或全球爆发素食风潮——以上均与我们此刻的发展方向截然对立,否则对地球上的绝大多数人来说,我们始终无法过上丰裕的生活"。[3]

以上所有说法,都彻彻底底地错了。

未来的 30 年里,将会出现 21 世纪的重大决定性事件(也是人类历史上的一个重大决定性事件),那就是全球人口总量开始下降。而这个过程一旦开始,就永远不会结束。我们要面临的挑战,不是人口爆炸,而是人口萧条——人类种群一代一代无情地败落下去。以前从未发生过这样的事情。

如果你觉得这个消息令人震惊,也没什么好奇怪的。联合国预测,21 世纪,地球的人口总量将从 70 亿增长到 110 亿,接着在 2100 年之后趋于平稳。但世界各地越来越多的人口统计学家认为,联合国的数字高估得太多了。他们说，更可能出现的情况是，地球的人口将在 2040～2060 年之间的某个时间点达到 90 亿上下，接着便开始衰减，或许，联合国该指定某一场象征性的死亡来标志这一时间点。到 21 世纪末，我们兴许会回到现在的人口数量，并稳步走低。

全世界大约 20 个国家的人口已经出现了减少的趋势；到 2050 年，这一数字将攀升至 30 多个。地球上最富裕的一些地区每年的人口数量都在走低，如日本、韩国、西班牙、意大利以及东欧的大部分地区。"我们是个垂死的国家了。"2015 年，意大利卫生部长比阿特丽丝·洛伦津感叹说。

但这还不是重大新闻。最大的新闻是，随着生育率走低，最大的几个发展中国家也将变得越来越小。几年内，中国的人口年增长数量就将开始出现下降。到 21 世纪中叶，巴西和印度尼西亚将步其后尘。就连印度（它即将成为世界上人口最多的国家）的人口，也会在一代人之内趋于稳定，并开始下降。非洲撒哈拉以南和中东部分地区的生育率仍居高不下。然而，即便是在这些地方，随着年轻女性接受教育、采取节育措施，情况也在发生变化。非洲很可能会比联合国人口统计学家想象的更早结束无节制生育的狂潮。

生育率加速下降的迹象，从学术研究和政府报告中可以一窥端倪；但另一些迹象，只能通过深入其中才能发现。于是，我们便这么做了。在为本书整理研究成果的过程中，我们前往六大洲的多座城市：布鲁塞尔、首尔、内罗毕、圣保罗、孟买、北京、棕榈泉、堪培拉和维也纳。当然还有其他站点。我们跟学者和公职人员进行了交谈，但更重要的是，我们在大学校园、研究机构和贫民窟里与形形色色的年轻人进行了交流。我们想知道他们对于人生最重要的决定持怎样的看法：要不要孩子，什么时候要。

人口下降既不是好事，也不是坏事，但它是一件大事。当今天出生的孩子步入中年时，世界的一切将与我们在同样的年龄时面对的情况有着很大的不同。他会发现，地球变得更加城市化，犯罪率更低，环境更健康，但有着更多的老年人。他找工作不会碰到困难，但收入兴许很难维持生计，因为为了支付所有老年人的医疗保健和养老费用，税收将吃掉他的大部分薪水。学校也不会像现在这么多，因为孩子不多了。

感受人口下降带来的影响，我们用不着等上三四十年，我们今天就能在日本和保加利亚等发达国家中感受到它，尽管这些国家的经济仍保持着一定的发展态势，但随着年轻工人和消费者的减少，这些国家已难以提供充足的社会服务。同样在拉丁美洲乃至非洲的城市化进程中，我们也能看到它的身影，这些地区的女性越来越多地将命运掌握在自己的手中。我们还能在所有的家庭里看到它：孩子们成年以后并不着急搬出父母的住处，因为他们并不急着安定下来，30岁之前也丝毫没有生孩子的想法。我们甚至能在波涛汹涌的地中海里看到它，虽说这是一场悲剧：来自战火喧嚣之地的难民大军，拥堵在人口日益稀少的欧洲边境。

我们也许很快就会看到它对全球国家间的竞争产生影响。一些国家正努力与人口萎缩、社会老龄化的苦果缠斗,另一些国家却还能够自我维持,故此,人口下降将影响未来几十年世界范围内的战争与和平。

一些担心人口逐渐减少的人希望政府出台鼓励夫妻多生孩子的政策,但证据表明这是徒劳的。所谓的"低生育陷阱"意味着,一旦只生一两个孩子的做法成为常态,就不会再轻易变化。夫妻不再认为生孩子是自己必须承担的义务,相反,他们认为抚养孩子是一种实现个人圆满的行为,但他们很快就能通过别的方法实现圆满。

解决人口下降问题的另一种做法是引入移民。这就是本书由两位加拿大人执笔的原因。几十年来,加拿大人均引入的外来移民比其他任何主要发达国家都多,却很少会遭遇其他国家面临的种族紧张局势、贫民窟以及激烈的辩论。这是因为该国将移民视为一种经济政策,采用了绩效积分制度,使得加拿大新移民的受教育程度往往高于本国人。此外,这个国家还信奉多元文化主义,也就是人们有权利在加拿大多样化的文化环境内,保持并延续自己的母国文化。这带来了一个和平、繁荣、多种语言并存的幸福社会。

并非每个国家都能像加拿大一样泰然自若地接受移民潮。许多韩国人都有着强烈的国家自豪感,认为做个韩国人有着特殊的意义;许多瑞典人、智利人也一样。部分现代法国人认为,移民已经接受了"成为法国人"的观念,可不少老派人却认为这种事情根本不可能,移民社区遭到孤立,移民与本国居民互相隔离且社会地位不平等。英国人口预计将继续增长,从21世纪的6600万增加到21世纪末的约8200万,但前提是英国继续欢迎蜂拥而至的移民。可惜英国脱欧公投暴露的情绪表明，大量英国人都希望将英吉利海峡变成护城河。为了对抗人口的减少，各国必须接受移民**和**多元文化。接受前者，很难；而对一些人来说，接受后者，根本就做不到。

在大国当中，即将到来的人口减少反倒让美国获得了独有的优势。几个世纪以来，美国一直欢迎新移民，先是欢迎大西洋对面的欧洲新移民，接着是横渡太平洋而来的亚洲新移民，今天，也欢迎格兰德河对岸的拉丁美洲新移民。千百万人快乐地投入美国多元文化的大熔炉，大大地丰富了美国的经济和文化。移民让20世纪成为美国世纪，持续的移民潮也将继续把21世纪定义为美国的世纪。

除非……近年来疑心重重的、民族主义的、美国第一的草根呼声，有可能扼杀美国的移民潮流，它希望通过筑起高墙，将美国和世界其他地方隔绝，让美国变得"再次伟大"。在唐纳德·特朗普总统治下，联邦政府不仅打击非法移民，还减少了对合法技术工人的移民许可，这对美国经济可谓是自杀性的政策。如果这种变化是永久性的，如果美国人出于毫无意义的恐惧背叛自己的移民传统，转过身去背弃世界，那么，美国也将走向方方面面的衰落：人口的衰落，国际势力的衰落，影响力的衰落，财富的衰落。每个美国人都必须做出选择：支持开放、包容、热情的社会，或者将大门紧锁，在孤立中萎靡。

人类种群过去曾因饥荒或瘟疫大幅缩减。这一次，我们是在自我缩减：我们主动选择让人口变得少一些。这会是个永久性的选择吗？答案是：很有可能。虽然政府有时能够依靠慷慨的儿童保育金和其他抚养费，提高夫妇愿意生育的孩子数量，但它们从未成功地将生育率恢复到维持人口数量所需的更替水平，也即每名妇女生育2.1个孩子。再说了，这类政府项目代价不菲，在经济衰退期间常遭削减。而且，对于政府来说，说服夫妇养育一个他们原本不乐意生的孩子，也存在道德上的争议。

当我们步入一个越来越小的世界时，是会庆祝还是哀悼日益减少的人口？我们是会挣扎着努力发展，还是优雅地接受世界的现状：人类既欣欣向荣，同时也越变越少？我们不知道。但或许，一位诗人将吟诵：放眼我们的种群史，人类，头一回，感到了衰老。

| 目 录 |

推荐序

前言

## 01 人口简史 · 1

地球的人口从多巴火山爆发后的寥寥几千人,发展为第一次农业革命期间的500万~1000万人。公元1年,人口数量或许达到了3亿。公元14世纪,随着中国明朝的统一、启蒙和进步,随着伊斯兰教从中东扩张到西班牙,欧洲终于走出了罗马后的黑暗时代,全球人口达到4亿左右。可紧接着,最可怕的事情发生了。

## 02 马尔萨斯及其继承者 · 27

2022年地球人口不会达到80亿;没错,有一天它会达到80亿,但仅此而已。虽然目前的人口规模给环境带来了极大的压力,导致了物种灭绝和全球变暖,但世界末日并不会马上到来。越来越多的人口统计学家确信,地球的人口有更大的可能会稳定下来,并在21世纪中叶左右开始下降。

## 03 白发苍苍的欧洲 · 51

工业化、城市化和经济增长创造的条件,让女性做出少生孩子的选择。但过上一段时间,经济衰退就会导致生育率下降,而经济好转,人们也随之爱上生孩子。好年景导致婴儿减少,坏年景令婴儿更少。

## 04 亚洲:奇迹的代价 · 73

亚洲的部分国家靠着人口红利向前迈进,让人民实现了前所未有的富裕和安全,但随着社会的老龄化,医疗保健和养老需求增加,抚养比率将走向相反的方向,年轻一代挣扎着让父母和自己收支相抵,人口红利将成为负担。

## 05 婴儿经济学 · 93

我们正在做、即将做或是已经做的人际关系和家庭选择,定义了我们的当下和将来。它们塑造了我们今天的社会,并将更加深刻地塑造我们未来的社会。它们把我们的社会项目、私营企业和研究技术的着眼点,从年轻人转移到老年人身上——尽管并不彻底,因为让年轻人对你的产品上瘾仍然蕴含着巨大的价值,但至少部分如此。每一年,这些变化都会愈发强劲。

## 06 非洲问题 · 107

如果非洲崛起(毕竟,肯尼亚就正在崛起),那么,非洲就不会像联合国人口统计学家预测的那样,生下数百万苦难的孩子。但,没错,非洲大陆也可能走向另一种未来:贫穷,教会,大家庭。将来,是会有更多国家向肯尼亚靠拢(哪怕不确定),还是说,大多数非洲人继续深陷在疾病与暴力造成的极度贫困状态下？考察整个非洲大陆上女性享有的权利，是回答这个问题的一种方法。因为，衡量社会进步的程度，再没有哪个指标比女性进步更合适了。

## 07 巴西的工厂关门了 · 129

生育率下降的另一个原因，既出于无意，又令人诧然。人们叫它"fábrica está fechada"，意思是"工厂关闭"或"关闭工厂"。巴西的婴儿剖宫产率非常高，它还有着极高的女性绝育率。两者互有关联。

## 08 推推拉拉的迁徙 · 145

各种各样的事情，把我们拉过来，推过去。推力：战争、饥荒、动荡、天灾、种族或宗教迫害——种种让我们难以继续生活在老地方的危险事情，使得我们为了求生而逃离。拉力：翻过这座山，或者跨过那片海，有更肥沃的土地、更好的工作，那儿有让我们（或者我们的孩子）过上更好生活的机会。

## 09 中国与印度：两个人口大国的选择 · 165

今天，中国和印度出生（或者没出生）的孩子，将塑造人类的未来。全球人口的1/3以上都生活在这两个国家。今年出生多少人，明年还有后年出生多少人，这些新生儿的预期寿命如何，将成为世界未来人口的基准。人口建模师必须搞清中国和印度的情况。环境的命运，全球的经济，权力的兴衰，皆有赖于此。

## 10 第二个属于美国的世纪 · 181

不管你住在美国的哪个地方,你都知道,你受益于无身份移民的劳动。他们替你割草、打扫房间、在酒店房间铺床、为新建筑浇筑混凝土。美国对无身份移民的依赖,是对法律条文的一种讥讽,并揭示了美国有一部分经济,仍然依赖于不受监管的低工资劳动力。

## 11 衰落时代的文化消亡 · 201

对本就处于威胁之下的脆弱的文化和社群,下降的生育率只是又一重挑战罢了。不同的社会尝试使用不同(很多时候甚至彼此矛盾)的策略来保护和发展自身文化。我们要不要引入更多的移民来支撑陷入萎缩的老龄化人口?但我们又该怎样保留古老的文化和语言呢?

## 12 加拿大人的解决之道 · 219

一个国家的民族主义情绪越少,吸收移民的工作开展得就越容易。文化越弱势,促进多元文化主义的任务就越轻松。自我意识越少,视对方为"他者"的意识就越淡。这并不意味着"什么都行":加拿大的《权利和自由宪章》十分强健,很多寻求先例的国家如今都以加拿大而非美国为模板。

## 13 未来会怎样 · 239

世界不会全体以同样的方式进入老龄化。就算到了21世纪末,非洲仍将保持年轻。非洲大陆将以超大城市为主——毫无疑问,这些城市混乱、气味熏人、规划不良,但它生机盎然,活力十足,随时迸发新的想法。我们有一种预感:21世纪最后几十年,真正激动人心的音乐和戏剧,真正具有开创性的创新,真正革命性的新思维,有更大可能来自拉各斯或孟买,而非巴黎或东京。

**致谢** · 256

**注释** · 258

# 人口简史

第1章

## 01

我们曾经差一点就彻底没了。

整个世界只剩下了几千个人，甚至更少，在南部非洲的海岸，挣扎在灭绝的边缘。[5]7万年前，苏门答腊的多巴发生灾难性的大规模火山喷发（自那以后再未出现过同等规模的天灾），将2800立方公里的火山灰喷入大气，覆盖面积从西部的阿拉伯海直至东部的南海，让地球进入了6年相当于核冬天的状态。"一些科学家认为，多巴火山爆发是人类种群遭受过的最大灾难。"[6]智人陷入了困境；虽然我们在此前的13万年演化历程中掌握了工具和火，但地球当时正处于寒冷周期，大部分的食品供应被断绝。此刻，多巴火山爆发让情况雪上加霜。我们在最后一块可供栖息的非洲飞地寻找块茎，采集贝类。如果事态的发展再进一步，我们的末日恐怕就到了。

就算这不是真的，也至少是人类学家和考古学家提出的一种理论；也有人认为，在这一时期，人类已经走出非洲，多巴火山造成的影响言过其实。[7]但这样的念头总叫人难以放弃：一个满身泥泞的人，在贫瘠的世界，灭绝的关头，挣扎着抚养残存无几的年轻后代，直到天空重新放晴，大地颤动，太阳再度让这片土地变得温暖。

但我们行动缓慢。大约 5 万年前,历史上最勇敢的人类跨越了东南亚和澳大利亚之间的海峡。(不过,有新的证据表明,他们可能更早就到达了澳大利亚。)[8] 有些人可能是偶然沦落到此,但另一些人,仅仅因为曾经从活着回来的人那里听说了些什么,便心怀目标地投入了一眼望不到头的大海。[9] 如今的中国大地,也曾是人类的定居点;在大约 15000 年前,他们越过了当时连接西伯利亚与阿拉斯加的陆桥,长途跋涉前往美洲。(当然,所有这些日期都存在争议。)[10]

大约 12000 年前,最先是在中东,接着在世界各地,一些最重要的人类发现相继独立问世,它们延长了我们的寿命,增加了我们的数量。人们开始注意到,从草上掉下来的种子会在来年长出新的草。与其从一个地方迁徙到另一个地方,放牧、狩猎、采集水果和谷物,不若留在同一个地方,种植、收获庄稼,饲养牲口。但种地不需要所有人都出动,故此,劳动出现了分工,让事情变得复杂起来,进而带来了政府和有组织的经济。狩猎采集者慢慢地撤退了(还有极少数在隔离环境中延续至今),文明的曙光初现。苏美尔、埃及、夏朝、印度河谷、玛雅,一一登场。

进步是无常之事。帝国的兴衰背后是各种复杂的原因:地球的变暖或变冷,庄稼的大幅歉收;最新的病毒或细菌的大规模传播。知识失传,不得不痛苦地重新学习。起初,东方落后于西方,因为前者进入定居生活方式的时代更晚;但到了基督时代,罗马帝国和汉帝国已经不相上下。考古学家伊恩·莫里斯(Ian Morris)写道:

"罗马与汉朝在不同的环境背景下各自演化出了一套独特的致命疾病组合……在公元前 200 年之前,这些疾病还只是在特定的地域流传。但随着越来越多的商人和游牧民族顺着连接两国核心的链条迁徙,疾病也开始融合,不经意间形成了对所有人的威胁。"[11]

从公元前 3200 年左右美索不达米亚和埃及文明的曙光乍现,到公元 1300 年文艺复兴时期的黎明重降,这个故事没怎么变过:地理位置、领导能力和技术进步的特定组合为这个部落或者那个民族带来了优势,他们在许多方面都胜过了所有的前人。随后和平降临,帝国修建道路,改善农耕技术,通过法律,征收税款。接着发生了某件事情:收成糟糕,瘟疫蔓延,远方的骚动令战士逃亡,或是外围的游牧部落侵扰到帝国中心,帝国无法再维持下去,崩塌,重建,从头再来。

不过,也不是所有的进步都失传了,随着东方、西方或者南方的衰落,另外一些地方却变得更好了。罗马覆灭后,伊斯兰教保留了西方失去的知识,等到印度发现了零,打开了更多的潜在可能性。最新的瘟疫也产生了足以抵抗它的最新抗体。至少在欧亚大陆,免疫力成为进步的有力工具。

地球的人口从多巴火山爆发后的寥寥几千人,发展为第一次农业革命期间的 500 万~ 1000 万人。公元 1 年,人口数量或许达到了 3 亿。公元 14 世纪,随着中国明朝的统一、启蒙和进步,随着伊斯兰教从中东扩张到西班牙,欧洲终于走出了罗马后的黑暗时代,全球人口达到 4 亿左右。[12] 可紧接着,最可怕的事情发生了。

❖　　❖　　❖

鼠疫杆菌（yersinia pestis）是导致鼠疫的细菌，长久以来阴魂不散。一种理论认为，黑海和中国之间的陆地，是一座"鼠疫库"，鼠疫杆菌早就潜伏于此，而且至今仍在。（即便到了今天，该地区也偶尔会爆发鼠疫。）[13] 它不是一种主要感染人类的疾病；相反，它是"一种牵连到了人类的老鼠疾病"。[14] 老鼠被携带细菌的跳蚤感染；老鼠死后，跳蚤寻找新宿主，如果附近恰好有人，跳蚤就叮上了人类。但一个人从被叮咬到发病，需要3～5天的时间，这给了患者充分的时间去感染他人，因为鼠疫可以通过唾沫飞液在人类之间传播。[15]

在人类发展的早期就有爆发鼠疫的报告：第一次有详细记录的是公元541年爆发的查士丁尼大瘟疫，它令拜占庭皇帝夺回罗马帝国失落领土的希望破灭了。[16] 但这一切跟黑死病比起来算不上什么。黑死病最有可能是一种毒性极强的鼠疫疫种，它可能来自克里米亚大草原，于1346年抵达欧洲。按照一种说法，当士兵围攻黑海附近的卡法城时，朝着城墙上投掷感染了病毒的尸体，这大概是生物战争的第一个实例。[17] 无论如何，从克里米亚到地中海港口的船只，携带了这种病毒。

此时的欧洲特别脆弱。全球降温使得庄稼收成锐减，人们饥肠辘辘，免疫系统变得虚弱不堪。战争也对地方人口带来了破坏性的影响。但虽说有各种坏消息，经历了黑暗时代的几百年后，中世纪欧洲的经济和人口正迅速扩张,城市和地区之间的旅行与贸易空前增长。因此,黑死病得以迅速传播——顺着重要道路每天推进两公里,而船只,则让跳蚤径直跳进了北欧。短短 3 年内,整个欧洲大陆都陷入瘟疫的魔爪。

当时,感染病毒的人死亡率高达 80%,一般挨不过症状出现的头一个星期。一首童谣描述了黑死病的进展。

**红色痘痘绕成圈:** 腹股沟淋巴结炎(buboes)——腹股沟、腋窝或颈部的淋巴结肿胀——呈环状,中央呈玫瑰红色,这是黑死病的明确迹象。

**口袋里头装满花:** 随着病情发展,患者的身体会从内部开始腐烂。这种气味非常可怕,活着的人会在口袋里装满花,充当空气清新剂。

**阿~嚏!阿~嚏!**
**(或不同的象声词):** 患者还会头痛、出现黑斑、呕吐、发烧、呼吸困难或打喷嚏。

**我们全都倒下啦:** 死亡。[18]

关于印度和中国受到这个病的多大影响,相关的证据很少,故此学界存在很大争论,[19] 但短短几年时间,至少死掉了 1/3 的欧洲人——有人估计这一数字高达 60%。[20] 佛罗伦萨的一位记录者写道,"除了搬运死尸去埋掉,所有的市民再也没有别的事情可干了。"该市一半以上的人口,几个月内就死绝了。死者被扔进尸坑,有时候,坑太浅,狗会把尸体刨出来啃掉。[21] 瘟疫粉碎了政府,破坏了天主教会的权威,还因为贸易中断导致短缺而引发通货膨胀,至于侥幸活下来的人，往往陷入享乐式的挥霍无度当中——干吗不呢？一些地区花了数百年时间才恢复到黑死病爆发前的人口水平。[22]

尽管要赞美大瘟疫很难，但它的一些后果反倒于后人有益。劳动力短缺削弱了农奴与领主之间的纽带，提升了劳动力的流动性和工人的权利，刺激了生产力。总体而言，工资涨幅高于通胀。封建主义最终崩溃，生产资料所有者最终改为雇用劳动力。由于远洋航行的死亡率过高，欧洲人原本是很回避的。但如今陆地上的死亡率也很高，冒险看起来也是值得的。大瘟疫兴许真的为开启欧洲的探索和殖民时代助了一臂之力。[23]

然而，悲剧的是，在殖民过程中，欧洲探险家、掠夺者以及其后的拓殖定居者，把疾病传染给了毫无抵挡之力的中美洲、南美洲和北美洲的土著居民，在新世界造成了更可怕的人口损失。这一次，实际丧命的人数难以计算，但与欧洲人接触之后，美洲至少损失了一半的人口，[24] "有可能是世界历史上规模最大的人口灾难"。[25] 有人估计人口损失率超过 90%。[26] 其中，天花的毒性最大，致命性最强。

在上一个千年的中叶，瘟疫、饥荒和战争三强联手，控制了人口的数量。如果说，公元 1300 年时，地球上有 4 亿人，那么，公元 1700 年的人口应该不会超过 6 亿。[27] 按照美国人口统计学家沃伦·汤普森（Warren Thompson）开发的人口转变模型，世界锁定在了第一阶段。第一阶段覆盖了从人类物种黎明乍现到 18 世纪的整段历史，此时，出生率和死亡率都很高，人口增长缓慢，起起伏伏。

饥饿和疾病是问题的一部分：在中世纪的欧洲（典型的第一阶段社会），1/3 的孩子 5 岁前就死了；如果真的能长大，50 多岁时也会死于慢性营养不良。

而这还不曾考虑到你死于他人之手的可能性。在前工业社会，战争和犯罪是不变的威胁。史前时期甚至更加暴力。据史蒂芬·平克（Steven Pinker）的观察，几乎所有在沼泽、冰原等地保存至今的史前人类标本，都显示出死于暴力的证据。"古代人是怎么回事？他们就不能在不诉诸暴力的条件下给我们留一具有趣的尸体吗？"他好奇地琢磨着。[28] 故此，在启蒙时期之前的时代，无论是在中国、美洲、欧洲，还是其他任何地方，人口增长缓慢、甚至完全不增长也就没什么好奇怪的。

但到了 18 世纪的欧洲，曲线开始弯曲向上。到了 1800 年，全球人口超过 10 亿。这一个世纪里全球增加的人口超过了此前 400 年的总和。按照人口转变模式看，欧洲从第一阶段进入了第二阶段：出生率高，但死亡率逐渐下降。那么，人们为什么活得更久了呢？

首先，由于农业生产力的提高，居民膳食结构得以改善，人们对疾病的抵抗力变强，于是瘟疫爆发间隔的年限越来越长，严重程度不断走低。（我们稍后将进一步讨论这个问题。）到 1648 年，可怕的三十年战争㊀宣告结束，欧洲进入了一段相对平静的时期，并持续了一个多世纪。和平带来了对运河等基础设施的新投资，这些投

---

㊀ 1618～1648 年，由神圣罗马帝国的内战演变成的一次大规模的欧洲国家混战，战争以交战各方签订《威斯特伐利亚合约》而告结束。——编者注

资增加了贸易,提高了生活水平。从新世界进口的玉米、土豆和西红柿丰富了欧洲的饮食。历史学家阿尔弗雷德·克罗斯比(Alfred Crosby)认为:"大陆的交汇,是过去两个世纪人口爆炸的先决条件,也推动了工业革命的出现。"[29] 当然,寿命增长的真正原因还在于工业革命本身:科学和工业知识的加速,造就了我们今天所居住的世界。在非同凡响的1776年,詹姆斯·瓦特的蒸汽机投入商业用途。(也是在那一年,亚当·斯密写了《国富论》,美国宣布脱英独立。)机械化生产提升了生产力:工厂、铁路、内燃机、电报、电灯,相继问世。发明最后两个的是美国人;南北战争结束之后,美国的财富、权力以及信心都得到大大的提升。

感谢工业和农业革命,使人们能够活得更久。饥荒和瘟疫逐渐减少,男男女女早早结婚,生育出更多孩子。随着卫生条件的改善、天花疫苗的推出(这是另一项科学飞跃),这些孩子有更大可能活到成年。随着欧洲和美国竞相追赶英国,在人类历史上,维多利亚时代头一次出现了人口的持续快速增长。这是所有社会进入第二阶段的样子。当今世界上最悲惨的地方仍然停留在这一阶段:人们活得更久,生育许多的孩子,发展只造福了少数人,贫困仍然猖獗。

19世纪工业革命时代的生活,对大多数人来说当然十分悲惨。人们在沉闷又危险的工厂里极长时间地劳作,住处是拥挤可怖、疾病丛生的贫民窟。欧洲本已为几次糟糕的收成、饥荒的增加、另一场瘟疫做好了铺垫。但这一回,科学的进步超过了细菌的扩散。1854年宽街霍乱爆发事件对此做了最精彩的解释。

❖ ❖ ❖

贸易和英属印度把霍乱弧菌从它地处恒河三角洲的古老家园,途经俄罗斯带到了欧洲,并在1831年抵达伦敦。即便在今天,霍乱每年也会在世界最贫困地区导致多达12万人死亡;在19世纪,它足以给欧洲带去毁灭性的影响。霍乱刚在英格兰入境港口桑德兰登陆,就令215人丧生。[30]而当疾病上了岛,上万人旋即送命,医生束手无策。这是一种他们之前从没见过的东西。(以当时的医生对已知疾病的了解,也没提供什么帮助。)霍乱与工业革命如影随形:工业化和城市化进展使得城市疯狂膨胀——1860年的伦敦是全世界最大的城市,人口达到320万。由于人们生活在骇人听闻的不卫生条件下,这也导致了同样巨大的健康风险。霍乱爆发时,伦敦城里有20万座私人化粪池;废物和垃圾填满沟渠,散落小巷。[31]但工业革命也在改造科学,尤其是医学,传统智慧在逐渐让位于实证调查。

当时的人们相信,患上霍乱是因为吸入了瘴气(受污染的空气)。医生用阿片类药物⊖和浸出液来治疗患者。虽然几百年来的证据都表明放血治疗毫无用处甚至有害,但给患者放血对抗感染,仍是一种被广为接受的处置措施。使用阿片类药物至少能缓解痛苦。

一位名不见经传的医生约翰·斯诺(John Snow)私下认为霍乱是通过水而非空气传播的。1854年8月31日,伦敦苏活区爆发霍

---

⊖ 阿片,罂粟植物果实提取物,俗称鸦片,药理学上一般称之为阿片。——译者注

乱，让斯诺找到了证明自己理论的机会。不到10天，该地区就死了500人，幸存者纷纷逃离。但斯诺没有逃跑。相反，他去受害者的家里拜访，询问家人，倒推患者染病的步骤，并在街区地图上绘制出死亡情况。他很快意识到，几乎所有的受害者都存在一个共同点：他们住得很近，都是从宽街上的水泵取水的。他亲自去水泵抽了水，放到显微镜下检查，发现了他所谓的"白色絮状颗粒"。他正确地推断出，这些颗粒就是霍乱的根源。

虽然他的理论有违公认智慧，但斯诺还是设法说服了心存疑虑的市政官员，取下了宽街水泵的把手，迫使居民们去别处寻找水源。疫情立即结束。[32] 尽管还要过好些年，那些保守人士才愿意接受斯诺的结论，但斯诺观察所得的不容否定的真相，促使规划人员开始着手设计第一套现代城市污水系统。1870年，伦敦地下污水渠开始兴建，它建造得非常好，至今仍维持着良好的运转。

虽然这一努力并未得到大力的宣扬，但不可否认，约翰·斯诺对人类福祉做出了非凡的贡献：在这一领域，他被称为"流行病学之父"。[33] 他推动了人们对疾病的整体认识，并提升了公共卫生之于政府的重要性。尽管当时霍乱还在欧洲其他地区肆虐，但它从伦敦消失了，欧洲其他地方也注意到了伦敦的特别之处。没过多久，在每一个发达国家，城市规划人员和政治家都把保护供水放到了最为关键的地位。医学同样向前跃进了一大步，特别是在麻醉剂和消毒剂领域。婴儿死亡率急剧下降，人的预期寿命得到提升，不过，生育率仍然很高。1750年，遭受黑死病袭击期间，英格兰和威尔士的人口不到 600 万。到 1851 年，两地人口已接近 1800 万；到 1900 年，这个数字达到 3300 万。[34] 人类作为一个种族在生存竞争中遥遥领先。

❖ ❖ ❖

在我们眼里，20 世纪上半叶是一场史无前例的杀戮时期：第一次世界大战中有超过 1600 万军人和平民死亡；第二次世界大战的死亡人数超过 5500 万。这一时期也见证了最后一次大瘟疫：第一次世界大战结束时，被称为"西班牙流感"的恶性流感导致 2000 万～4000 万人死亡。大瘟疫太过严重，以至于死于这次瘟疫的人，比死于战争的还要多。尽管如此，人口仍在年复一年地快速增长。在世界的部分地区，增长强劲得简直要拉响警报。而在世界其他更先进的地区，人口增长则较为适度。事实上，在像美国这样的地方，人口增长已经放缓，几近停止。为了理解 20 世纪，我们必须弄明白两件事：为什么死亡率不断下降，以及为什么在有些地方出生率也开始下降——这是人口转变模型的第三阶段。我们以瑞典为例来理解这两种趋势。

瑞典人喜欢留存记录。1749 年，他们就创建了统计署，为我们提供了关于人口特征最初的一批可靠数据。这些数据里包含了一些对当地（以及欧洲和北美等其他地区）所发生事情的迷人见解。直到大约 1800 年，瑞典的出生率仅比死亡率略高。婴儿死亡率惊人得高，20%的婴儿还不到1岁就死了，另有20%的儿童在10岁前死亡。[35] 换言之，当时的瑞典，是典型的第一阶段社会，出生率和死亡率都很高。但进入19世纪后不久，第二阶段到来：出生率仍然很高，但由于卫生和营养条件得到改善，死亡率开始缓慢下降。到1820年，瑞典的人口开始迅速增长；从1750年的170万攀升至200万。到1900年，该国人口已超过500万。要是瑞典不曾进入第三阶段（死亡率逐渐下降，但出生率也在下降），它会增长得更快。

为什么生育率会出现下降呢？无可争议的最重要因素是城市化。大量证据表明，随着经济的发展，社会愈发城市化，而一旦社会城市化，生育率就开始下降。但究竟为什么呢？

中世纪，90%的欧洲人生活在农场。但伴随着工业革命出现的工厂，将城市工人集中到一起。在农场上，生孩子是投资：多一双手可以挤牛奶，多一副肩膀可以耕种田地。但到了城市，孩子是一种债务：多了一张需要养活的嘴巴。这种趋势一直持续到今天。2008年，在一项关于加纳的城市化和生育率研究中，作者得出结论："城市化降低了生育率，因为在城市居住可能会增加抚养孩子的成本。城市住房价格较高，儿童在家庭生产中的价值可能较低。"[36] 这看似自私，但住在城市里的家长，不过是缩小家庭规模，按照个人经济利益行事罢了。

我们认为，还有一个发挥作用（在发展中国家仍在继续发挥作用）的因素跟城市化本身同样重要。城市有学校、图书馆和其他文化机构。19世纪，大众媒体首次出现（其表现形式为报纸）。19世纪生活在芝加哥的女性，比生活在乡下农场的女性有了更多学习节育方法的机会。移居城市后，女性逐渐接受了更好的教育，而随着她们接受更好的教育，女性不再认为自己天生就应该受男性奴役，那不过是种必须纠正的错误。一开始，妇女在财产和养老金等领域根据法律争取平等。接着，她们为了争取投票权利展开政治运动。再接着，她们发动运动，争取工作的权利，争取与男人同工同酬的权利。随着女性获得更多权利，有了更大的力量，她们不再大量生育孩子。

毕竟，婴儿对女性来说不见得总是好消息。在19世纪，怀孕对女性，尤其是已经有了许多孩子的女性，构成了重大的健康风险。即使在今天，有了先进的孕产妇和新生儿护理技术，喂养和抚育孩子仍然是一项不小的负担。孩子还限制了女性走出家门工作的能力——这些工作，不光能带来更多的收入，还可以带来更大的自主权。世界银行的一位研究人员指出，"女性受教育程度越高，她可能生的孩子就越少"。[37]

1845年，一项新的法律赋予瑞典妇女平等的继承权。19世纪60年代，瑞典的生育率开始下降。1921年，妇女有了投票权。1930年，瑞典的生育率又一次仅仅略高于死亡率，但此时，生育率和死亡率比一个世纪之前要低得多，还不到一半。瑞典正进入人口转变模型的第四阶段，也即，哪怕死亡率持续下降，出生率仍处于或接近维持一定的人口数量所需的水平。第四阶段是最接近完美的阶段：一个健康、长寿的社会，恰到好处地生出足以维持人口稳定或使人口数量实现缓慢增长的婴儿。

19世纪的工业革命和20世纪的知识革命推动了社会的发展进程,英国、法国、澳大利亚——大多数发达国家都或多或少地接近了瑞典模式。与此同时,与智利和毛里求斯的比较表明,这两个国家(过去曾被叫作"第三世界"的地方)发展更慢,出生率和死亡率远高于发达国家。

瑞典的生育率从19世纪60年代才开始下降,而另一些发达国家,生育率下降得还要早。在美国和英国,生育弧线从19世纪初就朝下走了。妇女仍然生育很多孩子,但数量要少于以前。例如,在美国,19世纪初,白人女性(当时没有非裔美国女性或美国原住民女性的数据)平均生育7个孩子。到1850年,平均值为5.4个。到1900年,数据跌至3.6个。整个19世纪,美国的生育率下降了近一半。到1940年,美国进入第二次世界大战前夕,此数据降至2.2个,只比维持人口所需的每名妇女生2.1个婴儿的水平略高一点点。[38]

按通常的认识,生育率下降始于婴儿潮之后的20世纪70年代。但并不是这样。早在婴儿潮之前,发达经济体的出生率就已经在下降了,有些国家甚至从一个半世纪以前就在下降。

❖　　❖　　❖

**旁白**:在一些人听起来,**生育率**这个词有一种粗鲁甚至冒犯的感觉,就像在说生产婴儿的机器。人口统计学家用这个词来描述女性预期一生中平均生育孩子的数量。虽然**生育率**和**出生率**这两个词对人口统计学家有着不同的含义,但我们在这里交替使用两者,只是为了避免重复。此外,要是你想知道为什么替代率是 2.1 而不是 2.0,这里也多说一句:多出来的 0.1,是为了抵消儿童死亡率和一些女性的过早死亡。

❖　❖　❖

我们看到了为什么生育率从 19 世纪直至 20 世纪初持续下降。虽说有世界大战的恐怖和西班牙流感的肆虐,为什么死亡率还在继续下降呢?大多数人都会指出这在于医学的进步:疾病有了新的治疗方法和疫苗,内外科的进步,研制出抗击原本足以致命感染的神奇药物,在治疗心脏病和癌症方面的进展。但还有一种更为重要的进步,却只得到了相对较少的关注。20 世纪的头几年见证了一场公共卫生的革命——这场革命的领导者,其重要性不亚于约翰·斯诺,只是宣传的人更少。这个人叫约翰·利尔(John Leal)。

感谢斯诺医生,到了 20 世纪初,先进国家改进后的下水道减少了水体遭受污染的危险。但光靠下水道,也无法完全消除风险,因为污水最终还是会排进水里,而人们又会喝水。怎样净化处理水本身呢?

1774 年,瑞典化学家卡尔·威廉·舍勒(Carl Wilhelm Scheele)

发现了氯,一个世纪之后,德国和英国的研究人员在一次疾病暴发后开始用它对管道进行消毒。在英格兰和德国,甚至还出现过几次原始的、暂时性的氯化水处理尝试。但重大的突破来自1908年的新泽西州泽西市。几十年来,该市的供水一直很成问题,伤寒和其他疾病时不时就会发作一次。1899年,该市与泽西市供水公司签订合同,希望能彻底解决这一问题。相应地,泽西市供水公司聘请了本地的、对与公共卫生相关的研究有浓厚兴趣的约翰·利尔医生来确认并消除污染源。

利尔是一名小镇医生的儿子,曾看着父亲因染上痢疾而逝去,因此他终身都致力于对抗传染病。[39] 他对欧洲的氯化实验有所知晓,并认定真正的解决方案是对泽西市的供水做永久氯化,尽管他也知道,公众和许多科学家都并不认可他的这种设想。利尔故意,甚至略带鲁莽地决定采取行动,他聘请承包商,只用了99天就建造出第一套正常运行的氯化水系统。1908年9月26日,未经任何人的许可,利尔着手对泽西市水库的水进行氯化处理。感谢上帝,他的想法是对的;要是他错了,那就相当于是在给整座城市下毒。第2年,该市第2次起诉泽西市供水公司,声称该市的水仍然受到无法接受的污染,法官却注意到,由于氯化,传染病疫情得到控制,患病者的数量下降得惊人,于是表态支持被告。利尔的系统开始起作用了。

消息立刻流传开来。不到6年,美国一半的市政供水都做了氯化处理。在预算允许的条件下,北美和欧洲当局迅速采取行动,引入氯化设备。此举给公共卫生带来的巨大影响令人咋舌。1908年,当利尔最初把氯添加到泽西市供水当中时，美国每年每10万人中有20人死于伤寒。在12年后的1920年，这个数字降至每10万人里有8个。到1940年，发达国家有效地消灭了伴随人类种群出现繁衍的伤寒之祸。

氯化是抗击疾病的一项伟大进步。但医学还是比公共卫生更能吸引大众的注意力。任何对医学史有所了解的人都知道，是弗雷德里克·班廷（Frederick Banting）和查尔斯·贝斯特（Charles Best）领导的加拿大研究团队发现了胰岛素在糖尿病中扮演的角色，以及制造胰岛素的方法。但谁听说过约翰·利尔呢？[40]

到20世纪中叶，在对抗疾病及改善公共卫生环境方面取得的突破，大大延长了人类的预期寿命。一个1890年出生在澳大利亚的女孩，有望活到51岁。而1940年出生在同一地区的女孩，有望活到60岁。[41]但随着城市化程度的提高和女性地位的日益提升，尽管死亡率出现下降，但生育率也在下降。1931年，澳大利亚开始记录相关统计数据的时候，该国的生育率已降至每名妇女生育2.4个婴儿，略高于2.1的替代率。[42]对于整个发达世界而言，20世纪上半叶是一个预期寿命提高但生育率下降的时代，这使得家庭规模越来越小，人口增长越来越缓慢——这就是典型的第四阶段模型。与此同时，尽管有英国、法国、美国，还有比利时等"帝国主义统治的赐福"，地球绝大多数的人口仍在经历第一阶段的古老苦难：死亡率极高，生育率也极高。

再接下来，到第二次世界大战结束时，所有的模型都爆炸了，发达国家和发展中国家都陷入了我们迄今仍生活在其中的生育大回旋。

❖ ❖ ❖

到1943年年中,轴心国和同盟国双方的高层都清楚地看出,同盟国将赢得反对轴心国(德国、意大利和日本)的战争。但接下来将会发生什么呢?华盛顿的规划师们知道第一次世界大战结束后发生了什么。随着各国政府关闭战争机器,小伙子们回到故乡,失业率开始上升,并因政府提高利率以抵御通胀的措施愈发恶化,从而导致经济急剧衰退。"咆哮的20年代"的欢快插曲,结束于1929年10月29日,这一天是"黑色星期二",纽约股票市场崩溃,带来了现代世界前所未见的10年大萧条。第一次世界大战的后果,酝酿了第二次世界大战爆发的条件。历史会重演吗?战争结束会带来经济衰退和失业,甚至另一场萧条吗?哈里·科尔默里(Harry Colmery)决定阻止这一切。

科尔默里是另一个名字几乎湮灭在历史长河中的人,他在宾夕法尼亚州的布拉德多克长大,在父亲的杂货店里干活,送报,还在联合太平洋铁路公司兼职。靠着如此的勤劳,他先后升入欧柏林学院和匹兹堡大学,并在匹兹堡大学拿到法律学位。然而,他还没来得及独立执业,第一次世界大战就爆发了。科尔默里应征入伍,在美国本土训练飞行员。1919年退伍后,他结婚并搬到了堪萨斯州的托皮卡，此后一直定居此地，以法律为业。他善良、谦逊、富有同情心，在家乡小镇深受爱戴。科尔默里虽不是个自负的人，但从不缺乏信念。他为自己在托皮卡看到的退伍军人大感震惊——"他们重度伤残，身染疾病；一些人蒙着盲眼，一些人拄拐蹒跚"[43]，冷漠的联邦政府竟然对这些人弃之不顾，让他们自寻生路。

科尔默里参加了新成立的美国退伍军人俱乐部（American Legion），并在1936～1937年担任主席。第二次世界大战到来时，他在退伍军人俱乐部里担任规划师，为联邦政府提供咨询。民主党人和共和党人，政治家和官僚，平民和将军就战争结束之后是否要为退伍军人提供帮助、怎样提供帮助一事展开了激烈的争论。科尔默里确信自己手里有答案。他把自己关在华盛顿五月花酒店的一个房间里，写下了战后帮助退伍军人重新融入美国生活的提案。[44]在有关战后重建的所有计划当中，富兰克林·德拉诺·罗斯福及其顾问相中了他的计划，并把科尔默里手写的草稿作为《1944年美国退伍军人复员法案》的基础，该法案更广为人知的名字叫《美国退伍军人权利法案》(G.I.Bill)。美国退伍军人俱乐部奋力争取让国会通过该法案，并最终让国会一致通过。总统签署授权这一法案时，科尔默里就站在他身旁。

《美国退伍军人权利法案》创造了当代中产阶级。800万退伍军人通过这一法案得以减免学费，并得到其他教育援助，从而获得了学位、文凭或在职培训机会。由于低息抵押贷款和其他形式的住房补贴，430万退伍军人得以购买住宅。[45]《美国退伍军人权利法案》，再加上战争带来的技术进步,创造出了郊区以及将郊区相互连接的高速公路和城市核心。当时几乎每个人都买得起一辆汽车,一套合适的住房,一台爸爸妈妈晚上跟孩子们(很多很多的孩子)一起看的全新电视机。

在繁荣与萧条、和平与战争的交替之间,下降了好几十年的出生率,呈现出爆炸式的增长。大萧条和战争说不定曾把出生率打压到了低于顺其自然的水平;但战后的富裕必然说服许多夫妇年纪轻轻就结婚,生养更多的孩子。不管怎么说,自1800年以来一直在下降的生育率自行逆转,到20世纪50年代中期达到了3.7,回到了世纪之交的水平。它甚至令20世纪50年代流行一时的喜剧《小英雄》(*Leave It to Beaver*)显得有点反常。剧中克利弗夫妇应该再生1.7个孩子⊖。沃利和"海狸"需要一个妹妹。

克利弗夫妇无意间以自己的方式,成了社会宣传的代表性人物。人人都相信,一个家庭,由丈夫、妻子,还有他们生育的孩子组成。虽然这幅画面似乎自古未变,但实际上,此前它从未存在过。在20世纪之前,家庭的规模远为庞大,流动性也更大。一对年轻夫妇兴许会跟父母住在一起,除非他们自立门户,或是家里挤得已经无法忍受。由于死亡率太高,孩子就算没了父母也不是什么奇怪的事情。寡妇鳏夫会再婚,同一个家庭里往往有好些异父或异母的兄弟姐妹。孩子们可能会被送去与叔叔、阿姨,或者任何看上去最合适(甚或最不差)的亲戚一起生活。家庭的形式多种多样。如果维多利亚时

---

⊖ 在这部剧集里,克利弗夫妇只生了两个儿子。——译者注

代就有电视,热门节目恐怕会是《脱线家族》㊀。

只有到了战后,随着富裕程度的提高,现代医学及先进公共卫生理念的到来,一对夫妇才能合理地期待自己婚后很快就能独立居住,家长才能合理地期待自己能活到七八十岁,自己生下的孩子几乎肯定也能活到同样的年纪。基督教和家庭传统,历来谴责非婚生子及离婚,大力推动早婚与大家庭,这是驯服年轻人尤其是年轻男性最可靠的途径。众所周知的"婴儿潮",在将核心家庭塑造为社会和道德锚点方面,可以算是一项实验。《小英雄》对人人都理应向往的郊区核心中产阶级家庭模式,做了理想化的描述。而社会对婴儿潮实验及其伴随宣传攻势的对立反应,我们叫作"60年代"。在政策和生育率方面,加拿大与欧洲跟美国并驾齐驱,尽管西德的婴儿潮稍后才开始(它花了10年时间方重建国家,见证经济奇迹扎稳脚跟)。在整个发达世界,20世纪40年代后期和整个50年代,母亲们都生了更多的孩子,直到60年代生育曲线才开始下滑,回到战争爆发之初的替代率上下。

最好还是把婴儿潮视为异常现象。伴随和平时代到来的富裕和繁荣,产生了一股昙花一现的短暂趋势,只维持了一代人,随后历史趋势就重占上风。婴儿潮是一种意外,而且它显然无法解释20世纪下半叶标志性的全球人口大规模增长。为此,我们必须到其他地方找找线索。

---

㊀ *The Brady Bunch*,这是20世纪70年代的一部美国情景喜剧,剧情围绕一个有6个孩子的大型混合家庭展开。——译者注

❖ ❖ ❖

从 19 世纪到 20 世纪初，欧洲和北美的发达国家经历了第二阶段，生育率仍然很高，但死亡率开始下降。而随着两次世界大战导致的帝国旗帜纷纷倒下，疆域版图一而再、再而三地重划，地球的其余地区几乎是同时经历了上述趋势。

第二次世界大战结束时，作为殖民大国，也作为战争的胜利者，同盟国一方统治了地球。随着胜利的到来，同盟国也开始反思：盟军怎么能一方面为自由而战，另一方面又压迫着数千万的殖民地百姓呢？随着胜利的到来，联合国应运而生：该组织由战胜国创建，代表地球上所有国家，其任务是改善贫困、维护和平。事实证明，从维护和平的角度看，联合国力有未逮，但在过去的半个世纪里，它确实成功地通过下属的多家机构（世界卫生组织、世界粮食计划署、联合国教科文组织、联合国儿童基金会[46]，等等），将食物以及西方医学及公共卫生的基础带到了地球最贫困的地区。前殖民国家或其他只是想做些善事的发达国家，也提供了直接的援助，后来的发达国家主要通过让本国企业提供援助，实现进入当地市场提供产品和服务。大量的此类援助，因为腐败或规划糟糕而被白白地浪费了。在一些地方，尤其是非洲，后殖民时代的生活反而变糟糕了。但在世界大部分地区，年复一年，情况在逐渐好转。

黄热病、登革热、疟疾、埃博拉……在治疗手段的提升、疫苗接种的及时和公共卫生的改善（如清洁饮用水和污水处理）的共同作用下,外援和本国经济的发展联手抵挡了疾病的祸害。多亏了绿色革命(我们将在下一章展开讨论),营养的改善也为对抗疾病出了力。放眼整个地球,现在就连最贫苦的穷人也能活得更长了。在频繁遭受饥荒和内战破坏的埃塞俄比亚,预期寿命从 1950 年的 34 岁提升到 2009 年的 59 岁;在西半球最贫穷的国家海地,同期预期寿命从 38 岁提升到 61 岁。[47] 总体而言,自 1900 年以来,全球平均预期寿命翻了一番,达到 70 岁。尽管发展中国家的预期寿命有所延长,生育率仍然很高,全球人口大幅增长:从 1800 年左右的 10 亿左右,到 1927 年前后达到 20 亿,到 1959 年达到 30 亿,1974 年达到 40 亿,1987 年达到 50 亿,到千禧年达到 60 亿,今天更是进入了 70 亿。[48]

从整体上看,外援对发展中国家来说是一件幸事。如今,全球范围内,外国援助的总额达到每年约 1500 亿美元,其中 1/5 来自美国。这些资金真的能提供帮助;近年来,由于捐赠国吸取了过去的经验教训,外国援助在保护孕产妇健康方面做得尤为出色。我们将在后面的章节中看到,印度和中国的经济增长也有助于减少全球贫困,延长人的预期寿命。

发展中国家处于人口增长第二阶段(预期寿命延长,生育率仍居高不下)的数十年,是自第二次世界大战以来人口爆炸的原因所在。但再看看前面那些全球人口数字。地球用了 125 年的时间,人口从 10 亿翻倍成为 20 亿,但只用了 30 年就达到 30 亿,又过了 15 年达到 40 亿,从 40 亿到 50 亿仅用了 13 年,又用了 13 年达到

60亿，进入70亿所用时间也差不多是十来年，所以，我们还需要差不多13年时间才能达到80亿。

增长速度已经趋于稳定，并开始放缓。在接下来的几十年里，它会变得更慢，停止，然后下跌。这是因为，大量发展中国家已进入人口增长第三阶段：死亡率下降，出生率也在下降。还有一些发展中国家进入了近乎完美的第四阶段：出生率保持稳定，预期寿命延长。真正令人惊讶的地方在于，大多数发达社会和许多发展中国家迈入了一个新阶段。

请记住导致生育率下降的原因：城市化。它消除了年轻人从事农业劳动的需求，让孩子变成了经济债务，赋予了女性权力，而一旦女性有能力控制自己的身体，必定会选择少生孩子。在19世纪和20世纪，上述因素在发达国家扎稳了脚跟。但如今，这些力量也对发展中社会产生了作用。2007年，联合国宣布，5月23日这一天，人类历史上头一次城市人口多于了农村人口。[49]（联合国就是喜欢随意挑选一个象征性的日期。）城市化和妇女获得权力，对发展中国家产生的影响与发达国家相同，只不过，一切的进展都要快得多。在整个地球，出生率都在暴跌。这种暴跌意味着一切。这种暴跌是联合国预测错误的原因所在。这种暴跌将说明，为什么世界变得越来越小，而且进展的速度比大多数人想象中的要快得多。

# 马尔萨斯及其继承者

| 第 2 章 |

## 02

"索伦特·格林（Soylent Green）是人！"由查尔顿·赫斯顿扮演的一名惊恐的纽约侦探厉声警告道。80亿的地球人口蹂躏了环境，只能依靠索伦特公司生产的一种浮游生物食品来满足人类基本的生存需求。至少，人人都**认为**那是浮游生物。[50]

1973年推出的电影《绿色食品》(*Soylent Green*)将故事背景设定在2022年。建立在"人口过剩将摧毁地球环境，并使得食物供不应求，必将导致巨大灾难"概念上的电影、书籍、纪录片和其他娱乐产品数不胜数，这只是其中之一。更近一些的还有一部同类主题的蹩脚电影，叫《但丁密码》(*Inferno*)，由汤姆·汉克斯主演。影片讲述了亿万富翁科学家贝特朗·佐布里斯特断定地球处于灾难性人口爆炸的边缘——"只剩一分钟就将遁入茫茫黑夜"，他警告说，唯一的解决方案就是释放他炮制的病毒，这种病毒会杀死地球上一半的人。[51]只有我们的英雄汉克斯，才能阻止他。电影中没有一个人质疑佐布里斯特的论断，他们只是不喜欢他的解决办法。

这一切都已经过时了。2022年地球人口不会达到80亿；没错，有一天它会达到80亿，但仅此而已。虽然目前的人口规模给环境带来了极大的压力，导致了物种灭绝和全球变暖，但世界末日并不会马上到来。越来越多的人口统计学家确信，地球的人口有更大的可能会稳定下来，并在 21 世纪中叶左右开始下降。

在揭穿人口爆炸的神话之前，让我们来看看它是怎么产生的。接下来，我们会试着解释为什么传统智慧根本谈不上是智慧。

托马斯·罗伯特·马尔萨斯（1766—1834）是个好人。他的父亲是个十分开明的雅士，是哲学家大卫·休谟的朋友，还是法国开创性哲学家让-雅克·卢梭的热心粉丝。他让儿子在家里接受教育。托马斯性格温和，在剑桥表现很好，他接受了教会的职位，但并没有传教的雄心，再加上少许的腭裂妨碍了他的演讲能力，故此，被分派到了萨里地区的一个小教区。身边人群的贫困和营养不良的现象，让他深感不安。后来，他成为一名学者，是英国第一个被称作政治经济学教授的人。年轻的时候，马尔萨斯主张国家救济穷人（虽然后来改变了想法），认为经济衰退期间需要增加公共开支，这一理论启发了日后的约翰·梅纳德·凯恩斯。但马尔萨斯并不是因为这个留名后世的。相反，他孵化出了一个形容词："Malthusian"（马尔萨斯式的），这是英语里一个比较黑色的词汇。

1798 年，马尔萨斯发表了《人口论》(*An Essay on the Principle of Population as It Affects the Future Improvement of Society*)，这本

来是一本小册子，过了几十年，再版时变成了厚厚一大卷。在这篇文章中，马尔萨斯提出了一个基本问题，让从事新生社会科学的人沉迷不已："从今以后，人是会加速走向无限度，故此也是无法想象的进步，还是遭到天谴，沦入幸福与苦难的永恒振荡呢？"[53] 在马尔萨斯看来，答案是振荡。他观察到，虽然人类在工业、艺术和思想方面取得了进步，但"就灭绝两性之间的激情而言，迄今为止没有取得任何进展"。[54] 因为人们非常喜欢性生活，所以他们会生很多婴儿，由此导致的结果是，人口若不受控制的话，必将以几何速率增长，而农业和粮食生产的进步，仅以算术速率发生。"稍微通晓数学的人都知道，前者的增长速度远超后者。"[55] 因此，就像兔子或鹿或其他动物种群爆炸和崩溃一样，智人必然如此。

从某种意义上来说，马尔萨斯遭到了误解。在著作中，他表现出对穷人的真正关注，穷人的苦难隐而不见是因为，"我们所拥有的人类历史，只是高等阶层的历史。"[56] 他认为，在严峻的无尽振荡下，低等阶层历尽磨难。一时的富裕（或许是出于丰收、开辟了新土地、农业耕作方式的改善），将导致人口的迅速增长。人口过剩会导致劳动力价格下跌，食品价格上涨，人们不得不忍饥挨饿。最终，父母不再生孩子，因为知道自己养不活，于是人口减少，恢复稳定。在这种情况下，马尔萨斯得出的结论是，向穷人提供救济，只会把必将到来的命运推迟，反而恶化了他们本就悲惨的境况。

他写道："人口及地球生产这两股力量的天然不平等……形成了在我看来难以克服的巨大困难。……任何空幻的平等，任何农业发展,哪怕发挥到最大程度,都不能消除它造成的压力……因此,如果一个社会希望所有成员都生活在轻松、幸福和相对的闲暇当中,那么,人口问题绝对地不利于这一可能性的实现。"[57] 换句话说,穷人永远不会消失,他们的人数涨落取决于环境,但人口的持续增长和繁荣的持续,这两者之间有着不可调和的矛盾。

马尔萨斯的预言冷酷无情,而且是错的。因为,在他得出以上预言的那个时代,地球上的人口,首次达到了10亿,这是人类历史上的第一次。一个世纪后,它将达到20亿。今天是70亿。然而,如今的我们,几乎所有人都比马尔萨斯时代的英格兰穷人更长寿、更健康、更幸福。

这位政治经济学先驱理论家一辈子大部分的时间都生活在赫特福德郡的绿色田野中。要解释他的理论为什么存在不可救药的缺陷,原因就蕴藏在这些绿色的田野里,只是他置身其间,反倒当局者迷。到1798年,英国农业革命已经100年了。它始于圈地运动,有权势的贵族将农民从公有土地上驱逐出去。直到今天,诗人都在哀叹这种抢夺行为,但仍控制着自己土地的农民,也由此得以开展创新,最大限度地提高产量和利润。选种育种的新实验把一头牛的平均体重从1710年的168公斤增加到1795年的250公斤。[58] 查尔斯·汤斯亨德子爵用萝卜、三叶草和其他作物,改善土壤质量,减少休耕时间。[59] 这期间还出现了形形色色的农业机械发明:杰斯洛·图尔的播种机、脱粒机、收割机、全铁犁。马尔萨斯最初撰写文章的时候,还无法进行人口普查(英国在1801年才首次进行人口普查),

但我们如今估计，1700 年，英格兰和威尔士的人口约为 550 万。但等马尔萨斯写成《人口论》的时候，它已超过 900 万。[60] 当时的英国处于农业和工业全球革命的前沿，并伴随着从未发生逆转的人口爆炸，因为前者能轻松地维持后者。

❖　❖　❖

然而，有些人相信，马尔萨斯只是生不逢时，他的理论提出得太早了。数百年的事实并未削弱他们的确信不疑。一个半世纪之后，最流行和最悲观的"人口过剩导致人口崩塌"预测出现了。1968 年，斯坦福大学生物学家保罗·埃利希出版了热门畅销书《人口炸弹》(*Population Bomb*)。这本书用一句戏剧性的简单断言开篇："养活人类的战斗已经打完了。不管现在开始实施什么样的崩溃预案，到 20 世纪 70 年代和 80 年代，都有数亿人将活活饿死。"[61]

埃利希以及他赖以得出结论的人口统计学家认为，问题很简单：现代医学和绿色革命（绿色革命指的是，"二战"后粮食生产力出现的天文数字大增长）大大降低了埃利希所称的欠发达国家的死亡率，但其中部分国家在降低出生率上无所作为。像美国等"过度发达"的国家降低了出生率，但人口仍然在增长，美国已经付出了巨大的环境成本让农业产能最大化，故此，一旦粮食产量出现突然或持续下降，就极容易产生连锁影响。无论如何，过度发达的国家没有手段也没有意愿向欠发达国家的人分配粮食盈余，哪怕后者此刻已经濒临大规模饥荒的边缘。

"人口问题有两种解决方案,"埃利希总结道,"一个是'靠出生率解决',也即我们寻找降低出生率的方法。另一个是'靠死亡率解决',也即让死亡率提高的方式,让战争、饥荒、瘟疫**找到我们头上**。"[62] 埃利希认为,欠发达国家和过度发达国家的政府必须采取系统全面,甚至是独裁的方案,"但愿通过我们的价值体系改变"降低出生率,"但如果自愿的方法失败,就只能强行实施了。"[63] 但他警告说,这只能放缓事情的发展。没有任何东西,包括人口税,甚至埃利希所倡导的强制绝育,能阻止饥荒的到来。"今天的粮食就不够。明天的粮食会有多少,尚有待争论,"他写道,"如果乐观主义者是正确的,那么今天这样的状况可延续到未来20年。如果悲观主义者是正确的,大规模的饥荒很快就会爆发,可能在20世纪70年代,肯定挨不过20世纪80年代初期。到目前为止,大多数证据似乎站在悲观主义者这一边。"[64]

然而,50年后,哪怕这个星球已经住了近75亿人,饥荒也几乎彻底根除了。近几十年来因缺乏食物而导致人口大量死亡的案例,主要是因为政府的无能或是因为战争抛荒了土地,如索马里、苏丹、也门。埃利希的书上市这几十年里,许多发展中(这是我们今天的说法)的国家或地区已经进入发达行列,如韩国、新加坡、智利及中国台湾地区。1990～2015年,联合国确定的日收入不超过1.25美元的极端贫困人口减少了一半以上,从19亿降到了8.36亿。每年死亡的儿童人数,从1990年的600万减少到今天的270万。产妇死亡率也减半。[65]

那么,哪些事做对了呢?好几件事。埃利希预测,人口过剩造成的水和空气污染,会将环境破坏到崩溃的临界点。尽管全球变暖是当今的一个重大问题,发达国家在改善空气和水质方面(至少是这两方面)都做得很好,两者的情况均比50年前要好。例如,在美国,烟雾的主要来源是二氧化氮和二氧化硫($NO_2$和$SO_2$),它们分别比1980年的水平下降了约60%和80%。[66]自1972年加拿大和美国签署了一项条约,承诺两国恢复至关重要的内陆海域环境之后,五大湖的健康状况得到大大改善。[67]

更重要的因素是绿色革命。埃利希意识到农业生产力正在大幅提升,但极大地低估了它们的后果。化肥、合成除草剂和杀虫剂、多熟种植、基因改造和其他具有里程碑意义(但有一些或许也存在争议)的举措,令农业生产力大幅提高,足以满足人口增长所带来的需求。尽管1950～2010年人口增长了一倍以上,种植面积仅增加30%,但粮食生产却是从前的3倍。"马尔萨斯式饥荒的可怕预言并未兑现,许多发展中国家都得以克服长期存在的粮食短缺。"[68]

不过,最重要的因素是中国和印度的崛起,这是有史以来人类福祉的最大进步。仅这两个国家的人口就占全世界人口的近40%。英国因为第二次世界大战而破产,无法控制印度,便于1947年准其独立。两年后,中华人民共和国成立。最初,由于经济思路不合理,两国的财富都没有实现大幅增长。

但进入 20 世纪 80 年代，中国终于腾飞了。经济在 1980～1990 年翻了一番，1990～2000 年增长了 3 倍，2000～2010 年增长了 3 倍有余。我们还可以换一种说法。1980 年，中国一位公民在一年内创造的财富为 205 美元（按购买力平价计算的美元）。2016 年，这个数字为 8523.00 美元。过去的 40 年里，中国创造的财富，让全人类的 1/5 摆脱了极度贫困。[69]

由于新德里政府的愚蠢政策，印度增长缓慢。尽管存在保护主义、内部腐败和地区竞争，印度的经济同样出现了快速增长，但远远比不上中国。20 世纪 80 年代，印度中央政府越来越多地信奉私人资本主义而不是公有制，接着，到 20 世纪 90 年代，它开始逐渐放开经济。1960 年，印度的平均国内生产总值为 304 美元，远高于中国的水平。2016 年，这个数字稍低于 1860 美元——比中国的要低，但仍然令人印象深刻。[70]

随着中国和印度的发展和城市化，两国的出生率都出现了下降。印度是自然发生的：据预测，该国到目前为止，已达到替代率 2.1 的最适宜水平。由于中国政府从 1979 年开始实施的"独生子女"政策，中国的出生率急剧下降至 1.6 的官方水平。独生子女政策旨在遏制该国人口的迅速扩张。这里的重点是，中国和印度的经济增长，极大地减少了全球贫困；两国人口出生率的下降，也降低了地球人口过剩的危险。

如果你看过任何全球贫困水平的官方图表，[71] 你会注意到两种趋势。第一种始于 19 世纪初，当时，世界上大约 85% 的人口生活在我们今天所谓的极度贫困（也就是说，养活自己和家人构成了一项日常挑战）之中。但非常缓慢地，生活在欧洲和北美的人们，情况开始好转。经过了一个半世纪的发展，到1950年，极端贫困者占全球人口的比例已降至约55%。接着，第二种趋势开始了。线条不再是缓缓下降，而是笔直跌落。今天，为寻找下一顿饭而穷思竭虑的贫苦人，约占全球人口的14%。想想看：把极端贫困水平从总人口的85%减少到大约一半，耗费了150年，但从一半减少到约1/6，耗时还不到75年。除此之外，尽管我们仍为那些生活在极端贫困状况下的人感到担心，但我们甚至未曾费心去庆祝所取得的成就（在人差不多一辈子的时间里，几乎消除了世界各地的极端贫困人口），这岂不是很值得庆贺吗？

20世纪后半叶，在取得最大发展的发展中国家/地区，中国和印度是最大的两个。还有一些从发展中国家/地区跻身发达之列的国家和地区——韩国、新加坡、智利、中国台湾以及亚洲之"虎"印度尼西亚、马来西亚和泰国。但真正打动人的，倒不是全世界普通民众的财富自第二次世界大战结束以来大幅增加，而是在这种财富大规模扩张的同时，还伴随着全球人口规模的不断大幅增长。

埃利希并不改口。"人们未能理解，生态学家眼里的时间，跟普通人有着非常大的不同。"2015年，他在一部以他的书为关注点的纪录片里说。他承认，他对案例有所夸大，但这只是因为他试图"办成点事情"。人口增长仍然处在灾难性的失控状态，清算的日子马上就要到来。"我不认为自己在《人口炸弹》中说了什么骇人听闻的世界末日预言,"他坚持说,"我今天要说的话会更骇人听闻。每名妇女想生多少孩子就可以生多少,在我看来就跟'人人都可以把自己的垃圾扔到邻居的后院,想扔多少扔多少'完全一个样。"**72**

埃利希和他之前的马尔萨斯预测失败,并没有打消那些一代代坚持末日已至的人的念头。下一本宣扬末日论的轰动作品是《增长的极限》(*Limits to Growth*)⊖,1972年由罗马俱乐部发表,当时这家新成立的智库旨在将不同的趋势整合到一起,展开全面的全球性分析。利用麻省理工学院开发的计算机模型,分析家得出结论:"如果当前世界人口、工业化、污染、粮食生产和资源枯竭的增长趋势继续,那么,这颗星球上的增长极限将在未来100年内的某个时间点到达。最可能的结果将是,人口和工业产能出现相当突然的不可控衰落。"**73** 人口的马尔萨斯式增长和资源开采,将导致21世纪10年代人均产出下降,20年代出现死亡率急剧上升,全球人口在2030左右下降,同时,我们所知的文明整体崩溃。作者呼吁立即大幅限制人口和资本增长,以防止这种崩溃。作者警告说,"对解决这些问题无所作为,就等同于对之纵容支持。日复一日的持续性指数增长,会让世界体系更接近这种增长的最终极限。置之不理的决定,就是增加崩溃风险的决定。"**74**

---

⊖ 此书中文版已由机械工业出版社出版。

显然，这一切并未发生。尽管如此，还是有人周期性地更新，提醒我们人类必定走向灭亡之路。2014年，墨尔本大学的研究人员宣布，事态的发展一如麻省理工学院的预测，2008~2009年的金融衰退就是未来的预兆。"《增长的极限》是正确的：新的研究显示我们即将崩溃，"文章标题发出警告，而作者们的结论是，"说服世界各地的政治家和富裕精英制定不同的路线，说不定为时已晚。所以，对于我们其他人来说，恐怕是时候好好考虑了：怎样在进入不确定的未来的过程中，保护好自己。"[75]

再近些时候，我们有《粮食战争》(*Stuffed and Starved: The Hidden Battle for the World Food System*)，作者是得克萨斯州立大学奥斯汀分校的教授拉杰·帕特尔（Raj Patel）；还有《饥饿的非难：21世纪的粮食、正义和金钱》(*The Reproach of Hunger: Food, Justice, and Money in the Twenty-First Century*)，作者是女权主义先驱苏珊·桑塔格的儿子戴维·里夫（David Rieff）。2015年，农学家兼记者乔尔·伯恩（Joel Bourne）所著的《丰裕的终结》(*The End of Plenty*)，应该是这其中最好的一本。伯恩完全承认，农业创新证明从前的末日预言家们都错了。但这一次，他坚持说，事情有所不同。近年来粮食价格的上涨，反映出地球生产能力已达最大限度。森林和海洋正在枯竭，成千上万的物种已经灭绝，集约化耕作破坏了土壤和水，所有这些活动都助长了全球变暖的趋势，而全球变暖本身，会淹没农田、破坏作物、减少产量。"如果我们继续按这样的速度走下去，总有一天，下一个灭亡的物种就要轮到我们自己了。"伯恩警告说。[76]

但他们中最重要的新马尔萨斯主义者是一家机构，而且是一家备受尊敬的机构。联合国人口司（United Nations Population Division）是联合国经济和社会事务部的一个重要组成部分，几乎与联合国本身同样古老，自1946年以来一直以这样那样的形式存在。其主要目标是开发能够准确预测全球人口增长的统计模型。为此机构效劳的人口统计学家和统计学家都擅长其本行。1958年，该司预测到2000年，全球人口将达到62.8亿。事实上，到了2000年，数字只稍微低一点，是60.6亿，少了两亿人——这个差异小到可以忽略不计。[77]这一点给人留下了深刻印象，因为当时的人口统计学家对非洲和中国的数据十分匮乏。因此，该司对21世纪将如何发展所做的预测，大多数人都会严肃以待，尤其是，此时发展中国家的数据质量已经提高，建模也更为成熟和复杂。

那么，联合国是怎么说的呢？表面上，它看起来非常严峻：2017年，联合国认为全球人口为76亿。到2030年，它还将再增加10亿，总人口达到86亿。再过20年，也即2050年，这个数字将达到98亿，多多少少可以算100亿了。随着我们的后代迈入新世纪，2100年，整个地球的人口将达到112亿，此时，我们的人数将逐渐稳定，并最终开始下降。[78]

但这只是联合国提出的一种假设情况。这种"中位预测"（medium variant，是的，这就是它的名字），是联合国人口统计学家认为最有可能被证明是正确的一种情况，因为它过去曾被证明是正确的。它以对各国生育率在 21 世纪剩余时间怎样发展的最佳猜测为基础。但同样是这些人口统计学家，也承认自己的预测有可能会跑偏。如果 21 世纪的全球生育率比中位预测高出 0.5，也就是说，女性平均生育的婴儿比预期多半个，那么，灾难就会降临。在这种高位预测情形下，全球人口在 2100 年将达到近 170 亿，并且还将继续强劲增长，短期内不会达到稳定状态。我们究竟要怎样才能养活所有这些人？我们要怎样才能应对它对环境造成的影响？我们怎样才能让所有人都安居乐业？就算是对农业生产率的提高保持最乐观的预测，肯定也无法满足 170 亿人口的需求。马尔萨斯及其接班人，最终有可能被证明是正确的。

但还有另一种情况，叫作低位预测。在这种假设中，女性生产的婴儿比预期少半个。不仅发达国家，连发展中国家和最不发达国家的生育率都在下降。如果这样的话，地球的人口将在 2050 年左右的某个时间点达到 85 亿，接着迅速开始下降。有多迅速呢——到 21 世纪末，全球人口将减少到 70 亿左右。全球人口不会增长，反而会缩水。

你可能会认为这是件值得庆祝的事。没了几十亿人口的压力，地球的肺部呼吸起来肯定更轻松；饥荒和贫困肯定会减少，要养活的嘴巴更少，要提供住房的家庭也更少。你是对的，但只是部分正确。经济和地缘政治影响会变得更为错综复杂。我们将在后续章节中研究人口持续下降的后果。真正的问题是，哪种假设有可能发生呢？到 2100 年，人口将达到 170 亿并继续迅速增长，还是达到

110亿并趋于稳定,又或者是仅为70亿并开始下降?能知道这个问题的答案会很好。就算你不是个聪明的经济学家或政治学家,也猜得出拥有170亿人口的世界大概会是个动荡不安的不幸地方。哪怕只有110亿也难以管理。但70亿呢?现在,我们要跟这个数字消磨一段时间。

联合国的中位预测,在过去得到了事实的肯定。照常识想来,这一假设将再次证明其正确性。但这一次,我们认为常识会出错。而且,持这种看法的不光只有我们。

我们在维也纳经济与商业大学一间一尘不染的明亮白色办公室里,见到了在该大学执教的沃尔夫冈·鲁茨(Wolfgang Lutz)。鲁茨身材高大,头发灰白,略微谢顶,留着一蓬几近老套的山羊胡,是个经典的"婴儿潮"一代,出生于1956年。他不太常见的地方是他的双博士学位,一个来自宾夕法尼亚大学,另一个来自维也纳大学,两者都跟人口统计和统计学相关。鲁茨在展示他心爱的人口统计数据时,礼貌、专注,散发出一种紧绷绷的能量,他希望访客理解为什么联合国的人口预测是错误的。原因一言以蔽之,在于教育。

"大脑是最重要的生育器官。"他断言。一旦一位女性获得足够的信息和自主权,在关于什么时候生孩子、生多少个孩子等问题上有能力做出明智的、以自我为导向的选择,那么,她就会立刻选择少生和晚生孩子。"一旦女性进入社会,接受教育,有了事业,她就会想要拥有一个规模比较小的家庭。"鲁茨解释说,"这件事开了头就没有回头路。"[79]鲁茨和维也纳国际应用系统分析研究所(简称IIASA)的其余人口统计学家认为,发展中国家因为愈发城市化而实现的教育进步,应该纳入未来人口预测的考量,但联合国并未这么做。IIASA利用这些因素预测,到21世纪中叶人口将趋于稳定,接着就开始下降。鲁茨相信,早至2060年,人口就会萎缩。

持有这一看法的人,不光只有他。挪威学者乔根·兰德斯(Jorgen Randers)曾参与《增长的极限》的撰写工作。但在那以后,他的思想发生了变化。"世界人口永远不会达到90亿,"他现在这样认为,"它将在2040年达到80亿的峰值,接着开始下降。"[80]他认为人口增长趋势出现这样意外的下跌,是因为发展中国家的女性搬进了城市贫民窟。"在城市贫民窟,拥有一个大家庭毫无意义。"

《经济学人》杂志也对联合国的估计持怀疑态度:在2014年的一篇分析文章中,它评论说,先前的预测未能预见到"自20世纪80年代以来孟加拉国或伊朗的生育率大幅下降(在这两个国家,每名女性生育的孩子数量从大约6个孩子降到了现在的大约两个)。目前,非洲是新近大部分人口增长的源头,作者认为,非洲的生育率将下降得比亚洲和拉丁美洲更为缓慢。但没人说得准。"[81]

瑞典统计学家汉斯·罗斯林(Hans Rosling)成立了盖普曼德研究所(Gapminder Institute),用普通大众可以理解的语言,传播当下人口变化趋势的知识。在热门的纪录片《别恐慌》(Don't Panic)里，他告诉观众："人类已经比你们许多人想象中要好得多了。"[82] 他谈到发达国家和发展中国家之间出生率和预期寿命趋同，指出："我们不再生活在一个分裂的世界。"他说，他的孙女在2000年出生，那一年是"高峰儿"之年。21世纪初有20亿儿童，21世纪末仍将有20亿儿童。罗斯林认为，由于预期寿命的延长，年轻人群体的稳定以及教育和医疗保健的进步，就算地球人口确实达到了110亿，也很容易维持稳定并走向繁荣。其他分析也大多与此类似。例如，德意志银行的一份报告称，到2055年，全球总人口将达到87亿的峰值，到21世纪末将降至80亿。[83]

那么，谁是对的呢？是联合国的人口统计学家？还是来自欧洲和其他地方批评他们的人？要着手回答这个问题，方法之一是环顾世界，看看世界不同的国家和地区正处在什么样的人口转变阶段。

❖   ❖   ❖

1929年，人口转变模型最初建立的时候，只包含了4个阶段。第四阶段是最后阶段，展望了一个预期寿命高、生育率低（大致在维持人口所需的水平：每名母亲生2.1个孩子）的世界。但事实证明，还有第五阶段：预期寿命继续缓慢提高，但生育率却持续下降到**低于**替代率的水平，最终导致人口下降。几乎所有发达国家都处于第五阶段。

20世纪70年代，最发达经济体的生育率开始降至2.1以下，发展中国家的生育率也开始下降，这种现象被形容为"历史上最令人震惊的全球性变化之一"。[84] 事后看来，它完全不应该出人意料才对。一个社会越是城市化，女性对自己身体的控制越强，她们想生的孩子数量就越少。在大多数西方国家，比如美国和加拿大，如今有80%的人口居住在城市。而女性在生育选择方面有着近乎完全的控制权，这要部分归功于1951年出现的一次偶然机会。

玛格丽特·桑格（Margaret Sanger）创造了"生育控制"这个说法，并开办了第一家避孕诊所。1910年，桑格还是一名年轻女性，刚搬到纽约，她决意不结婚，避免沦入家庭生活的陷阱。她在下东区（那儿有上千家妓院）的贫困妇女中从事护士工作，发现女性在尝试终止怀孕时要承受巨大的风险。即使曾因推广避孕而被捕，但她坚持认为，每一名妇女都应该是"她自己身体的绝对主人"。[85] 她从无政府主义者埃玛·戈尔德曼（Emma Goldman）那里借用了一句口号："没有上帝，没有主人。"她为医生们赢得了开处方避孕药的权利。她开办诊所，出版杂志，传播好消息。1951年，她在一次晚宴见到了内分泌学家格雷戈里·平卡斯（Gregory Pincus），说服后者投入开发避孕药的研究。她还找来了可靠的资金。到1954年，人体试验便上路了。1957年，该药获批用于治疗女性的严重月经紊乱，令抱怨自己患有严重月经紊乱的妇女人数激增。1960年，美国食品药品监督管理局批准了避孕药为避孕目的而用。

这种药物彻底改变了性。女性和男性可以为了取乐而发生性关系，再也不用担心意外怀孕了。避孕药上市13年后，美国最高法院在罗诉韦德案中裁定，根据宪法，女性有权堕胎，这是她们个人权利的一部分。自此以后，如果女性真的怀孕了，堕胎成为一种合法的选择。到20世纪70年代末，在整个发达世界，女性可以获得避孕药，合法堕胎成为常见之事。生育率不断猛跌。

我们以西班牙为例。这位前帝国巨人正稳稳地处于人口增长的第五阶段。它的生育率非常低——每名妇女生育1.3个孩子，远低于替代率。它的预期寿命也非常高：82.5岁，在世界排第4（仅次于日本、冰岛和瑞士）。[86]但即使人的寿命这么长，到2012年，西班牙的人口开始下降，因为部分地区，每死掉两人才有一名婴儿出生。[87]到目前为止，西班牙的人口下降是缓慢推进的，2011年，它的人口是4680万，如今减少了40万人。但该趋势即将加速。马德里估计，10年内该国将消失100万人，到2080年将消失560万人。[88]该国政府非常渴望扭转或至少减缓这种趋势，为此，它任命了一位"性沙皇"（sex tzar），负责制定国家战略，解决西班牙的人口失衡问题。[89]

大多数欧洲国家，特别是限制移民的国家，情况都跟西班牙差不多。但不是只有欧洲如此。未来35年里，日本的人口预计将减少25%，从1.27亿减少到9500万。韩国和新加坡这两个高度发达的亚洲社会，数据也类似。美国和加拿大的前景虽然比较乐观，但这只是因为这两个国家都采取了强有力（但非常不同）的移民政策。我们将在本书后面回到这两个例外上面。

生育率下降也并非发达国家所独有。城市化和妇女赋权是全球现象。我们知道,中国和印度的生育率,正处在或低于 2.1 的替代率。其他发展中国家也是如此:巴西(1.8)、墨西哥(2.3)、马来西亚(2.1)、泰国(1.5)。非洲(尼日尔:7.4;马拉维:4.9;加纳:4.2)和中东部分地区(阿富汗:5.3;伊拉克 4.6;埃及:3.4)的出生率仍然很高。但是,这些高生育率国家跟低生育率国家存在一个共同点:在任何地方,出生率都在下降,几乎无一例外。没有地方还在往上走。

我们知道,城市化改变了生育经济学的盘算,并通过教育赋予女性权力。最近的研究表明,还有一些因素在发挥作用。其中之一是亲属彼此影响的能力下降。如果你生活在较为农业化的欠发达社会,你的社交环境很可能围绕着家族展开,长辈们无休无止地唠叨年轻人结婚生子,从而实现了繁殖的古老演化冲动。但随着社会变得更加现代化和城市化,朋友和同事取代了兄弟姐妹、父母、叔叔和阿姨。在你自己的家庭里,我们敢打赌,父母和祖父母曾一度对你施加压力(不管多么微妙),希望你找到生活伴侣,安定下来,生儿育女。但你们可有催你生孩子的朋友?你的同事有过这样那样的关心吗?"较之人类演化历史的任何阶段,家族成员如今在人们社交互动里所占的比例要小得多了。"芝加哥洛约拉大学的心理学家艾兰·希里拉(Ilan Shrira)写道。"这种变化是降低出生率的关键因素,**因为家庭成员鼓励彼此生孩子**,而非亲属不会。"[90]

另一个因素是在世界大部分地区,宗教权力在下降。我们不必去探究信仰在诸多社会中遭到削弱的各种原因,只不过,值得指出的是,削减生育率的力量(富裕程度的提高,[91] 教育改善,妇女解放,[92] 亲属影响力的减弱),也在削弱有组织宗教限制个人自主权的权势。毫无疑问,在宗教对个人决定有着可观影响力的社会,其生育率比宗教影响力微乎其微的社会要高。2008年、2009年和2015年所做的3次全球独立网络-盖洛普民意调查(WIN/Gallup polls)曾询问受访者是否感到自己存在宗教信仰。在马拉维和尼日尔(我们知道,它们属于世界上生育率最高的国家),99%的受访者都回答说有。西班牙只有39%的人做肯定回答,据说它如今是全世界信教程度最低的国家之一。[93](这里有一个好玩的相关信息:天主教权力崩溃的社会,比如西班牙、魁北克和爱尔兰,往往会迅速从相对较高的生育率过渡到相对较低的生育率。)

我们还必须指出,从许多方面看,妇女对自己生殖命运的控制力越来越强,是一场零和博弈:哪怕男性提出严厉的反对(一直到相当晚近的时期才有所缓和),但一切徒劳无功,生育率不断在下降。男性并非心甘情愿地赋予女性财产权、投票权,以至于最终接近完全的平等权。他们在这么做的过程中,又踢又叫,完全违背自己的意志。在历史的大部分进程中,男性在事实上和法律上都控制着妇女,包括她们的身体,他们完全是被女性(受过教育的、独立自主的城市女性)逼着放弃这些控制权的。没错,自从有人类这个物种以来,男性女性就一直相亲相爱一起生活——但只有按照男性的条件才是这样,而男性们设定的条件,还可能相当严厉。我们只从数千年来的例子里选一个说吧：前文提及的玛格丽特·桑格，因为推广避孕而坐牢。这是因为她违反了美国最初于1873年通过的《考姆斯托克法》（Comstock Laws），该法律不仅禁止各类的色情、情色文学，禁止避孕措施，还规定，宣传避孕措施或告知公众怎样实施避孕措施也是违法行为。到20世纪70年代，美国和其他国家仍然存在形形色色的《考姆斯托克法》。即便在那10年，安全套一般只在药店有售，而且还被藏在柜台后面，顾客必须提出特别要求方可购买——这对正处青春期的男性来说可谓恐怖。这场斗争远未结束。今天，政治家和传教士（大多是男性）仍在试图限制美国及其他地区的女性堕胎的权利。2017年秋天，有权势的男性对女性施加性骚扰事件的接连曝光，激发了#MeToo（#我也是）运动。男性拥有女性身体的历史传统，至今阴魂不散。

随着社会的城市化，女性获得更多的权力，亲属纽带、有组织宗教势力和男性主导地位随之受到削弱，生育率也不断走低。让我们举一个上述各种因素均发挥影响的例子，看看菲律宾吧：这是位于西太平洋的一个贫穷的群岛国家。1960年，菲律宾的农村人口（1900万）是城市人口的两倍（800万）。今天，该国的农村和城市人口大致相当，到2030年，城市人口将占到65%。[94]

随着菲律宾的城市化，菲律宾社会中女性拥有越来越多的个人权利。2010年，政府通过了所谓的《妇女大宪章》（Magna Carta for Women），这是一系列全面禁止歧视妇女、为她们提供更多的法律保护、使其免遭暴力侵害的法规。今天，在世界经济论坛的《全球性别差距报告》(*Global Gender Gap Report*)中,菲律宾排名第7(冰岛排名第1)。[95] 1965年,菲律宾的生育率为7。如今是3,并以每5年降低0.5的速度下降。每5年就少生半个孩子!菲律宾的例子进一步证明,不光发达国家100多年来生育率持续下降,在未来的数十年,发展中国家的生育率也将分崩离析。

但菲律宾的生育率何以下降得这么快呢?天主教会是该国的一股强大势力,而且,教会本身也提供了答案。"在菲律宾,参加教会活动的人越来越少了,"UCA新闻(自称"亚洲最值得信赖的独立天主教新闻服务机构"[96])报告说。原来,如今只有1/4的菲律宾人定期参加教会活动了。作者感叹道,"家庭未能在年轻人中维持一致的价值观,是导致菲律宾教会活动出席率下降的因素之一。"

教会在菲律宾仍然有着很强的势力。堕胎是非法的,离婚也不允许。不管大宪章怎么说,女性仍然面临歧视,有在家中遭遇暴力、在街头遭受骚扰的风险。"在菲律宾争取女性权利的斗争,是一场从未真正结束的战斗。必须继续在争取平等及必要保护的斗争中保持警惕,因为胜利真的很脆弱。"最近的一项评估给出了这样的结论。[97]尽管如此,进步只会朝着一个方向走下去。预计到2045年,菲律宾人口将从目前的1.01亿增加到1.42亿,此后便可能逐渐下降。[98]这个故事正在世界各地重复着。城市化、妇女的赋权和生育率下降是全球性的现象,尽管根据各地文化的不同特征,它推进的速度也有差异。

如果你跟一些人口统计学家私下讨论过,你会听到他们的怀疑:

联合国是不是有意识地对所有不利的证据置之不理,保持高位人口预测以将危机感最大限度地放大,从而证明限制经济增长的干预措施正当合理(联合国里几乎没有热情的自由放任派资本家),同时确保联合国的援助项目有继续存在下去的必要。但无须沉迷于阴谋理论也可以得出结论,联合国采用了一套错误的模型,这套模型的基础假设适用于过去,但很可能不再适合将来。

我们认为,联合国的低位预测(或与之类似的情况)将成为现实。正在阅读本书的大多数人都能活到见证地球人口开始下降的那一天。多巴火山、黑死病、殖民统治的蹂躏以及其他天灾人祸,导致了过去的人口崩溃。这一次,情况会有所不同。这一次,它将来得缓慢且蓄意。出于人类自己的选择,我们每一年的人口,将年复一年地减少。我们大多数人都明白这一点,并将它融入自己的生活。只不过,我们没有注意到,除非有人把它指出来。比如说,在布鲁塞尔的一场晚宴上。

# 白发苍苍的欧洲

EMPTY PLANET

第 3 章

# 03

参加晚宴的有 15 人，围在一张长长的木头桌子旁边，这张桌子，占据了朱迪斯和纳撒尼尔公寓的大部分空间。6 对夫妇都二三十岁，自认为非常开明。此外还有两个孩子——罗曼 6 岁，蒂尔达 4 个月。大多数男性是学生或艺术家，女性工作并负担房租。晚餐后，男人们到阳台上吸烟，而女人们负责收拾。（好吧，似乎也没**那么**开明。）

朱迪斯和纳撒尼尔住在斯哈尔贝克，是布鲁塞尔 19 个自治市镇之一。要是论哪个国家的政府比地球上其他地方更多，比利时一定能拿下头筹。1830 年，一些头脑发热的年轻人看完歌剧发起了骚乱，这个小国就此从荷兰分裂出来。它由弗拉芒和瓦隆两个大区构成，共 1130 万人，佛兰德斯人说弗拉芒语，是荷兰语的一种，瓦隆的居民则说法语。在东部和布鲁塞尔的中间，还有一块说德语的飞地，只有在这里，才通行弗拉芒语和法语双语，不过人人都知道，英语是非官方的官方语言。比利时人非常依赖地方自治原则，故此才有了布鲁塞尔的 19 个市镇。

如果你假设，在北美人眼里，所有的欧洲城市中心都充满魅力（因为北美的城市大多没有保留历史核心区，缺乏良好的城市规划），那么，斯哈尔贝克市当然充满魅力，它的街道上只有三四层高的砖房，其历史大多数可以追溯到19世纪，房子并不算大，但窗户很大，光线充足。商店很小，大多是本地人所有，公园和其他公共场所干净整洁。只有当你仔细观察，你才会发现，许多砖房都需要重新油漆，有一些还需要更进一步的修整。但是对于与这些历史悠久的建筑物的修缮相关的问题，布鲁塞尔的规章和法规又多又复杂，房东们只好随它去了。这处市镇是多民族混居，有血统古老的欧洲民族，也有土耳其和摩洛哥血统的居民。距离斯哈尔贝克不远的是莫伦贝克，该市少数族裔占多数，有很多2015年的巴黎恐怖袭击者就曾住在这里。2016年3月，恐怖分子在布鲁塞尔的机场和地铁安放炸弹，造成32人死亡，警方逮捕了藏匿在斯哈尔贝克的一名参与者，那里离朱迪斯和纳撒尼尔与朋友们吃饭的地方只隔着一个街区。

问起来的时候，在座的大多数年轻男女对自己的祖姥姥祖姥爷一辈的亲戚都不太认识，不过一般都认同那一代的亲戚很多。丹妮尔回忆说，自己的祖父母辈有15个兄弟姐妹。至于父母一代人，三四个兄弟姐妹似乎是常态。他们自己一般有一两个兄弟姐妹，"他们营造的是些小家庭。"来自法国的阿德里安对自己父母一代的人评论说。桌子上的6对夫妇里，一对有两个孩子，一对夫妇有一个孩子，其余的没有孩子。如果这些夫妇想生孩子，他们应该现在就生。但孩子在此刻并非优先事项。为什么不是呢？"因为我父母告诉我们，'别要孩子，花费太贵了'。""因为我们都要工作。""因为想要自由。""因为房子很贵，没有多余的地方给孩子成长。""如果你想要孩子,得有钱才行。""我们工作很辛苦,根本没时间陪伴孩子。"请注意,不生孩子既有积极的原因也有消极的原因,两者存在分歧:夫妇不生孩子既是因为养育孩子需要不菲的花费,夫妇俩都要工作,无暇照顾孩子,也是因为他们觉得,生不生孩子是他们的自由。

显然,这张桌子上的人们,平均生育率低于每名女性2.1个孩子的替代率。为了实现人类的自我繁衍,这6对夫妇应该生下13个孩子。但到此刻,他们还只有3个孩子,生育率低于0.5。即使未来会有更多的婴儿,这张餐桌上的人们似乎也不大可能在未来的30年,生出足够的孩子坐满另一张桌子。

这些夫妇很典型。比利时的生育率为1.8,远远低于替代率。而且,比利时这个情况也算不上什么特例。实际上,它的生育率还比欧盟1.6的平均水平要高呢。英国的生育率同为1.8,其他很多国家的生育率则低于平均值,如希腊(1.3)、意大利(1.4)、罗马尼亚(1.3)和斯洛伐克(1.4)。[99] 这些国家的人口已经在减少了。希腊的人口从2011年就开始下降。[100] 意大利2015年出生的婴儿比它自1861年正式建国以来的任何一年都要少。[101] 同年,波兰因为生源不足,不得不关闭了200家学校。[102] 葡萄牙到2060年人口可能要减半。[103] 联合国估计,自20世纪90年代以来,东欧国家的人口总数减少了6%,也即1800万人。这相当于整个荷兰彻底从地球上消失了。[104]

对坐在布鲁塞尔这张餐桌边的人来说,人口下降听上去像是个好消息。"会有更多的空间。""更多就业机会。""房子更便宜。""一切都更便宜。"但他们并没有仔细想清楚，年轻人减少，意味着等到他们迈入老年，负担他们医疗保健和养老金成本的纳税人减少，生孩子的夫妇减少，意味着购房者减少，故此房价下跌，人们的积蓄被稀释，处在购买高峰期（从学校毕业到中年）的人数少，意味着购买汽车、冰箱、沙发和牛仔裤的人变少了，于是经济发展放缓。想到这些，餐桌周围的人们陷入沉默。

❖　　❖　　❖

欧洲有这么多国家的人口正在减少，有一个原因。这个原因植根于地理，正是它，令欧洲大陆无法统一，并有助于解释为什么西洋帆船战胜了中式帆船。

中国的统一时间大致有4000多年。它的平原和河流，向征服和沟通挥舞着双手。分裂时期伴随着混乱，带来了一股促进统一、稳定政府的强大文化推动力。统一大多数时候是一件幸事。众所周知，许多伟大的西方"发明"（火药、纸张和指南针）实际上都是中国人最先发明的。

中国有多先进呢？1405年，也就是哥伦布扬帆驶出西班牙巴罗斯港之前近一个世纪，明朝的永乐皇帝派出了一支巨大的宝船舰队，7次出海，到达了远至现代非洲肯尼亚的海岸。舰队主要由九桅帆船组成，长度可达150米，比哥伦布的旗舰圣玛丽亚号大5倍多，周围还簇拥着数十艘支援舰。[105] 15世纪初，中国的航海技术遥遥领先于欧洲。

但一个庞大统一的帝国，需要强有力的中央政府来维持其日常运转，而这又需要一套强有力的官僚机构。但强有力的官僚机构易引发腐败。七下西洋之后，永乐皇帝的继任者命令宝船舰队留在港口。朝廷里持孤立主义的儒家大臣认为，北边有蒙古人威胁边界，制造和维护这些船只太过昂贵，这一方的意见打败了持更为国际化立场的宦官派系。当时就连只制造一艘双桅帆船也是犯了斩首死罪。船只就这么放坏了，与之相关的技术也就逐渐失传了。

在人类历史上，没有人曾征服整个欧洲。如果你能穿越河流，中欧的平原倒是足够无遮无挡，但接下来，你要翻过隔开了意大利半岛的阿尔卑斯山脉，以及隔开伊比利亚的比利牛斯山脉。斯堪的纳维亚和不列颠群岛都有海洋的保护。罗马人差一点就征服整个大陆了——在英国，他们一直打到以哈德良长城为标志的英格兰-苏格兰边界，但他们在条顿森林中碰到了对手，退回了莱茵河。公元800年前后，查理曼大帝短暂地统一过西欧的大部分地区，但这一胜利为时甚短。19世纪，拿破仑的征服更加短暂，至于希特勒，只是昙花一现。最庞大的欧洲帝国是英国，在巅峰时期，英帝国曾控制着全世界1/4的人口。但英国人建立帝国靠的是海洋，而不是陆地。

不统一反而对欧洲来说是一大幸事，不统一的欧洲促进了多样性，而多样性是发明创造的真正母亲。没有皇帝能下令焚烧国境之外的著作。就算你想驱逐犹太人，他们也总能找到另一个家。天主教徒和新教徒之间的分裂意味着,异教徒总有地方可以逃。这位国王或那位教皇可以禁止这本书解释那个定理,但总有人会把这些东西走私运送到不受法令影响的地方,然后开动印刷机。蒙古人、土耳其人或是哈布斯堡的不断威胁,相当于给欧洲人设定了一笔奖励,鼓励他们开发更好的帆、更有力的弓、更好用的火枪。国家之间的竞争鼓励了经济竞争,因为任何开明的君主都知道,在有限的空间中彼此争斗,不仅要花费巨资,而且常常可能得不偿失。于是这些分裂的王国在一块封闭的大陆上互相争夺空间的同时,也在彼此竞争寻找更多的财富来源,这令它们愿意为探索和开拓花钱。

在中国的宝船舰队探测印度洋的岁月里,伊比利亚半岛是一口盛满冲突和创新的坩埚。公元 8 世纪,伊比利亚被穆斯林征服,到了中世纪时期,又逐渐重新被基督徒征服,因此,这里是基督教和穆斯林技术混合共融的地方,两者的结合带来了快帆船(caravel),这种坚固的船装备有三角形风帆,能逆风航行。事实证明,快帆船的设计非常精良,可以离开地中海的庇护,驶入大西洋的狂风暴雨。葡萄牙的恩里克王子赞助了沿着非洲西海岸的探险航行,同时还建立了一所致力于提升航海和地图制作技术的学院。到 1460 年恩里克去世的时候,葡萄牙探险家已经横冲直撞地游弋在现今的塞拉利昂海域。1480 年,巴尔托洛梅乌·迪亚士绕过了好望角,证明了大西洋和印度洋互连互通。(他把它命名为"风暴角",但当时的葡萄牙国王若昂一世给它起了如今这个更鼓舞人心的名字,以图吉利。)1498 年,瓦斯科·达·伽马(Vasco da Gama)打通了亚欧贸易的通道。此时，西班牙人加入了竞赛，于 1492 年派遣哥伦布向西远航。不久之后，葡萄牙人的势力有所削弱，英国人和法国人也在新世界各自占据了大片领土。但关键就在这里：快帆船技术是可转移的，总有一位国王注定要利用它。黑暗时代之后的欧洲人一般不会丢失或浪费已经掌握的知识。

欧洲文艺复兴时期的技术进步，带来了启蒙运动期间的科学进步，带来了 19 世纪的工业革命，令数百万人离开农庄进入工厂化的城镇。我们已经看到，城市化是降低生育率唯一的重要因素，它把孩子从资产（有了更多面朝黄土背朝天的劳动力）变成了负债（更多张嗷嗷待哺的嘴巴）。我们也看到，城市化赋予了女性更多的权利，她们接受了更好的教育，更加自主，并选择生育更少的孩子。亲戚和宗教权威的影响也在下降。既然工业革命是从欧洲诞生的，而欧洲又成为全球世俗化最为彻底的社会，再加上欧洲女性在社会地位上享有的平等待遇要超过世界上许多地方（虽然也有可能像本章开篇所说的布鲁塞尔，男人们边抽烟边看着女人们清洗餐具），那么，欧洲成为人口下降的急先锋便不足为奇了。

在英格兰和威尔士，1800 年前后，生育率达到了 6，接着就开始了不间断的稳定下降，到 1940 年，其生育率达到了 2.1 的替代率，或多或少与美国和其他西方国家同步。法国有些奇怪，它的生育率在 18 世纪末就已经走上了下坡路。没人知道这是为什么；法国大革命的酝酿以及由此产生的社会世俗化或许与此有关。[106] 无论是什么原因，很早就切入了生育率降低的模式，将对该国的未来造成灾难性的后果。隔壁生育率更高的德国拥有比法国更多的人口，并在1870年的普法战争中击败了法国。为了防止战败重演，法国寻求盟友提供人力来填补他们日益减少的人口。反过来，德国人也开始寻找盟友，从而演化成两次世界大战期间持续近半个世纪的屠杀。生育率降低有可能对国家安全构成致命的威胁。

❖　　❖　　❖

到20世纪30年代的大萧条时期，许多欧洲国家几乎没有足够的新生儿来维持人口规模。我们还知道接下来发生了什么：大萧条和第二次世界大战使得新生儿的数量有所下降，随着"二战"与大萧条的结束，发达国家迎来了"婴儿潮"。有趣的是，这场繁荣的前奏实际上出现在战争之前，甚至持续到战争期间。经过一个多世纪的稳步下降后，斯堪的纳维亚国家的生育率在20世纪30年代中期见底并开始复苏。1935年，英格兰和威尔士的生育率是1.7，比利时跌到1.9的最低点，此后，这一趋势逐渐反转。"二战"后的西德地区，1933年的生育率下降到1.6，远低于替代率。但随后，德国人又一次制造起了孩子，法国的生育率也开始恢复。第二次世界大战期间，尽管法国和比利时都处于德国占领或控制之下，但两国的生育率似乎有所增加，造成了粮食和煤炭等供应的日益稀缺。瑞典和瑞士等中立国，婴儿潮在20世纪40年代就已全面开始。[107]

因此，20世纪30年代后半期，部分欧洲国家的人就开始多生孩子，或许是因为大萧条开始得到缓解，养活孩子在经济上更可行了。战争打乱了事情的节奏，但战争结束后，对孩子的需求一下子被释放出来，随即带来了婴儿潮。这种现象在整个西方都很普遍，以丹麦为例，1930年，丹麦年龄在22～24岁的女性，有29%已婚，1960年，这一数字为54%，年轻夫妇的比例几乎翻了一番。年纪轻轻就结婚成为一时风尚：战后的复苏意味着年轻人此刻已足够富裕，结得起婚生得起孩子（当时的人仍然认为同居不够体面）。"在此期间，结婚率上升是一种非常关键而普遍的趋势……它横跨了那个时间段，横跨了几代人，也横跨了欧洲诸国。"[108] 年纪轻轻就结婚，意味着有更多的时间来生孩子，所以生孩子也成了一时风尚。到1960年，丹麦的生育率已升至2.5。此外，随着富裕程度的提高，人们能够轻松负担得起这种时尚。

但一时的风尚，终究只能维持一时。到了20世纪70年代，欧洲的出生率已经回落到替代率，接着继续下降，降到2.1的替代率以下。大多数发达国家的出生率下降到每个母亲生育1.3～1.8个孩子，芬兰是1.8，斯洛文尼亚目前为1.6。爱尔兰，是最后一批完全现代化的西欧国家之一，天主教会在那儿持续发挥相当大的影响力，它的生育率稳定在2.0。自20世纪80年代以来，意大利的生育率徘徊在1.2～1.4，法国是欧洲出生率最高的国家之一，是2.0，丹麦是1.7。

为什么会出现这种新趋势呢？答案很简单：这股"新"趋势里根本就没有任何新东西。我们已经知道，一个半世纪以来，出生率一直在下降。城市化、公共卫生的改善、富裕程度的提高,最重要的是,妇女自主权的提升,令每一代妇女生育的婴儿越来越少。避孕药的出现,节育措施的便于获得,适当的性教育,都推动了这种趋势的发展。婴儿潮只是昙花一现。一旦它消失,出生率降低的趋势就会恢复,直至变成今天的自然状态:出生率低于替代率。

生育率的下降与有组织宗教的衰落,两者的相关性在欧洲表现得尤为明显。第二次世界大战之前,基督教的两个派系——天主教和新教,都在各自的国家影响着公共政策。两者都谴责婚外性行为,劝阻避孕,这带来了以男主外女主内的传统夫妻角色为主的大家庭。但战争结束后,由于通信技术的飞速发展,教育水平的提高,对教会尊重的下降以及一连串的天主教性虐丑闻等原因,使得教会的势力(以及它遏制避孕的力量)有所削弱。20世纪60年代,在比利时,周日参加弥撒几乎是普遍行为,可在今天,布鲁塞尔大约只有1.5%的人参加弥撒。[109] 一位记者指出,比利时的天主教政府"恐怕会沦为古代教会的遗产机构"。[110] 欧洲今天的结婚率是1965年的一半。[111] "事实婚姻"㊀(在比利时,法语和荷兰语地区称之为"同居关系")日益成为常态。

你兴许很好奇:既然生育率已经降到了2.1以下,为什么社会仍未进入人口下降阶段呢?有两个原因。首先,欧洲的婴儿潮结束后,这些孩子仍然还在,他们最终进入了生育年龄,虽然他们的子

---

㊀ common law relationship,是在英美习惯法体系下认可的一种非婚同居关系,双方未进行结婚登记,此外也并无配偶,习惯法体系下认可双方的财产等相应权利。——译者注

女数量少于长期维持人口所需的数量,但在短期内,仍有足够的孩子可维持人口增长。其次,虽然出生率下降了,但人均寿命也在增加。新的治疗方法、外科手术、烟草使用限制、新的健康预防措施以及寒冬腊月里来自摩洛哥的新鲜水果,这些都对延长人均寿命起到了不可小觑的作用。1960 年,英国出生的男性预期寿命为 68 岁,这对发达国家来说很典型,也是战后精心设计的养老金体系将退休年龄设定为 65 岁的原因。你工作到 65 岁,打上几年高尔夫,接着就辞别人世。

但到了 2010 年,英国当年出生的男婴的预期寿命为 79 岁,而且,除非出现意外,否则这一平均值预计会继续提高,这就是为什么,跟大多数发达国家一样,英国难以负担其养老金制度。活到 90 岁就像今天活到 80 岁一样普遍。所有这些老年人,生命中有 1/5 甚至更长的时间都在享受生活,这也有助于支撑人口数量。

但最终,由于第二代人的生育率仍将低于替代率,人口状况的现实最终会水落石出。人口会逐渐下降,正如在西班牙或保加利亚等地区,已经在下降了。整个欧洲大陆国家的人口年增长率为 0.2%,它的人口也很快会出现下降。

不过比利时还能喘息一阵。从今天(1120 万)到 2060 年(1140 万),比利时的人口预计将保持稳定,甚至可能出现小幅增长。[112] 这是有原因的。事情可以追溯到 1964 年西奥多尔·勒费弗尔(Theo Lefevre)和哈桑二世(Hassan II)达成的协议。

❖　　❖　　❖

由于法语区瓦隆人和弗拉芒人之间的苦涩分歧,出任比利时的总理,是全世界最不稳定的工作之一。在比利时的大部分历史中,瓦隆区拥有煤矿和各种支柱产业,发展得更加繁荣,这让弗拉芒人感到受了打压,抬不起头来。但近年来,风水轮流转——在一个全身满是跳蚤的国家,这无非是另一处鼓起来的疙瘩罢了。选举后建立联合政府要花上几个月,而且联合起来的政府说不定还很不稳定。所以,当西奥多尔·勒费弗尔1961年上台的时候,他知道自己可能没有太多的时间。但有一件任务是迫切需要完成的:比利时当时正面临严重的劳动力短缺问题,工人太少,脏乱臭甚至偶尔还很危险的工作没人干,而这些工作,又是支撑比利时工业的动力。怎么办呢?

摩洛哥的哈桑二世也有自己要操心的问题。继位3年后,摩洛哥对毛里塔尼亚和阿尔及利亚的领土主张激怒了邻国,而本国北部的部落又发动了叛乱。哈桑二世需要外援和西方政府的支持。但安全和财富与出口密切相关,摩洛哥除了自己的人口外几乎没有东西可供出口。好在人口正是比利时所需要的。1964年,比利时和摩洛哥签署了一项协议,将数万名摩洛哥人(主要是麻烦的里夫山地部落人)送到比利时作为外来劳工。其他欧洲国家采取同样的措施,引入土耳其人、阿尔及利亚人以及其他来自中东和北非的人。按理说,外来劳工的逗留只是暂时性的,可惜事情的进展并不如愿。引入的外来劳工生了孩子,而孩子一出生就成为比利时公民。

20世纪70年代,从美国的宾夕法尼亚州到比利时的瓦隆区,传统工业开始走下坡路,面对来自从前叫作"第三世界"国家日益激烈的竞争,发达国家数百万最边缘的工人失去了工作。在比利时,这类没了工作的工人里,有许多都是摩洛哥人。他们寻找新的就业途径,却碰上了比利时传奇的官僚机构;他们希望让自己的孩子过上更好的生活,却发现学校走向衰败,因为莫伦贝克等社区陷入贫困,教师们纷纷逃离。许多比利时人担心,隔离的贫困摩洛哥下层阶级正在脱离比利时社会,顽固地拒绝整合。加拿大记者和城市理论家道格·桑德斯在研究这个问题时得出了不同的结论。"这些移民并没有退回到返祖的摩洛哥式生活中;他们只是在得不到周围城市的帮助下努力求生,哪怕这意味着灰色市场经济和犯罪。"他写道。[113]最终,比利时政府采取了改善措施,提供更好的培训和教育机会。一些令人鼓舞的整合迹象出现,阿拉伯裔比利时人越来越多地出现在政府办公室和教室里。布鲁塞尔已成为全世界最多元化的城市之一。但对许多人来说,隔离依然存在。比利时这个小国有着数百万人口,它拥有迷人的村庄、风光如画的农田和绵延起伏的山丘,它不是一棵随意生长的树,而是若干隔离社群的集合。

参加我们晚宴的年轻弗拉芒艺术家和专业人士,没有任何穆斯林朋友。(他们也没有真正的瓦隆区朋友。)他们意识到,比利时人必须更好地将这些非常不同的全新人口融入比利时社会。"我们愿意更好地了解他们。我们都必须学会更多地相互理解。"朱迪斯说。但这很难。

出生率低于替代率的先进社会,可以依靠移民来维持人口,或至少减少人口数的下降。但移民带来了希望,也带来了问题:隔离,拒绝,种族冲突,紧张局势升级。虽然引入移民可以弥补出生率的下降,但移民(包括穆斯林移民)迅速跟本国生育率接轨。新来人口只需要一代人,就适应了21世纪城市生活的基本现实:孩子少,值得珍惜。

随着社会的苍老,欧洲注定会变得越来越白发苍苍,移民填补了因生育率下跌而减少的对工人的需求缺口。这种压力已经非常明显:2015年和2016年,随着叙利亚内战的爆发,以及伊斯兰国的崛起,超过100万中东难民涌入欧洲,一度欢迎他们的各国政府关闭了边境,还竖起了栅栏。有没有想过,为什么难民要冒着生命危险穿越爱琴海或地中海到达欧洲,而不是简单地穿过土耳其和保加利亚之间的国境线?原因之一是保加利亚边防卫队早就严阵以待,竖好了栅栏,加强巡逻,据说对难民还很残酷。[114]东欧国家本可以将涌入的移民妥加利用,但他们比西欧诸国更不愿意接纳难民。"保加利亚不需要没受过教育的难民。"副总理瓦列里·西梅诺夫告诉BBC。即使是熟练移民也不受欢迎。"他们有不同的文化,不同的宗教,甚至日常习惯也不同……感谢上帝,到目前为止,保加利亚对欧洲移民潮是戒备得最好的国家之一。"[115]

保加利亚人口已经从1989年的近900万,缩减到今天的700多万。由于出生率低(1.5),几乎完全没有移民,外加保加利亚人逐渐迁移到欧洲其他地区，到 2050 年，它的人口有可能会再降低 30%。保加利亚人需要新人。但他们不乐意。他们宁肯消失，也不愿跟陌生人共同生活。

为什么这么多欧洲国家，哪怕明知道本国人口正在减少，或者即将减少，仍然不愿意接受移民呢？为什么有些移民群体难以融入呢？这些问题引发了一股黑暗的争论漩涡：歇斯底里而近乎种族主义者的作者，如布鲁斯·巴尔（Bruce Bawer，著有《当欧洲沉睡：激进伊斯兰教怎样从内部摧毁西方》）和马克·斯坦恩（Mark Steyn，著有《熄灯：伊斯兰教、自由言论和西方的暮光》）警告说，伊斯兰将从文化和政治上接管欧洲，用伊斯兰教法和新的哈里发王权取代西方的宪政民主。事实上，到 2050 年[116]，欧洲的穆斯林人口不会超过整个欧洲人口的 1/10——创造不出"欧拉伯"或者"伦敦斯坦"。更可能出现的情况是，穆斯林人口数量还会比这个数字低得多，因为来源国的生育率也在下降，"随着时间的推移，穆斯林的生育率接近其所住（欧洲）国家大多数人口的生育率。"[117] 皮尤研究中心的一项研究预测，到 2030 年，欧洲穆斯林的生育率将降至 2.0，低于替代率，比非穆斯林人口生育率 1.6 仅高不到半个孩子。然而，2016 年 6 月 23 日，反移民（来自非洲、中东和欧洲其他国家的移民）情绪令 52% 的英国人投票选择脱离欧盟，对移民的恐惧引发了从法国到波兰右翼政党的崛起。但是，群众受到高调恐怖袭击的惊吓，要求关闭边境，让社区更安全，又有什么可责备的呢？所有意识形态、各种肤色的欧洲人都在挣扎着寻找出路以解决这个悖论：欧洲需要移民，可在关于移民问题的争论中又满满都是怨气。

当然，解答非欧洲移民难题的一个答案是，生育更多的欧洲人，提高自然出生率，让人口增长，并逐渐变得年轻化。增加儿童抚养费，扩大日托，以法律形式保障育儿假——当然还可以给予一些激励措施，说服欧洲夫妇生二胎或者三胎。事实上，部分政府已经尝试过，但所得结果，充其量只能说是好坏参半。

20世纪20年代初，日后成为瑞典经济学家、社会学家和政治家的贡纳尔·默达尔（Gunnar Myrdal），尚在斯德哥尔摩大学就读，却已有些恃才傲物了。实际上，一位教授甚至警告他要对长辈更加尊重，"因为决定你晋升之途的将是我们。""好的，"默达尔回答说，"但您的讣告可是我们来写。"[118] 一天晚上，这位铁路工人的儿子在一家农舍小憩，他此时正在骑自行车旅行，他在这里碰到了农夫的女儿阿尔瓦，而这成了20世纪一桩最伟大婚姻的缘起（听起来像是个蹩脚笑话）。两人将分别获得诺贝尔奖：贡纳尔于1974年与弗里德里希·哈耶克同获经济学奖；而阿尔瓦，将在1982年与阿方索·加西亚·罗夫莱斯分享和平奖。在1954年的"布朗诉托皮卡教育局案"中，美国最高法院引用了贡纳尔论述美国种族不平等的里程碑作品《美国的困境》（*An American Dilemma*）——《纽约时报》说它"可以说是自托克维尔以来……关于美国最重要的一本书"[119]，该案件废除了美国学校内的种族隔离制度。阿尔瓦领导了全球核裁军运动。他们也是一对生活精彩、相互扶持、偶尔也吵吵闹闹的夫妻,两人的婚姻持续了60年。"人们没有意识到,生活中的巨大幸福是,和所爱之人一起慢慢变老。"贡纳尔曾说。[120]

但在20世纪30年代,他们都为瑞典惨淡的生育率问题担忧。生育率从1900年的4.0暴跌至1935年的1.7。和每个西方国家一样,当时瑞典正在大萧条中挣扎。贡纳尔夫妇担心,除了其他不利的直接后果,大萧条还会抑制出生率,危及瑞典的人口稳定。此前,为大家庭辩护的"多生育政策"由政治和宗教势力把持,天主教会还鼓吹要反对避孕和堕胎。贡纳尔夫妇从左翼的视角来理解这个问题,认为只有当女性在家庭和社会中成为完全平等的伴侣(这是阿尔瓦热心的环节),人口水平才能维持下去(这是贡纳尔着迷的地方)。[121]

1934年,他们发表了《人口问题中的危机》(*The Crisis in the Population Question*),使瑞典与人口政策相关的政府机构受到震撼。斯堪的纳维亚社会根深蒂固的团结传统,令社会民主党在1932年掌权,政府大规模举债,以庞大的开支应对经济衰退带来的影响。根据贡纳尔夫妇书中的建议,斯德哥尔摩政府实施了改革,为孕妇提供免费医疗保健,并提供慷慨的家庭补贴。由于妇女怀孕或是为人之母而将之解雇,从此成为违法行为。瑞典女性越来越习惯于"事业与家庭相结合"的概念。一番努力之后,出生率提高,经济得到改善。是瑞典的社会政策带来了经济增长,还是经济增长带来了出生率提升呢？几十年来，这种"先有鸡还是先有蛋"的问题困扰着经济学家，但迄今仍未得出共识。我们只能说，这三件事一起发生了。瑞典的出生率逐渐上升至2.5左右。

但20世纪60年代，避孕药上市，10年后，按需堕胎合法化。瑞典的男士们很高兴妻子去工作，也同样乐于仍由妻子打理家务，这让女士们压力倍增，分外不满。20世纪70年代，和其他所有地方一样，瑞典的出生率开始下降。但跟欧洲及北美的其他政府不同，瑞典政府10多年来一直致力于保持高生育率。政府扩大了日托，发起了鼓励男性分担家务和抚养孩子的运动。到1989年，产假已经延长到一整年，期间仍可领取90%的收入，生育率又回升到2.1。

但这些项目代价极高，到了20世纪90年代，房地产和银行业泡沫破裂，瑞典经济陷入混乱，导致了严重的经济衰退。随着政府挣扎着应对衰退，孕产妇支持项目（当然还有其他的一切）遭到削减。不管是因为福利举措的缩水，还是因为对经济不确定性的担忧（最大的可能是两者皆有），瑞典的家庭又一次减少了生育。到20世纪90年代末，生育率降至1.5。[122]

经济衰退结束之后，政府推出了新的项目来提高出生率。如今的育儿假延长至480天，在假期中的大部分时段可保持80%的收入。夫妻双方都必须（是的，必须！）休两个月的假，要不然就会丧失部分福利。除了慷慨的基本家庭津贴福利外，每多生一个孩子，还可以获得额外数目的津贴；多生孩子，每名孩子享受到的津贴总额也随之提升。在斯德哥尔摩，父母推着婴儿车，可免费搭乘公共交通工具。如果孩子生病,家长需要待在家里陪同,大多数雇主都提供带薪休假。今天,瑞典的生育率是1.9,高于很多发达国家,但仍不足以让人口维持长期稳定。瑞典越来越多地依靠移民来巩固人口——不过,本国公民对新移民的抵制情绪越来越浓。

瑞典的例子似乎为希望提高生育率的国家提供了两点基本的经验教训。旨在鼓励父母生孩子的大范围支持项目的确会产生影响。它们可以把指针往上拉,但拉动幅度并不太多。而且,这些项目极为昂贵,在经济低迷时期难以维持。一旦出现经济低迷,家长就不乐意生孩子了。担心遭遇可怕的未来,说不定也是日本出生率持续低迷的幕后推手之一。经济不确定性是一种强有力的节育形式。

俄罗斯也出现了类似的情况。柏林墙倒塌时,俄罗斯的生育率是每名妇女生下2.2个健康的孩子。但随着20世纪90年代俄罗斯经济的走低,出生率急剧下降,90年代末就降到了1.2。再加上酗酒导致的预期寿命缩短,俄罗斯总人口开始下降,从1993年的1.48亿减少到2009年的1.42亿。但弗拉基米尔·普京成功扭转了这一趋势。反酗酒项目取得了成效,该国的经济在石油和天然气的推动下实现反弹,人口也依靠移民回升至1.44亿,生育率提高到1.7。

兴许,你注意到所有这一切都暗含着一定的讽刺意味。工业化、城市化和经济增长创造的条件,让女性做出少生孩子的选择。但过上一段时间,经济衰退就会导致生育率下降,而经济好转,人们也随之爱上生孩子。好年景导致婴儿减少,坏年景令婴儿更少。

在那天的晚宴之前,朱迪斯和纳撒尼尔,还有他们的朋友们,并没有想过这个话题。他们跟其他所有人一样:忙于寻找一套体面的公寓,操心着找工作,接着寻找一份更好的工作,尽情享受美好的二人世界。是的,双方的亲密关系足够稳固;我们一起住吧。我们结婚好吗?也许是个不错的主意。我们该要个孩子吗?好吧,也是时候了。我们再生一个?不,现在我们的年纪都太大了。

而整个欧洲,就这样走向了衰落。

# 亚洲：奇迹的代价

EMPTY PLANET

第 4 章

04

"韩国的未来就没有什么理由让车永泰抱以期望了吗?"

车永泰停了下来,撑起手指,身子向后一靠,接着摇了摇头。

"我怕是没有了,"这位首尔国立大学的人口统计学家回答说,"韩国的未来毫无鼓舞人心之处。"[123] 这么想的并不只有车永泰一个人。第二天,在首尔的另一边(隔着相当远的距离),一场北美和韩国知识分子的聚会上,一位韩国最资深的政治家,私下发表了他对韩国政治和社会风貌调查的一些看法。他说:"似乎没人感到乐观。"[124]

从表面上看,这简直不合情理。首尔固然算不上全球最可爱的城市,却无疑是最具活力的城市之一,也是规模最大的城市之一(当然,这要看你怎么定义首尔的城界)。[125] 从首尔建筑中看韩国故事,亦不乏传奇色彩。

首尔现存的古旧建筑不多有一个原因。在 500 多年的朝鲜王朝时代(1392—1897 年),㊀它是"隐士王国",采取严格的孤立政策,

---

㊀ 不包含高宗李熙称帝到日韩合并的所谓"大韩帝国"时代(1897—1910 年)。——译者注

只与中国打交道。1910 年，所有这一切以日本的入侵和占领告终。日本侵略者夷平了古代宫殿，但也带来了现代化的城市样貌。第二次世界大战后，美国人和俄罗斯人取代了日本人，造成了朝鲜半岛南北分裂的局面。在朝鲜战争期间，首尔几乎遭到彻底摧毁，中朝联军和联合国军队在此 4 次拉锯，反复地进攻重占。这场毁灭性的战争让南部付出了 120 万人的生命代价（北部还有 100 万人），韩国成为全世界最贫穷的地方之一，人均年收入不到 100 美元，与此同时，还有数百万人从丘陵乡村涌向首尔，把这座城市变成了巨大的棚户区。

但当时的韩国有美军驻扎。第二次世界大战之后，对部分备受战争摧残的国家来说，有"美国佬"常驻并不是件坏事。美国的帮助奠定了德国经济奇迹的基础，也为日本提供了民主宪政和经济快速复苏的基础。美军的援助帮助韩国实现了战后的复兴与现代化。

这并不是要贬低亚太地区集体复兴的奇迹。日本、韩国、中国台湾地区和新加坡都抓住了推进经济发展的机遇。这些地方的民众付出了艰辛的工作，实现现代化，在一代人的时间里就让数千万人口摆脱了贫困。它们每个地方的发展都称得上是经济奇迹。在此，让我们着重看一看韩国的奇迹。

1961 年的一场军事政变开启了韩国的现代化进程。在军人执政时期的生活可能不太愉快，但要是政体不算太腐败，也能注入改造社会所需的经济秩序和社会福利。韩国的军事统治者实施了一连串的五年经济增长计划，修建成排成排（真的多到难以计数……）的混凝土公寓大楼，代替朝鲜战争后在首尔激增的东倒西歪的贫民窟。紧随其后的是办公大楼，数百米宽的大街（即便如此也未能阻止永无止境的交通堵塞），基本上消除了狭窄而拥挤的小街小巷——但它们并未彻底消失，仍然藏在玻璃摩天大楼的后面，首尔的工人们会挤到这些地方吃午餐。韩国经济模式以财阀（也就是国家支持的工业集团）的发展为重点，现代、三星、起亚和LG由此成为在世界各地都家喻户晓的名字。韩国从20世纪50年代的赤贫中飞速发展，到1988年，甚至成功举办了奥运会，向现代世界展示了自己。今天，韩国在联合国人类发展指数中排名第15位。

朝鲜战争后，韩国的医疗保健状况得到改善，再加上6.0的出生率（这对当时的农村贫困社会来说很典型），带来了该国的婴儿潮，1950~1985年，该国的人口翻了一倍，从2000万增加到4000万。事实证明，这庞大的年轻人队伍成为亚洲的"人口红利"：大量热心的年轻工人涌入生产廉价晶体管收音机及同类产品的工厂，推动了国家经济的第一波增长。一些评论家坚持认为，大量年轻人口是亚洲在20世纪最后几十年经济飙升的唯一原因，但这其实只是个基本条件：菲律宾和拉丁美洲的大部分国家同样有着人口红利，却被挥霍殆尽。[126]

但亚洲政府对数百万的年轻工人并不欢迎，反而感到担心。各国政府都接受了新马尔萨斯主义者长鸣的警告，加强了性教育和生育控制——这些本身都是很好的事情，只是不一定有利于经济增长。由于担心人口爆炸，韩国军政府发起了一场积极而成功的社会运动，以降低出生率。到20世纪80年代,韩国的生育率跟替代率相差无几。但到了今天,和其他发达国家一样,韩国的出生率降低到了荒唐的水平:1.2。高生活水平将韩国人的预期寿命延长到了82岁,属全世界最高之列。老龄化指数是60岁以上的人口与15岁以下人口的对比值。韩国的老龄化指数已经达到了89%。到2040年,这一指数将达到289%,也就说,几乎每个年轻人都对应着3名老人。这就是车教授陷入悲观的原因。

韩国即将为经济奇迹付出代价。但承受这一命运的,不光只有韩国。

企业高管井深大感到颇为沮丧。这位索尼公司的联合董事长喜欢在频繁的出差路上听歌剧,但公司的旗舰产品便携式录音机TC-D5仍然太过笨重。他要求厂里的工程师们设计一款真正便携的东西供自己私人使用。最终设计出来的样品令井深大大感震惊,他把机器带到索尼公司的总裁盛田昭夫面前,说:"你不觉得走路时都能听立体声录音机会是个好主意吗?"[127]随身听就这么出现了。

索尼工程师取消了磁带录音机的扬声器和录音功能,又精心设计了一套轻巧的耳机,采用了一套高效的坚固驱动器,靠一对5号电池就能运行。1979年7月,索尼稍作宣传,就推出了"随身听"——因为他们觉得市场对便携式音乐播放器没有需求,想着每月能卖上5000台就够了,但销售量很快就跃升到一个月50000台,磁带播放机成了20世纪80年代的标志,掀起了一股追求更廉价、音质更佳的便携式音乐系统的浪潮——CD播放机、iPod和智能手机,今天你能随身揣在口袋里的音乐库,接二连三地涌现出来。随身听代表了日本人创意和营销智慧的巅峰。但从那以后,它几乎一直在走下坡路。

如果你想了解人口下降对社会的影响,只要看看日本就够了。1950年,随着该国努力重建遭第二次世界大战摧毁的经济,日本女性平均有望生育3个孩子。但到了20世纪50年代,随着"日本制造"成为廉价和劣质的代名词(想想老式晶体管收音机),日本妈妈们生育的孩子越来越少。1975年,日本制造越来越多地成为"质优价廉"的同义词(想想丰田的"卡罗拉"),这个国家全面步入发达阶段,成为世界第二大经济体,出生率跌落到替代率以下,2005年触底到了1.3,而后回升到1.4,并保持至今。[128]

这种低水平生育率对一个重要的发达国家来说并不少见。但日本与典型的欧洲或北美国家不同。日本人是非常纯正的"日本人"。日本是一个"血统主义"国家(jus sanguinis state):也就是说,公民身份是由血统赋予的,更确切地说,父母必须是日本国民,生出的孩子才是该国公民。如果一对丹麦夫妇在加拿大生了孩子,这个孩子将同时拥有加拿大和丹麦公民身份,但如果同一对夫妇在日本生了孩子,这个孩子只能是丹麦人。理论上,外国人可以获得日本公民身份,但文书工作令人望而生畏,而且还必须用"片假名"

（日本的书写系统之一）完成。检查员将造访你的家庭和工作场所，如果获批，你必须放弃之前国家的公民身份。2015 年，日本仅向 9469 名申请人颁发了公民身份，[129] 这个数字较 5 年前有大幅下降，2010 年这一数字为 13072 人。[130] 2010 年恰好也是日本人口达到峰值的年份，为 128 057 352。5 年后，这个数字跌到 127 110 000。仅仅 5 年时间，日本就失去了近百万人口，而它认可的新公民身份反倒更少了。一个国家要是生育率低，又执行反移民政策，就会发生这种情况。一说到今天日本的人口统计情况时，人们经常使用"灾难性"来描述。[131]

想想看：今天还在世的日本人中，1/4 以上是老年人，这让日本成为全球最"苍老"的社会。40 岁以上的女性比 30 岁的女性多，而 30 岁的女性又比 20 岁的女性多，这就是人口下降无法逆转的原因。一旦进入这种状态，它几乎不可能停下来；因为每一年育龄女性的人数都比前一年更少。更无法逆转的是伴随着低生育率而来的心态变化；人口统计学家将这种心态称为"低生育陷阱"。该理论认为，如果一个社会有一代人（或一代人以上）的生育率都低于 1.5，那么，这一比率就会成为新常态，一种几乎无法改变的常态。牛津大学的萨拉·哈珀形容说，"就业模式发生变化，托儿所和学校减少，社会从家庭/孩子转向个人主义，儿童成了个人成就和福祉的一部分"。[132] 对一对日本（或者韩国、德国、加拿大）夫妇来说，生孩子不再是对家庭和宗族、对社会、对上帝的义务。生孩子成了这对夫妇表达自我、体验生活的一种方式：它远远比他们起居室的 mid-century modern㊀装修风格更重要，比他们在哥斯达黎加丛林中度过的两周假期更重要，比丈夫刚找到的平面设计新工作（尽管它令人惊喜，但也相当不稳定，薪水也不高）更重要，然而，它仍不折不扣是这一连续统一的生活方式中的一环。听上去是不是像你认识的某个人？

到 21 世纪中叶，日本人口将减少到 1 亿左右，到 21 世纪末，将进一步缩水到 8300 万，不到 2010 年最高峰的 2/3。[133] 政府的官方政策是想办法把人口维持在 1 亿以上。但没有人知道怎么做。随着年轻人陆续离开农村，到城市里寻找工作和希望，"一些村庄人口太少，当地人只好用人体模型来进行装饰，以求有些人气"。[134]

在另一个方面，2010 年对日本也有着划时代的影响。在这一年，中国取代日本，成为世界第二大经济体。中国的增长促成了这一转变，但更重要的因素在于日本本身。中国经济超过日本的那一年，同时也是日本股市崩盘 20 周年，它带来了"失去的 10 年"（20 世纪 90 年代），紧随其后的是第 2 个失去的 10 年（21 世纪最初十年），再接着就是现在即将结束的第 3 个失去的 10 年——"失落的一代"。经济衰退的直接原因是，1989 年 12 月，日本央行加息，资产泡沫破裂，股市崩盘，银行倒闭。侥幸苟活下来的银行拒绝放贷，急于保护自己的资产负债表。政府的回应是向基础设施注入数十亿资金，以期能够启动经济。然而，这种凯恩斯主义的方法有可能扼制了私人资本市场，进一步恶化了事态。

---

㊀ mid-century modern 风格，又被称为 MCM 风格，指的是 20 世纪中叶大批室内设计师所创新形成的一种家居风格。与北欧风格相近，是当代主流的家居设计风格。——译者注

但另一个因素在发挥作用。除了经济不景气和不断增长的债务（日本的债务占国内生产总值的250%，是全世界负债最重的国家），越来越多的老年人也对经济造成了拖累。因为日本的退休年龄只有60岁，而且工资很大程度上取决于资历，所以，企业不能保留那些想要继续工作的老龄资深员工。于是，日本工作年龄的人口稳步缩小，带来另一项日本纪录：在发达国家中，年龄抚养比率最高。这是处于工作年龄的生产性人口与退休人员及儿童等（非生产性）人口的比率。日本的这一比率是64，美国是52，中国是39。[135] 这意味着，跟其他主要经济体相比，在日本，为老年（医疗保健）和儿童（教育）所需的社会项目提供资金的职工人数较少。此外，还有一个更为可怕的后果。

回想一下随身听：虽说它是为了满足一位中年歌剧爱好者的需求而设计的，但在这款设备在2010年最终退役之前所卖出的两亿台的大部分购买者，跟今天在智能手机上听流媒体音乐的是同样一拨人——年轻人。年轻人消费。数十年来，他们购买了数十亿张黑胶唱片、磁带、CD，不计其数的iPod、智能手机，订阅了跟Spotify或iTunes等类似的大量服务。年轻人要购买自己的第一台洗衣机、冰箱、运动型多用途汽车以及第一套沙发。他们为宝宝购买婴儿车，为办公室聚会购买礼服小黑裙。他们买房子，接着还要买一套更大的房子。20～40岁的工人，不光生产了大部分的财富，为经济提供动力，他们也消耗了大部分的财富。

30年来，日本的经济基本停滞不前，部分原因是老龄化的人口消费越来越少,导致越来越少的需求,银行因为担心需求只会继续下降(这种担心不无道理),放出的创业贷款越来越少。正如经济学家吉野直行和法哈德·塔基扎德-赫塞里所说,"人口老龄化和工作人口减少是导致日本经济陷入长期衰退的最大原因之一"。[136]

最终的代价也是最无形的代价。日本从未在计算机领域的竞争中占据过丝毫优势,哪怕是在20世纪70年代到80年代其国力最为强大的时期。学界为此提出过各种各样的解释,甚至包括一些接近种族主义的说法,认为日本文化无法创新。但有一点事实相当扎眼。数字革命(晶体管、硅芯片、个人电脑、互联网、网上购物、云计算)的动力,基本上是来自硅谷、西雅图或者哈佛大学等精英的发明家及企业家。如果你读过他们的传记,从开发集成电路和硅芯片的杰克·基尔比、罗伯特·诺伊斯等人,到微软的比尔·盖茨、苹果的史蒂夫·乔布斯,再到Facebook的马克·扎克伯格,亚马逊的杰夫·贝佐斯,等等,你会发现他们有一个共同点,他们实现自己所在领域的突破时,都很年轻。日本再也没有太多年轻人了。如果你所在的社会渐渐衰老,它就很难创新了。

日本和韩国的例子,在亚太地区(中国香港、中国台湾和新加坡等)相继重演。这5个地方,都在仅仅一代人的时间里,实现了顶得上一个世纪的经济现代化。而这5个地方,现在全都成了世界生育率最低的地方。有人估计,在香港,实际生育率已降至1以下。[137]正在发展但尚未完全步入发达阶段的其他亚洲国家/地区也紧随其后，泰国：1.4，越南：1.8，马来西亚：2.0。亚太地区大国的生育率低于替代率，或许是全球人口下降的主要原因之一。

在短短几十年的时间里，亚洲四小虎令全球相当大部分的人口摆脱了极端贫困状态，这真的是不折不扣的奇迹。但是，这种爆炸式发展需要付出代价，因为社会的演进速度不如经济发展快。固有的价值观冲撞着全新的现实，种种意想不到的后果，破坏了政府精心构思的计划。而且，不管是自然还是人为现象，情况都往往如此，年轻人对此感触最多。

❖ ❖ ❖

刘秀妍（音译），23岁，学习经济学；朴智惠（音译），24岁，专业是国际关系；23岁的沈秀真（音译）专攻国际商务。这3个姑娘都是韩国顶尖的首尔国立大学的研究生，午餐时，我们一边吃着日式盒饭，一边聊着工作、男朋友，还有未来。和在布鲁塞尔的同龄人一样，她们有很多阿姨和叔叔，她们的父母，总共有21名兄弟姐妹，但她们自己，每人只有一个兄弟或姐妹。

她们口齿伶俐，雄心勃勃，机灵干练，专注于成绩、毕业以及毕业后的工作。结婚？没想过太多。"我爸爸劝我别结婚，因为单身生活更自由，靠自己生活更自在，"智惠解释说，"而且，找到合适的人真的很难。我爸说，如果你没有找到那个人，就别结婚。"至于孩子么，"如果我结了婚，我只想生一个孩子。"秀妍说。其他人也认同。也许不生,也许一个,绝不超过一个。"韩国职业妇女面临着太多其他的不利因素了,"秀真解释说,"那就是韩国的玻璃天花板㊀。边抚养孩子边追求自己的事业太难了。"

韩国的千禧一代面临着严峻的挑战。他们的父母是爆炸性经济发展这一代际奇迹现象的一部分。但韩国没能来得及为退休工人制订适当的养老金计划。于是,韩国有着所有发达国家最高的老年人贫困率:45%。[138] 为了缓解困境,韩国政府提高了法定退休年龄,以便老年职工能够继续工作。但由于韩国同时还高度重视资历,这些高龄职工堵塞了整个系统,令年轻工人无法晋升。这导致了韩国作家凯尔西·庄(Kelsey Chong)笔下的"放弃一代"(Give-Up Generation)不断升级的一系列牺牲。

首先,他们不得不放弃约会、婚姻和分娩:"三抛"。[139] "如果一位女性结婚怀孕,大多数雇主都会让她走人,"智惠解释道,"我们知道这一点,所以大部分职场女性会尽量避免怀孕。"更糟糕的是,韩国雇主对年轻的新雇员只采用合同雇用制,这样可以避免承担终身职工的成本,但也会使得年轻人愈发难于在房价本就高企的首尔买下公寓。没有固定的就业,无法安家,把"三抛"变成了"五抛":放弃约会、结婚、分娩、可靠的工作和房屋所有权。如果你再加上那些为了再多拿一个文凭而待在大学里牺牲了收入、晚上还会再选修一门课以谋求竞争优势的学生们,"五抛"又变成了"七抛"。

---

㊀ glass ceiling,天花板效应,特指妇女等在职务升迁上遇到的无形障碍。——译者注

如果说，今天的这一切令人畏惧，那么，等韩国的婴儿潮一代大部分达到退休年龄，政府被迫提高医疗保健支出的时候，情况会变得更加糟糕。因为医疗保健的支出，靠的是本来就麻烦重重的千禧一代的税收。凯尔西·庄形容他们的困境是"N抛一代——N是指数增长的变量，没有上限"。[140]

车教授没有送女儿去上补习班——许多韩国家长都会聘请私人教师，以便孩子有更大机会升入好大学。这些私人教师收费很高——这是韩国和其他亚洲国家不利于生孩子的另一个因素，但车教授认为自己的女儿升入韩国230所公私立大学之一应该没有问题。40年前，他刚上学的时候，韩国有100万跟他同龄的孩子。而等到车教授的小女儿上学的时候，韩国的学龄儿童只有43万了。"许多大学都会关门，要不就重组。"他预测。大学不会再拒绝学生的就读申请，还会求着年轻人来注册。

但肯定这是一个优势。如果车教授的女儿能够选择学校，那么，随着数百万韩国婴儿潮一代退休，她毕业时不也就能选择工作了吗？既是也不是。"等她上大学时，她的生活会比现在容易得多，她读完大学以后，也很容易找到工作。"车教授认同说，"表面上看，人口少，世道会变好。但也不尽然。未来的工作不会是固定工作，更多的是临时工。她的生活水平会很低。"

虽然已经冲进了领先阵营，刘秀妍、朴智惠、沈秀真的就业和住房前景仍不确定。雇主们将不愿意为她们提供终生工作保障，她们的生活水平将受到影响，因为抚养老年人的税收将吃掉她们越来越多的薪水。也难怪她们并不急于结婚生子。

韩国女性推迟婚姻和生育的另一个原因是：韩国男性。虽然千禧一代的男士们坚持认为自己比父母一辈更开明，更乐于分担家务和抚养孩子的责任，但统计数据另有一番说法。确实，日本男性2011年所承担的家务活（每天96分钟）是1996年的3倍（27分钟）。[141]但这仍远远小于日本女性在家务上平均所花的时间（3小时），也远低于其他大多数发达国家的男性。经济合作与发展组织（这是一个以经济发达国家/地区为主要会员的俱乐部）的一项研究表明，较之经合组织的其他成员，日本男性投入照料孩子的时间最少，投入家务劳动的时间比除韩国（韩国的男性从事家务劳动的时间每天不到1小时）之外的其他各成员国都少。家庭责任，加上基于资历的薪酬制度（不利于离开工作去生孩子的女性），让日本和韩国妇女越来越难于同时兼顾工作和养育孩子。与其他发达国家相比，日韩两国的儿童保育政策（确切地说，这两国根本就缺乏儿童保育政策）也将置女性于更加不利的地位。[142]

背后的原因在于文化。韩国人认为，婚姻不仅仅是一男一女的结合，更是两个家族的结合，这种观念曾经普遍存在于世界各地，近几十年才逐渐在欧洲和北美消失。"跟我们同龄的小伙子都知道应该帮助女性，"智惠说，"但我不知道现实中有没有这回事。而且，男方的家人肯定不乐意男人做女人的工作。在韩国，婚姻不只是两个人之间的事，而是家族之间的事。所以，我们很在乎对方父母的想法，尤其是婆婆。婆媳之间有一种特殊的关系。"

既然没福利，工资政策又惩罚休产假的妇女，还有让男人少承担家务活的社会规范，你大概会以为，日本和韩国女性就会待在家里生孩子。但她们并没有这么做。日本和韩国女性的劳动参与率低于非亚洲的发达国家，但低得并不多，日本为49%，韩国为50%，相比之下，美国为56%，德国为55%。[143]虽然得不到来自国家、雇主或丈夫的支持，许多亚洲女性仍然决定工作（大概也是因为需要钱），并且推迟生育，直到几乎要错过最佳生育期。日本女性生第一个孩子的平均年龄是30岁，美国是26岁。[144]

在现实生活中，这一切是怎样转化的呢？根据韩国统计机构的数据，2015年，该国的结婚率降到了自1970年开始有记录以来的最低水平，每1000人中只有5.9人结婚。女性结婚的平均年龄首次达到30岁，韩国人口中20岁到30岁出头女性的比例首次下降了。[145]至于非婚生子，别想得那么远，在韩国社会，私生子仍然会让人产生强烈的耻辱感。

我们已经说过，全球的城市化趋势赋予了女性权利，导致生育率下降，这是事实。但每一种文化都有其独特之处。在旅行中，我们发现许多影响生育的地方因素。亚洲四小虎就有一个特点，依旧有些重男轻女。社会欢迎女性接受教育，欢迎女性进入劳动力市场，但社会同时也期待女性照顾家庭。一旦生了孩子，她们就该牺牲自己的事业来抚养孩子。因而这些地区的女性越来越少生孩子，但谁又能因此怪罪她们呢？

❖　❖　❖

还有另一种应对人口下降的办法：移民。但韩国，或者其他亚洲国家，并不愿意做出这样的选择。为更好地说明这一点，请让我们来看看困扰当今世界的难民问题。

2015 年的难民危机，让欢迎难民的国家和排斥难民的国家形成了鲜明的对比。我们已经讨论过欧洲人怎样努力适应绝望的新来者。但亚洲国家是如何回应的呢？简单的答案是，它们根本不回应，他们绝不回应。这些亚洲国家发自内心地不愿意接受难民，日本每千人难民为 0.02，韩国在 0.03 左右。没有人指望那些富裕的亚洲国家接受难民。难民们也不想去那里。问题和距离无关，加拿大跟战争热点区域同样隔着一个大洋，但每千人接受了 4 名难民。[146]

研究为什么发达的亚洲诸国如此重视民族的同一性，其背后的历史故事并不是一个美好的传说。但不管是为了什么原因，东亚国家就是高度重视民族的同一性。日本并不是唯一一个极少授予外国人公民身份的国家？韩国也几乎不接受任何移民或难民。这些国家或地区的人民认为，自己是同种同质的，并将这种民族的同一性视为一种值得奖励和保护的东西。在日本，"'日本人论'的中心原则（一种关于民族身份认同的流行文体）是，日本人是'单一民族'，他们构成了一个种族同一的国家。尽管'日本人论'在学术领域已经彻底失去信誉，但它仍然深深植根于大众话语中。"[147] 韩国人有时还会为自己的排外心理感到尴尬。2011 年，韩国军队改变了效忠的誓词,用"公民"取代了"民族"一词。[148]尽管如此,大韩民国基本上仍然对外国人关着大门。

韩国有 4 种外国人:大约 200 万的中国裔朝鲜族,有权返回故国;无法找到老婆的韩国男性(大多来自农村地区),有时会从越南或其他地方弄一个来;从事"肮脏、危险、地位低下"工作(这些工作,韩国人自己不愿做)的外籍劳工;在韩国大学学习的外国学生。(我们还应该提到来韩国教一两年英语的外国人,每年大概有 24000 名。)[149] 但随着中国经济的发展,朝鲜族中国人移民韩国的人数减少了。城市化减少了找外国老婆的农村男性的数量。外国临时工几乎无法获得长期岗位,更不可能获得公民身份。此外,学习韩语很难,外国学生毕业后很少留在韩国。通常,人们认为语言问题是东亚国家不利于移民的一个原因:一位日本外交官曾经解释说,日语很难学,就算你学会了,在日本以外也毫无用武之地。[150] 但这只是颗烟幕弹。韩国人相信,只有韩国人才是韩国人。就这么简单。

❖　　❖　　❖

亚洲各国政府知道自己碰到了多大的麻烦。除非它们能够逆转本国的婴儿数量下降,否则,这些国家的人口将在未来数十年逐渐消亡。由于 20 世纪 70 年代和 80 年代的政府政策降低了出生率,或许,今天的政府政策将有助于提高出生率。新加坡别具创意:它有着全世界上最低的生育率(1.2),再不拿出创意来是不行的。政府成立了"社会发展部",还创办了政府支持的约会机构("速配!莎莎舞工作室!")[151],2012年,政府宣布8月12日的国庆节晚上是"国庆夜",鼓励夫妇为国生育。宣传视频里的配套歌曲唱到:"我知道你想要,社会发展部也想要……出生率不会自己往上飞。"[152]

韩国采用的是更为传统的政策。夫妇接受生育治疗、丈夫陪同休产假都可以获得政府补助,有3个以上孩子的家庭子女可优先进入公立托儿所。2010年,在每个月第3个星期三的晚上7:30,政府会关掉建筑物的灯,好让工人早回家(按韩国的工作狂标准,晚上7点30分算是"早下班"),"帮助员工专心生儿育女、抚养孩子"。[153]但到目前为止,这些努力无济于事;2015年的出生人数还是比前一年减少了5%。

但韩国人认为自己有一项独特的人口优势:朝鲜。人们热切地希望,总有一天,朝鲜半岛将重新统一,人口立刻可增加2500万。而朝鲜的出生率是2.0,大致跟替代率相当,远高于韩国。但是,无论统一能带来什么样的人口红利,整合都将带来压倒性的挑战。

亚洲的部分国家靠着人口红利向前迈进,让人民实现了前所未有的富裕和安全,但随着社会的老龄化,医疗保健和养老需求增加,抚养比率将走向相反的方向,年轻一代挣扎着让父母和自己收支相抵,人口红利将成为负担。未来30年里,韩国有可能成为全世界老龄化最严重的国家。按照目前的趋势,最后一个韩国人将在公元2750年左右死亡。

当然,这不会发生。车教授说,导致韩国人排斥外国人的种族纽带已经在渐渐变弱。"我女儿在课堂上对外国人很友好。"他说。尽管如此,他仍然态度悲观。他认为,韩国人并不甘心忍受即将到来的人口降低的时代。"一切都在发展。没人料到社会将越变越小。"

但它会的。新加坡的国庆夜以失败告终。

# 第 5 章

## 婴儿经济学

## 05

我们一直在说全球生育率正在下降,但有人也许会问:下降又怎么样?谁在乎未来几十年后的世界会怎么样?它对我今天的生活有什么意义?答案是:它意味着一切。此刻,今天,无论你的年龄多大,经济、社会和人口的力量,都在以你很难注意的方式牵扯着你。这些力量,正是当今的青少年不如父母一代人性活跃的原因,是在许多国家女性生头胎的年龄达到 30 岁,以及这些国家的大多数家长只生一个或两个孩子的原因。从现在开始,过不了多久,这些力量将迫使人们推迟退休;迫使他们付出远超预料的时间和精力来照顾自己的父母。在某些情况下,这些力量会让人孤零零地辞别人世,伤心欲绝地想念着人到中年却死在自己之前的孩子。

也许不用等上几十年,你就能看到一个越来越小、越来越老的世界会是什么样子。你只要看看自己就行了。因为整个故事,全都跟你有关。

❖　❖　❖

让我们从最重要的决定开始:要不要生孩子,以及什么时候生孩子。在这方面，有一条重大新闻。我们知道，韩国女性生第一个孩子的平均年龄是 30 岁，跟澳大利亚、中国香港、爱尔兰、意大利、日本、卢森堡、葡萄牙、西班牙和瑞士这些国家或地区没有什么不同。其他大多数发达国家/地区也都差不多。(加拿大是 28 岁。)[154] 全世界妇女推迟生育的趋势，是我们这个时代最重要的现象之一。

孩子是上天给予的奇迹。他们为父母带去欢乐，为自己的社区带去活力。他们是生命的延续，是灵感的源泉，是人生的奖励。再没有哪一种爱，能超过家长对孩子的爱，绝对没有。这种爱，不折不扣地写进了我们的 DNA。但，且慢，孩子们还很贵重。现在，托儿费高过了大学学费。对一个有着 5 岁以下孩子的普通美国家庭来说，这个孩子的花费占家庭收入的 10%。[155] 一开始，孩子需要食物，需要衣服，而且衣服还要随着他的逐渐长大不断更新，总归一句话，这个秋天的衣服跟上个秋天的衣服完全不同。你需要更大的住房，有更多的卧室，一个供孩子们玩耍的院子，说不定还得加上一个游泳池。各州政府支付学费，但它一般不负责书籍、校外活动或新校服的费用。孩子要参加曲棍球训练，要购买曲棍球装备，说不定还要学习钢琴和音乐课程。儿童自行车才买了两年，可能就已经太小了。"为什么我没有？你为什么从来不给我买？这不公平！"孩子们常常抱怨。还有牙套。牙套这事儿最好压根儿就别开头，一开头就没个完：至少得花 4500 美元，而且从来不只这个数。孩子对汽车的需求也一样。

据估计，从出生到满19岁，美国的中产阶级家庭养育一个孩子的成本是25万美元。[156] 接下来是大学。这就难怪，对大多数父母来说，生一两个孩子已经足够了。有很多人根本没有孩子。他们宁愿保持单身，或是跟伴侣商定，跟养育孩子相比，不如把那些花费用于出门旅行。如果怕两人世界太过寂寞，养条狗就好。

就算姑且不去考虑养孩子是多么昂贵的问题，也仍然有许多充分的理由支持不养孩子。对于青少年来说，不小心为人父母有可能是件毁灭性的事情。年纪轻轻就生孩子，说不定会危及母亲和孩子的健康——少女妈妈所生的孩子的体重，大多低于平均水平。在情感上，少年父母都没有能力承担起养育孩子的责任；很多时候，当爹的直接消失不见了。生了孩子之后，孩子的妈妈就很难继续上学。如果孩子的妈妈选择进入劳动力市场，她能选择的岗位恐怕都是非熟练工种，收入不高，却总是让人筋疲力尽。她所赚到的收入兴许不够养育孩子，这逼得她不得不依靠福利为生。靠福利为生的单亲母亲养大的孩子，跟父母都有稳定工作的家庭养大的孩子比起来，有着巨大的劣势。最恶劣的影响恐怕是对孩子的期许下降：母亲、其他家庭成员、老师、朋友甚至孩子自己，都对孩子没有太大的指望，于是，孩子也就在生活中一次次地辜负这些指望。这样一来，恶性循环开始。在拥有庞大社会安全网的德国，超过1/3的单亲儿童生活在贫困之中。而对父母具在、养育两个孩子的家庭来说，这个数字是8%。[157]

好消息（这个美妙的消息一般遭到了忽视，但实际上，我们简直应该站到屋顶上去大声喊出来)是,和大众的感知相反,少女怀孕率竟然在猛跌。1990年,在美国,每1000名少女,就有62人生了孩子;今天,这个数字是22,下降了近2/3。其他地方的跌幅更大。自20世纪60年代以来,加拿大的少女怀孕率下降了80%,瑞典、捷克、中国香港、澳大利亚、阿曼、蒙古、马尔代夫、巴巴多斯,大多数的发达国家/地区和一部分的发展中国家/地区,也是这般情形。在其他地方,比如牙买加、罗马尼亚、南苏丹或南非,这种下降大约是一半,要不就是2/3左右。[158] 研究人员将这种现象归功于性教育的进步,以及避孕和堕胎变得更容易了。最近出现的非处方紧急避孕药(也即事后避孕药)和堕胎药也有帮助。虽然一些社会或宗教保守团体试图予以否认,但证据很清楚。如果你想减少少女怀孕,关键是要教孩子们性知识,让避孕手段便宜且容易获得。

少女怀孕率降低的社会后果是完全正面的:因为太早生孩子而陷入贫困的年轻女性变少了。政府减少了福利等社会项目的支出,可以把钱用到别的地方。犯罪率下降(因为来自单亲家庭、有可能加入帮派或者招惹其他麻烦的年轻男孩变少了),警察和监狱费用也减少了。但由于女性年龄渐长却仍然选择不生孩子,后果就变得复杂起来。

虽然女性仍然远未实现完全平等,但她们正在缩小差距,并使劲捶打玻璃天花板。1973年,也就是美国最高法院"罗诉韦德案"(Ron v. Wade)中支持女性堕胎权利的那一年,一名典型的妇女收入仅相当于男性收入的57%。到2016年,这个数字已达到80%。[159]

差距仍然很大，但整体趋势令人鼓舞。大学里的女生人数超过了男生：72%的女孩高中毕业后就直接上了大学，而男性的这一比例为61%。[160] 英国医学院的学生中，55%是女性。[161] 在美国，约40%的化学家和材料科学家，以及30%的环境科学家和地球科学家，均为女性。[162] 固然尚未达到完全的平等，但差距正在缩小。

当女性拥有一份有趣的高薪工作时，她怀孕的概率就下降了。分娩可以成为职业发展的重大障碍。就算给出了最开明的育儿假政策，就算办起了最好的托儿服务，离开工作去生孩子，也将严重影响到女性的职业生涯。学校打电话来说你的孩子在呕吐，女性不得不早早下班，这会引起人们的注意；发电子邮件告知同事，说你今天因为托儿安排有误必须在家工作，也会惹人关注。没错，父亲也可以做这些事，而且应该做得更多，但他们一般不这么做。研究表明，没有孩子的女性的收入，跟从事相同工作的男性的收入大致相同。工资差距就是养孩子带来的。[163]

良好的工作需要多年的学习提升，通常包括第二学位或文凭。这种教育很贵：在美国，70%的大学毕业生背负着债务，平均在29000美元。[164] 不把这笔债务控制好，谁敢生孩子？大学学费涨价带来的又一个意外副作用，就是降低了生育率。

等还清了债务，找到"对的人"的问题又出现了。较之以往，人们对待这一至关重要的挑战的态度更加认真谨慎。婴儿潮一代许多人年纪轻轻就结婚，这意味着，他们中许多人的婚姻质量不怎么样。在前几代人中，人们可以容忍没有爱的家庭，但到了1969

年,加利福尼亚成为第一个可提出无过错离婚的州,使得结束婚姻变得更容易了。1960 年,在美国,离婚尚是**丑闻**,每年的离婚率是 1000 桩婚姻里有 9 桩,而到了 1980 年,离婚率达到了最高值:23‰。但随后,这个数字开始下跌,到了今天,它大概是每千桩婚姻里出现 16 桩。[165] 离婚对儿童来说是创伤;许多经历过、见证过它的人,似乎都下定决心,不让自己的下一代再碰到这样的事。要做到这一点,有两种选择。一种选择是根本不结婚:结婚率自 1970 年以来下降了 50%。另一种是等到双方年纪都更大、更成熟、财务上更安全才结婚。1960 年,典型的美国女性的结婚年龄是 20 岁,今天,是 26 岁。

所有这一切都意味着,女性生育头胎的年纪比从前晚。之前,我们说过,在许多国家,女性生头胎的典型年纪是 30 岁。现在,40 岁以上首次分娩的女性的人数超过了 20 岁以下首次分娩的女性。令人惊讶的是,还有极少数女性选择在 50 多岁时生育,而且她们的人数还在迅速增加:2015 年是 754 人,前一年为 643 人,1997 年仅为 144 人。[166] 由于女性 30 岁之后的生育能力开始下降,她们生头胎的岁数越晚,可能生下的孩子数量也就越少。但女性是知道这一点的。等到年纪较大时才生头胎的决定,是跟伴侣一起做出来的,而且他们还可能共同做出了另一个更大的决定:只生一个或两个孩子。

不孕夫妇有时会以收养作为另一种解决办法。但由于局部和地缘政治的原因,收养越来越不可行了。在美国国内,由于少女怀孕的人数急剧下降,越来越难以找到可供收养的孩子。此外,价值观也发生了变化:例如,未婚母亲不再被迫放弃婴儿给别人收养了。[167]

于是人们把目光投向海外市场。美国人收养的其他国家的孩子,比世界其余地方加起来的还要多。就在前不久,收养孩子还是一个增长型的行业。"冷战"刚结束时,想收养孩子的家长,可以接触到成千上万的弃婴。在最高峰的 2004 年,有 22989 名儿童以养子养女的身份来到美国。排名前几位的有俄罗斯、危地马拉、韩国和埃塞俄比亚。[168] 之后数字就开始下降,而且一直在降,降个不停。2015 年,美国只收养了 5647 名婴儿,不到 10 年前的 1/4。这其中原因很多。

随着与西方关系的恶化,2012 年,俄罗斯禁止所有外国人收养本国儿童。乌克兰东部爆发战争,儿童无法被带出该地区。等其他国家发现,犯罪分子在收购(或绑架)孩子卖给容易上当的西方人时,这扇门也关上了。

收养统计数据很难采集,因为收养主要是以国家或省级层面上收集的。但加拿大阿尔伯塔省的情况应该比较典型。2008 ~ 2015 年,想要收养的民众数量在增加,但实际收养的数量却下降了 25%,得到婴儿的等待时间从 18 个月增加到了 3 年。[169]

各种因素相结合,就形成了你看到的情况:对避孕以及太早生孩子(孩子没有可靠的父亲)所带来的社会及经济代价有了更好的认识,再加上紧急避孕及堕胎措施更便于获得,使得少女产子的人数减少。接受良好教育的时间很长,成本很高,使得越来越多的女性不会在20岁刚出头时就生孩子。对事业的渴望、偿还学生贷款的需求以及希望自己的生活里遇到"对的人"的愿望,鼓励越来越多的女性推迟生育,基本都到快要30岁时才生孩子。在各种压力下,等万事俱备,想要孩子也养得起孩子的时候,许多女性已经30岁甚至40岁了。这样的女性大多倾向于建立小规模的家庭。

照我们想来,无论你年龄多大,无论你是男是女,无论你眼下主要着眼于为人子女还是为人父母,所有这一切都会引起人们的共鸣。这些,就是你正在努力做或者已经做过的选择。艰难地偿还贷款,挣扎着找到一份体面的工作,寻找恰当的伴侣来共度人生,权衡是不是到了最终要生孩子的时候,想知道你们俩能不能养活得起二胎,能不能承受这个决定带来的后果——很有可能,你的故事就是如此。你的选择不仅会影响你的生活,也影响着每个人的生活。因为,事实证明,个人选择乘以数百万人的选择,其后果将影响到所有人。

从方方面面来看,小家庭很美好。父母可以投入更多的时间和资源来抚养孩子。孩子在成长过程中,有可能以辛勤工作的父亲和母亲为榜样。这样的家庭反映出所在社会的男女平等(或接近平等):女性和男性同在职场竞争,也同为家庭而付出。婴儿太少导致劳动力大军缩水,女性就业有助于缓解相应的劳动力短缺。说小家庭是开明先进社会的代名词,并不算过誉。

但是小家庭对经济不太好。如我们所见,购买商品的消费者数量由于小家庭而变少，可用于资助社会项目的纳税人数量减少了，富有创造力的年轻思想减少了。日本的老龄化社会是导致其 30 年来经济停滞的因素之一，欧洲的老龄化同样是许多欧洲国家经济停滞不前的幕后推手，这不是巧合。孩子的多少，对一个国家的经济，有着深远的影响。

政府项目，如慷慨的育儿假和子女津贴，可以鼓励家长生育更多的孩子。但它的影响微乎其微，而且，这些项目非常昂贵，政府难以维持。不管怎么说，小家庭也跟自我赋权有关，人们放弃了生育的社会责任，转而到 Facebook 上讲述一套个人的叙事化生活。低生育率陷阱一旦降临，就不可逆转。

人口下降还会带来其他后果（社会的、政治的、环境的），我们将在后面的章节中看到。但有一点，我们可以肯定地说：从经济上看，缺乏婴儿是个极大的问题。它背后隐藏着我们这个时代最有趣却最少得到报道的一个现象："婴儿潮复兴"（Boomaissance）。

❖　❖　❖

73 岁的米克·贾格尔（Mick Jagger），用他瘦骨嶙峋的老脸和一头灰白的头发，在加利福尼亚帝国马球场，用调皮而幽默言辞向自己的 75000 名粉丝致意："欢迎来到英国文雅音乐人的棕榈泉退休之家。"接着，他和滚石乐队的其他成员，继续演奏震耳欲聋的音乐。

不，这不是同样也在帝国马球场举办的世界著名科切拉音乐节（Coachella）。这是"沙漠之旅"，它还有个更出名的绰号，叫"老切拉"（Oldchella）。2016年10月的两个周末，滚石乐队、谁人乐队（The Who）、鲍勃·迪伦、尼尔·杨（Neil Young）、保罗·麦卡特尼、平克·弗洛伊德乐队的罗杰·沃特斯（Roger Waters）在这里倾力表演。事情是这样：科切拉音乐节，其收入一般高于美国举办的其他任何音乐节[170]，那一年，它挣到了9400万美元；而老切拉音乐节则挣了1.6亿美元，几乎是前者的两倍。

原因很简单：老切拉音乐节的最贵门票是1600美元/张，贵得让人揪心；科切拉的同等门票仅为900美元。有了这张门票，观众可以享用四巡大餐（包括汤、前菜、主菜和甜品），畅饮最好的葡萄酒，在安装了空调的帐篷里欣赏艺术展。现场设有1000座便携式厕所，每一座都打扫得干干净净。[171]观众里除了婴儿潮一代，也有千禧一代，人们开玩笑说，音乐会上最受欢迎的药物是伟哥，当蕾哈娜在保罗·麦卡特尼的表演中惊喜现身时，有一半的观众在向另一半的观众解释她是谁㊀。

老切拉音乐节是婴儿潮复兴现象的一个典型例子：营销攻势主动迎合婴儿潮一代的需求，而不是人数较少、也没那么富裕的X世代和千禧一代。一位分析师写道："虽然媒体仍然站在千禧一代这边，但这个国家70%的可支配收入，都控制在婴儿潮一代的手里。"[172]

---

㊀ 和之前列举的经典老歌手们比起来，蕾哈娜可谓是新生代女歌手，这里是指婴儿潮一代的老年人不认识2000年之后走红的艺人。——译者注

这还不算，婴儿潮一代正因为父母的逝世继承着总价值高达15万亿美元的财产，广告商和营销人员正在研究如何从这些财富中赚到钱，并为此火力全开：从简单易懂的供老年人使用社交媒体的教程，到在油漆桶上印刷更大的字样（方便老人阅读）。[173]

今天的年轻人正忙着投资于昂贵的教育，因为这是获得良好工作的唯一途径。等他们一毕业，就有高昂的学生贷款要还。他们的饭碗不怎么稳当，只好推迟大宗购物行为。如果你开了一家餐馆，而唯一付得起钱的就餐者认为你餐厅里的音乐太吵，桌子摆得太密（怎么可能容得下老年人撑着走的步行架），菜单简直荒唐（见鬼，都是些什么东西！）——你向别人强调餐厅的时髦品位又有什么意义呢？你最好是调低音量，拉宽桌椅的间隙，在菜品里加入传统的美味牛排。如果你住在北美洲一座中型规模的城市，当地很可能至少有一家电影院会提供高票价的预留位置，这个座位不光坐起来舒服，而且还有体贴的服务员为你送上食物和饮料（白葡萄酒，不是可乐）。这就是婴儿潮复兴。

但老龄化社会的需求不是仅靠营销手段就能满足的。儿童和老年人都是依赖人口：尤其在发达国家，他们消耗了政府提供的大部分服务。但两者所依赖的是不同的东西。孩子们需要托儿所和学校，而老年人需要养老金和临终关怀。随着世界的中位年龄继续提高（现在是31岁，到2050年是36岁，到2100年将达到42岁），政府的计划将优先满足增长最快人口的需求，于是学校变少，辅助生活的赡养项目增多。

有一项统计数据很好地归纳了这些力量的相互作用，它叫作"老年人供养率"，指的是每一名退休人士有多少适龄职工赡养。如今，每名退休人士有 6.3 名适龄职工赡养。这是一个合理的比率，如果它能维持下去，世界将处于良好运行的状态。但我们已经知道它坚持不了多久。联合国告诉我们，到 2050 年，全世界的老年人供养率将达到 3.4 比 1，到 2100 年，它将进一步下滑至 2.4 比 1。也就是说，到 21 世纪末，在世界范围而言，对每一名退休人士所需要的公共服务，只能由两名适龄职工为其买单。它假设联合国的生育率预测是准确的，但如你所知，我们认为预测不准。所以，老年人供养率达到 2 比 1 的那一天，可能会比想象中早得多。欧洲有好几个国家已经接近 2 比 1 了。

尽管税基缩水，消费者减少，经济疲软，政府仍然必须提供老年服务，这有可能带来经济上的挑战。对一些人来说，这还可能带来沉重的私人痛苦。中国社会学家王丰（音译）写道："将来会有更多的中国家长无法依靠孩子养老。许多父母将面临最为不幸的现实：活得比自己的孩子更久，孤零零地去世。"[174] 从死亡率表可看出，一名 85 岁的女士比自己 55 岁的儿子（后者有可能因为生病或事故去世）长寿的概率是 17%。[175] 除了白发人送黑发人的丧子之痛，老年人还可能会感到丢脸。看到自己的孩子挣扎着应对婚姻、养育子女和工作上的挑战，有多少父母会为要开口向他们求助而感到羞耻？

我们正在做、即将做或是已经做的人际关系和家庭选择，定义了我们的当下和将来。它们塑造了我们今天的社会，并将更加深刻地塑造我们未来的社会。它们把我们的社会项目、私营企业和研究技术的着眼点，从年轻人转移到老年人身上——尽管并不彻底，因为让年轻人对你的产品上瘾仍然蕴含着巨大的价值，但至少部分如此。每一年，这些变化都会愈发强劲。你所在的市镇议会将讨论把空置校舍转为老年中心的议题。针对那些成年子女先走一步的长者，会出现哀伤谘商服务。我们可能会看到大家庭的回归：三代人生活在同一屋檐下。

欢迎走向人口下降的将来。不，欢迎来到人口下降的当下。

# 第 6 章 非洲问题

EMPTY PLANET

## 06

内罗毕的乔莫·肯雅塔国际机场跟过去相比面目全非，这是一件好事。5年前，一名旅客在这座非洲最繁忙的机场之一降落后，会在入境海关那里排一列长长的队，最终来到一张办公桌前，桌子后面只坐着一个烦闷的年轻人，对面前恳求他花点心思的人群心不在焉。时不时地，这年轻人将视线从手机上移开，很勉强地认真看一眼耐心地站在自己面前的旅客。他接过入境表，外加50美元，便会在一本狄更斯时代的账簿上打个钩，再给旅客的护照盖上章。欢迎来到肯尼亚。下一个。

今天，如果你想前往肯尼亚，你可以提前几个星期在网上购买一份"eVisa"。抵达后，你会发现，烦闷的年轻人已经被入关岗亭所取代，这一排岗亭位于灯火通明的全新接待中心，就跟你在任何西方国家的机场看到的那种一样。等你来到移民局官员面前，用脚架架起来的摄像头会给你拍照，接着扫描指纹，跟你进入美国时一样。再也没有账簿，也无须现金支付了。欢迎来到肯尼亚。下一个。

关于地球人口未来的争论，我们才刚刚开了个头。联合国预计，在21世纪内，地球上的人口将从70亿增加到110亿，因为联合国对非洲没有抱太大的希望。它相信，非洲未来几十年的生育率都将保持高位，特别是撒哈拉以南地区，将支撑最后一轮盛大的婴儿潮，要到下个世纪，出生数字才会逐渐减少。由于人类既要努力养活自己，也要克制对脆弱的地球所造成的破坏，未来几十年的状况必将十分严峻。

但是，在未来这么多年里，非洲一定会保持在这种较差的状态吗？它的社会就非得继续停留在农耕时代，人民得不到教育，妇女得不到自由？还是说，非洲也会走上城市化、教育和解放的道路？这可能是我们眼前最重要的问题。富裕还是贫穷，战争还是和平，气候变暖还是冷却，就取决于这个问题的答案了。我们对答案并无把握。但我们至少可以寻找一些蛛丝马迹。内罗毕，也许能提供一些线索。

❖　❖　❖

21世纪第2个10年的非洲，是一个凡事皆有可能的地方。2016年，增长最快的30个经济体中有14个（几乎占一半）来自非洲。肯尼亚排名第20位，在可预见的未来，它的GDP年增长率预计将超过6%——是当今大多数西方国家的3倍。[176] 在未来几十年，非洲大陆将继续保持经济增长的中心地位，这一点很少有人表示怀疑。

随着非洲大陆成为愈发重要的销售市场，一些增长自发形成。

到 2050 年,非洲人口预计将增加一倍以上,达到 26 亿。今天,非洲人口最多的国家是尼日利亚,为 1.82 亿。到 21 世纪中叶,尼日利亚将成为全世界人口排名第 4 的国家。同一时期,肯尼亚的人口将翻一倍。与此同时,欧洲的总人口预计将减少 4%。[177] 如果你是个要在两者之间进行选择的投资者,你会选择哪里呢?欧洲?还是非洲?

虽然非洲是我们人类的摇篮,是全人类萌芽的地方,但它仍然是个年轻的大陆,非洲人口的中位数年龄只有 19 岁,对比而言,欧洲是 42 岁,美国是 35 岁。[178] 在未来几十年,非洲预计将成为世界上唯一一个适龄工作人口出现增加的地区。截至这里,大家都同意:从现在起到 21 世纪中叶,非洲的人口和经济都会出现增长。

肯尼亚希望成为跨国公司在非洲追逐机遇的区域性商业中心,它跟自己同在非洲大陆上的竞争对手,正奔跑着进入现代化。机场的升级,就是为了赢得这场赛跑。跟两个家伙被熊追赶的老笑话里说的一样,肯尼亚的优势在于,它不必击败全世界,只要击败本地的竞争对手就行。该国位于东非的中心,战略位置优越,与印度洋、乌干达和坦桑尼亚毗邻。它还跟埃塞俄比亚、南苏丹和索马里接壤。没错,这是个艰苦的社群,但肯尼亚代表着这一地区相对平静的地带,对跨国国际企业构成了吸引力。

这就是说,亮闪闪的现代机场只代表了一点点的门面工程。大约 75% 的肯尼亚工人仍然从事全职或兼职农业工作,农业占该国整体经济的大约 1/3。[179] 只有大约 1/4 的公民从私营或公共部门的雇主手里获得工资,而后者,才符合现代劳动力的定义。[180] 肯尼亚的失业率可能高达40%。[181]

在肯尼亚,有一半的人认为自己吃不饱,大约1/3的人报告说有时不得不饿着肚子睡觉。[182] 7/10的肯尼亚人说自己每月的收入低于700美元。[183] 4/10的人口生活在贫困线以下。[184] 这个国家大约有一半的人口过着前现代环境下的古老生活。但从另一方面看,75%的人口享有移动设备服务。[185] 农村正慢慢让位于城市。肯尼亚的城市人口每年以超过4%的速度增长,主要集中在内罗毕(人口400万)和蒙巴萨(人口110万)。[186] 在过去的30年,该国的城市人口增长了一倍以上,从1979年的占比15%增加到2014年的32%。[187] 而现在,你已经明白一个国家在城市化过程中会发生些什么了:生育率开始走下坡路。

许多肯尼亚人同时过着两种生活:第一种是亘古不变的农村父权制生活。但另一方面,那些肯尼亚女性的背篓里会装着一部手机。虽然还没有告知父母,但她们正打算搬到城里去。

黎明划破内罗毕的天空。这是一座几乎再也看不到过去殖民痕迹的城市。市中心遍布着玻璃高塔、政府大楼、电子广告牌、现代化的店面和绿地。人行道上挤满了衣着光鲜,准备去上班的人。道路现代化,维护良好(除了偶尔出现的惊天大坑),路面上的汽车和卡车也是如此。交通让人头疼，但跟纽约或巴黎无望的拥堵还无法相提并论。一切看起来相当平静有序：这是一座开放的城市，为现代商业做好了准备。

但在距离内罗毕市中心只有几公里的地方，就是基贝拉——搭乘肯尼亚本地人用来通勤的迷你公交（是很小型的面包车），只需很短的时间就能到达（但足以叫人神经紧张）。基贝拉是非洲（甚至是全世界）人口最多的贫民窟，居住着大约 25 万人。[188] 它代表了内罗毕双重现实的另一面：城郊。基贝拉。

这是个充斥着感官冲击的地方，从铺天盖地的红色开始。视线所及，铁皮屋顶上都是斑斑的红色铁锈。泥泞的土壤连接着杂乱的窝棚，到处都是坑洼，偶尔有土路，路面是红色的。对于一个娇生惯养的西方人来说，这里的气味难以描述，也难以忘怀。基贝拉没有正式的卫生设施，只要有空地，就可能挖着开放式的阴沟。垃圾随意堆积，成人、儿童和动物还在垃圾堆里翻翻捡捡。

在西方人看来，基贝拉是个地狱般绝望的肮脏之地。肯尼亚人却不这么想。对他们来说，基贝拉是有着独特文化和目的的社群。它跟内罗毕一样都是现代化的城市。但基贝拉同时也保留了传统经济的一席之地。它有着大量的非正规小企业：食品摊位、小杂货店、肉店、二手服装店、维修店。有些小买卖开在摊位或店铺里，有些则只是在地上摊开一张破床单，有什么卖什么。当天赶集的肯尼亚妇女，会把哪些服装店值得周末再来一次记在脑海里。男人们则将为了购买翻新零件或者旧车配件回来。无论人们需要什么，基贝拉都有卖的,价格比任何现代商店都更优惠。

基贝拉还是新移民(来自农村的移民,或来自其他社区的移民)的家园。一个世纪以前,曼哈顿有下东区;今天,内罗毕有基贝拉。虽然贫困,卫生条件可怕,社会病态(如酒精滥用和青少年怀孕),腐败和犯罪猖獗,但对来自内罗毕其他地方的肯尼亚人来说,基贝拉不是不宜到访的禁区。基贝拉是一个独特的文化和商业活动中心,就跟西方主要城市的任何历史民族聚居地一样。想想拉美区、小意大利,或者唐人街,它们本来不是今天的样子,而是这些地方几代人以前的样子。基贝拉正发生着这样的事情。

无论是住在基贝拉,还是住在绿树成荫的富裕社区,又或者介于两者之间,肯尼亚的个人身份都植根于部落、家族和家庭。这样的忠诚感取代了人们对肯尼亚的国家依恋。当国外访客询问一位肯尼亚同事是否认同自己是肯尼亚人,后者会回答:"如果你打了我一巴掌,我当然是肯尼亚人;如果是肯尼亚人打了我一巴掌,我就是卢奥部落的人。"[189] 对肯尼亚人来说,部落第一。非洲大部分地区也是如此。

肯尼亚有三个主要种族:班图人(最大,约占人口的70%),接下来是尼罗特人和库希特人。每个民族都有独特的历史、文化、生活方式、语言、宗教和食物。这些民族可再分为大约42个部落,部落（tribe）下又分为氏族（clan）。一个氏族相当于一棵家族树。氏族成员的血统可追溯到共同的祖先。不过，氏族可以跨越种族和部落。来自苏格兰高地的人会对氏族感到很熟悉。

地球上的大多数地方都是以亲属、部落或社群的形式组织的。在部分国家，地方和国家政府疏离、无能、腐败、恫吓。警察黑白通吃，获得许可证需要行贿，你跟谁有交情决定了你能得到些什么。在这样的社会中，亲属意味着一切。亲属是你可以信任的人。亲属不会辜负你。你在家庭或部落中的地位，定义了你是什么人，你将怎样行事。

在发达社会，现代福利国家在很大程度上取代了部落、氏族和家庭，成为这些国家公民生活的最终权威和支持来源。肯尼亚不是这样。对于一般的肯尼亚人来说，政府只是为彼此勾结的政治家和官僚们创造个人财富的富豪统治集团，可不是落难时去寻求帮助的好对象。

虽然世界上任何一个地方都没有人会否认家庭的重要性，但要是国家由基本诚实的政府管理，而且部落或氏族纽带关系薄弱甚至根本不存在的话，事情的运转会好得多。你可能认为自己的政府效率低下，但如果你生活在民主资本主义社会，你恐怕根本不知道真正效率低下的政府是什么样子。父母、兄弟姐妹和孩子对你来说当然意义重大，但你大概意识不到你的姓氏、你上过的教会、你去过的小学、你的口音或者你穿衣的方式有什么大不了的。你兴许很少考虑过，对于生活里真正重要的事情，你对政府的依赖程度到底有多高。但是，政府主导和血缘主导的社会的区别，大致也就是先进发达国家与正在发展的发展中国家（或是正在崩溃的发展中国家）的区别。

这种区分并不完全准确：在一些国家，比如希腊或乌克兰，碰上好年景就跟现代发达国家一样，碰上坏年头就跟准破败国家一样。但哪怕是处在最糟糕状态的希腊，国家的功能运转也远远超过肯尼亚。肯尼亚的后殖民政府混乱，不守规矩，有时还很暴力，基本不可信任。在透明国际的腐败观察指数中，肯尼亚在168个国家中排名第139位。[190] 按自由之家组织的排名，它的经济自由度，在178个国家中排第135位[191]（"基本不自由"）；在政治自由上得了百分制的51分（"部分自由"）。[192] 事情有可能更糟，但肯尼亚仍有很长的路要走，这就是为什么从个人身份和社会组织的角度看，肯尼亚人有着强烈的部落忠诚感。即使是受过良好教育、出过国看过世界的肯尼亚人也很乐意承认，就算只是礼貌性地稍做试探，部落认同就露出来了，就在表面之下。一位肯尼亚人说："政府看重的是金钱与刀枪，部落看重的是信任。"[193] 我们先前就指出，如果亲属关系较为强大，在家庭的催婚生子的压力下，生育率会更高。一旦亲属被同僚同事所取代，压力就减轻，生育率就下降。

当年轻的肯尼亚人到新的地方上学或者工作时，他们也不会抛下自己过去的纽带。家人会给他们介绍亲戚，或是部落氏族的人脉。年轻人或许会跟这个人保持联系，他们知道，自己的族人总能在紧要关头伸出援手。人人都依赖这些联系，人人都该尽力支持自己的族人。在肯尼亚，没有人会孤零零地死去。部落、氏族和村庄会照顾他们。大多数社区或传统社会群体都有"治丧协会"，它是资助小组，确保社区的每个成员（不管经济地位如何）在去世后都能得到体面的葬礼。所有这些都对社会有益，人人都可获得社会提供的这些后援。

这种社会组织的共同方法，甚至进入了现代资本主义的中心：跨国公司的内罗毕总部。一名比利时人到达肯尼亚接管公司的区域业务，他很快了解到，要是办公室里某个人的生活发生了什么重大的事（婚礼、即将出生的宝宝、退休等），同事们一定会发起捐款。[194] 肯尼亚人称之为"harambee"，在斯瓦希里语里，它的意思是"人人齐心协力"。员工们期待高管们设定标准，还会按管理者个人捐献的意愿来对此人加以判断。这不能是生日贺卡或者蛋糕一类的代币捐赠。它得是一样实质性的馈赠，其他人可以以之作为标杆，根据自己在办公室层级地位的高低，估算自己该拿出多少钱来。这位新来的西方高管很快就理解了自己的角色，当时，办公室里的一些女性把他拉到一旁，善意而又坚定地解释了他作为最高管理人员应当满足的期待。

现代企业与传统文化期待的这种独特互动，使得人口统计学家在试图预测未来人口怎样发展时，必须有所调整。一方面，联合国人口司承认，肯尼亚的出生率在一代人多一点的时间里减了一半（从1975年的大约8，减少到了今天的大约4），但它也预测，下降的速度会逐渐放缓，到2075年前后，肯尼亚的出生率才会降到每名母亲 2.1 个孩子左右的替代率。联合国预测，21 世纪，其他非洲国家的生育率也会比 20 世纪下半叶有缓慢降低。但如果下降速度跟目前水平一样，那么，肯尼亚在 2050 年之前（也就是说，离现在仅一代人）就会达到替代率。[195]

肯尼亚会不会像联合国预测的那样，从以血缘亲属为基础的低教育高腐败农业社会（由于预期寿命提高、生育率仍然很高，导致人口快速增长），慢慢地进行过渡呢？还是说，它会迅速完成城市化和现代化，强化国家纽带，削弱部落影响力，赋予女性生育选择权，导致生育率持续迅速降低呢？我们认为，事实将证明后者，也就是，在肯尼亚和其他许多非洲国家，资本主义和传统价值观的融合，很有可能会拖慢大多数建模专家预测的大规模人口增长。为什么呢？因为世界其他大部分地区已经有了先例。非洲走的是同一条全球发展之路：城市化，妇女接受教育，生育率降低。在肯尼亚尤其如此。

2003 年，肯尼亚政府开始提供免费的小学公共教育。免费中学教育于 2008 年到来。大约有 200 万学生在没有执照的"非正式学校"接受教育，这些学校大多以信仰为基础，而且一般相当不错。大约 17% 的肯尼亚儿童仍然无法接受合适的教育，但这个数字已经比前几代人低得多了。[196] 近年来，政府着手对高等教育进行大幅投资。2005 年，肯尼亚有 5 所大学；2015 年有了 22 所，并计划再办 20 所。2012～2014 年，大学入学人数增加了一倍，学生人数达到 44.5 万。[197] 对男性的文化偏爱，对肯尼亚女性接受教育构成了严重障碍，尤其是在农村地区。但父权制的壁垒正摇摇欲坠。今天，小学和中学教室里,男女学生的比例一样,[198] 在纠正性别歧视的项目帮助下,如今,肯尼亚大学的入学人数里,40% 为女性。[199]

教育赋予了女性权力,并进而影响了她们少生孩子的决定吗?根据肯尼亚统计局的数据,该国的生育率从 2003 年的每名妇女生育 4.9 个减少到了 2008～2009 年的 4.6 个,2014 年再跌至 3.9 个。该国"在过去 10 年里总生育率少了足足一个孩子,达到了有记录以来的最低水平"。[200] 再想想看:肯尼亚统计局注意到"避孕普及率(CPR)从 2008～2009 年的 46%,上升到 2014 年的 58%"。[201] 仅仅 5 年,避孕措施的使用就有了如此大的提升。这也是导致生育率更快下降的一个因素。

这并不意味着肯尼亚强劲的人口增长趋势不会在中期内得以持续。年轻人口(在肯尼亚这样的国家,中位数年龄极低)在未来数十年还将持续大幅增长,因为年轻的女性太多了。儿童死亡率也在下降。虽然如今的肯尼亚女性会比自己的母亲生更少的孩子,但会有更多的孩子活到成年。但一如无数的研究所表明的,发展中国家的儿童死亡率降低,同样会使生育率降低——一旦父母确信孩子能活下来,他们就会选择少生孩子。[202] 届时,少生的孩子会比生下来也活下来的孩子更多。

肯尼亚城市化的快速推进,肯尼亚妇女受教育程度的迅速提高,在线技术的燎原式影响,国际企业在非洲发展所带来的变革性影响,非政府组织提供的进步孕产妇保健和教育(包括性教育)项目——所有这些因素,在预测模型里都被忽视,或是没有给予充分的考虑,所以它们才会认为非洲的生育将保持稳定或出现缓慢下降。[203] 真正的局面，远比此类预测更为动荡多变。

只要观察一种转型中的古老习俗——嫁妆，我们便可以将所有这些复杂的经济和社会因素（城市化、教育、现代化和社会转型）结合到一起。肯尼亚仍然存在彩礼，而且，还有一款专门的"彩礼"小程序。

在西方文化中，如果两个人决定结婚，那么，基本上，他们是要组建一个新的家庭，跟自己父母的家庭有联系，但彼此独立。当然，人人都想要在假期回家团聚。在北美或欧洲，亲属关系通常不是婚姻建立或成功的关键。肯尼亚不是这样。在那里，婚姻更像是企业合并。两个家庭聚到一起，加强他们共同的社会安全网。虽然并非完全的包办婚姻，但两个家庭替孩子寻找、筛选合适的配偶很关键，因为双方的家庭都必须相信，这场联姻将改善彼此的经济和健康前景。大多数非洲人认为网络约会离谱，不负责任。一位肯尼亚妇女说："你怎么知道他是否来自良好的家庭？"[204]

在肯尼亚，由于求偶和婚姻的目的是强化家庭网络，故此，当地人设计了各种复杂的流程来为孩子挑选门当户对、能提升安全网的配偶和家庭。在与外人的谈话中，很多人都提到"阿姨"（可以是女性的血亲、亲密的女邻居或者氏族里的老人）在这个过程中所扮演的角色。一位女士说:"我的阿姨总能认识某个知道男方家庭情况的人。她们会替我们审查他。"[205]

支付彩礼是求偶和婚姻的另一个关键特征。在其他许多非洲国家也是如此。彩礼很复杂。所谓的彩礼,是要男女双方的家庭协商好提供奶牛、山羊(或两者的组合)的恰当数目,以获得与特定家庭的女性结婚的权利。在一些社区,奶牛或山羊的数量是有标准的。在其他社区,还可能包括其他商品(如另一些牲畜或蜂蜜)。有时,就算新娘的家人认为新郎是合适的,新郎也给不起彩礼钱。如果是这样,必须制定出日程表,以便新郎分期支付彩礼。

彩礼以对未来新娘的感知价值为基础。这里有各种各样的定价因素在发挥作用。一位女士说,这就是为什么肯尼亚家庭会在家里开正式的欢迎会,在墙上挂起自家孩子的毕业照。通过房间展示告诉有意求婚者的家人,自己孩子有什么样的成就,婚后的收入潜力如何。[206]

人们兴许以为,年轻的肯尼亚人,尤其是女性,接触过好莱坞倡导的理想化爱情,以及互联网对性感概念的商品化,将强烈反对将自己的爱情做物质上的讨价还价。然而,我们从与肯尼亚男女的谈话中了解到,人们对彩礼传统始终如一地强烈支持,这一点无关性别、年龄或婚姻状况,哪怕是受过良好教育、在其职业生涯中方方面面都极其现代化的女性高管也并不例外。

虽然彩礼是过去的一种做法,但现代思维和技术如今已经找到了将其融入眼下体系的途径。在内罗毕这样的地方,能有条件养殖一群牛羊的家庭寥寥无几，所以他们把彩礼变现。甚至还有网站和应用程序会根据你的个人资料，帮你计算你的预期彩礼。[207]这并不是说，如今不再有真正的牲畜交换。一位年轻的肯尼亚妇女形容自己是个"传统的姑娘"，来自一座距离内罗毕几个小时车程的小村庄。她和家人坚持要求她未来的丈夫用真正的牲畜支付彩礼。因此，她婚礼的第一部分，就是一辆卡车，载有合适数目的奶牛，到达举行婚礼的家庭农场。人人都去谷仓检查货物。等新娘的家人对彩礼表示满意，婚礼仪式才继续进行，宾客们回到农舍载歌载舞。[208]

几个世纪以来，肯尼亚的婚礼传统不断发展，巩固了社群联盟。它们今天仍然如此。但随着全球的商业和城市化，它们现在所演化出的一些形式，不利于维持肯尼亚的高生育率。原因如下：如果一名肯尼亚女性希望在城市里找到一份高薪工作，她需要接受高等教育。获得教育和工作使她可以找到更好的潜在配偶。拥有大学学位和独立办公室，让你值得上更多的奶牛和山羊。这也意味着推迟婚姻和生育。未来的丈夫必须工作更长时间才能积累起足够的资本来支付彩礼。未来的妻子也很乐意等待。"我们会迟些再结婚，"一位女士解释说，"我们想先要获得教育、工作保障和良好的生活环境再生孩子。我们现在30岁才结婚，因为在学校里度过的日子太长了。接着，从我母亲和阿姨开始传来了要我生孩子的压力。但这很难做到，因为我们在职业生涯里都非常成功。这也意味着，就算我们想要生很多孩子，也没法生那么多。"[209]

因此，传统的彩礼制度，与教育和职业的现代推动力相结合，推迟了婚期，延迟了生育，这已经影响到了肯尼亚的生育率，并将在未来几年进一步降低这一比率。这是联合国对肯尼亚的人口预测将出现偏差的另一个原因。维也纳维特根斯坦人口研究中心联手国际应用系统分析研究所做出的低位人口预测（也即到2060年，肯尼亚的生育水平就有可能接近替代率）——兴许更接近实际情况。

肯尼亚不代表整个非洲。在非洲大陆的某些地区，人们仍然主要过着农村生活，女性权利很少或者没有权利，不曾接受正规教育（或者接受得很少）。在这些地方，出生率仍然高得惊人。加拿大记者杰弗里·约克（Geoffrey York）记录过一件事：援助机构搭乘一条"避孕船"，在贫穷的西非国家贝宁一个村庄一个村庄地教育妇女性健康和生殖健康知识。他采访过的女性都明白不停生孩子给自己带来的代价。"我生了太多孩子了，"克里斯汀·邓格说，她生了10个孩子，活下来8个，"我觉得自己身体虚弱不堪。我患有高血压等疾病。我感到头痛、眩晕和疲劳。"但她别无选择。"如果你告诉丈夫，你不想要养育一个大家庭，他就会去娶另外的女人，"她解释说，"这种压力太大了。我们的丈夫喜欢孩子和大家庭。"当地的宗教领袖宣扬避孕的罪恶，支持男性。"我要说的，跟她一样，"一位裁缝博拉斯玛·科科索说，"我的妻子服从我。没有我的同意，她什么都做不了。她甚至不能四处走动。"[210]

如果非洲崛起（毕竟，肯尼亚就正在崛起），那么，非洲就不会像联合国人口统计学家预测的那样,生下数百万苦难的孩子。但,没错,非洲大陆也可能走向另一种未来:贫穷,教会,大家庭。将来,是会有更多国家向肯尼亚靠拢(哪怕不确定),还是说,大多数非洲人继续深陷在疾病与暴力造成的极度贫困状态下?考察整个非洲大陆上女性享有的权利,是回答这个问题的一种方法。因为,衡量社会进步的程度,再没有哪个指标比女性进步更合适了。

非洲联盟 2017 年发布的一份报告指出,部分非洲国家立法机构中的女性人数,比大多数西方国家还要多。事实上,卢旺达的这个数字,在全球占据首位,立法议员 64% 为女性。然而,其他数据则更为严峻。1/3 的非洲妇女经历过身体或性暴力。由于许多非洲国家都绝对禁止堕胎,哪怕母亲的生命危在旦夕,所以,全世界几乎 1/3 的不安全堕胎都发生在非洲。今天还活着的 1.3 亿接受过"生殖器切割"(又名"女性割礼",是一种非常残忍的习俗)的妇女,大多数都生活在非洲,非洲当前人口中的 1.25 亿女性,18 岁之前就结了婚。[211]"只要环境促成妇女享受其权利,包括获得教育、技能、就业,就会出现繁荣的浪潮,实现积极的健康结果,女性乃至整个社会都能获得更大的自由与福祉。"报告总结道。

尽管如此,由于地方动荡、宗教问题以及"人权普遍性对非洲价值观的持续争论"(这是非洲联盟报告中的外交辞令表述),许多社会都拒绝给予妇女这些权利。[212] 一个社会中女性进步的最佳指标是她们的教育进步情况,因为教育是一切的先声。卫生保健慈善家、英国女男爵瓦莱丽·艾诺斯(Baroness Valerie Amos)和托茵·萨拉齐（Toyin Saraki）认为，"女孩的教育可能是低收入国家发展的最大决定因素。"[213] 联合国儿童基金会曾经称教育女孩"几乎可以解决所有问题"。[214] 教育不仅为女性提供工作、增加个人自主权，还减少了营养不良、疾病和童婚的概率。如果非洲要摆脱贫困陷阱，女性教育是最可靠的途径。

在这方面，数据令人兴奋。根据牛津救济会的数据，2000年，在几乎所有非洲国家，至少有30%的学龄女童未能入学。例外的国家包括阿尔及利亚（11%）、南非（5%）、加蓬（9%）等。但是到了2016年，"不向女孩提供教育"的不幸国家俱乐部，已经缩小到赤道附近的少数国家，包括西部的马里到东部的苏丹等。赤道以南几乎每个国家，学龄女孩入学率都至少达到了80%。贝宁报告说，该国女性小学入学率达到了88%。[215]

在贝宁，生育率开始下降。1985年，贝宁的生育率是7.0，现在是5.2。联合国预测，贝宁只会实现渐进式发展，预计直到21世纪末生育率才会达到2.1。但如今学校里有了更多的女孩。而随着避孕船的四处流动，女性们会听取相关的知识。

❖　❖　❖

穆泰嘉乡村俱乐部（Muthaiga Country Club）于1913年新年除夕夜那天盛大开业；100年后，它仍然充满了殖民地时代的复古色彩，在非洲荒野里展现英国绅士俱乐部所提供的那种物质享受。

今天的俱乐部保留了原先令人印象深刻的建筑,有粉色和白色的柱廊,外加大量来自往昔的猎物和传统装饰:狩猎战利品做成的标本、软垫皮椅、漂亮的图书馆以及昂贵的木镶板酒吧。现代设施包括健身房、游泳池和更为休闲的餐饮选择。但到了晚上,绅士们仍然必须穿夹克、打领带。毕竟,这可是穆泰嘉俱乐部呀。我们能在这里用餐,要多亏当地一家公司负责人的邀请,该公司新近由一家在非洲寻找突破口的跨国公司收购了。该公司内罗毕办事处的15名成员也出席了晚餐。除了主人和一位外来的旅客,其他所有人都是非洲人,而且还是女性。

这个美好而温和的夜晚,从在俱乐部美丽的观赏花园里喝饮料拉开序幕,空气里弥漫着花香,随后,我们短暂中断了活力四射的欢笑谈话,走进俱乐部令人赞叹的黄色房间(得名自房间的颜色)。身着制服、戴白色手套的肯尼亚服务员,推着手推车,送上了点缀着约克郡布丁的烤牛排,还配上了沉重的银质餐具。晚餐以饮料车上的波特酒和干邑结束。从前,英国人就是这样统治日不落帝国的,而肯尼亚的上流社会,很乐于延续这一传统。

我们惊人坦率地讨论着部落身份问题,对一个来自更讲究政治正确的西方人来说,这种坦率不免叫人觉得有点紧张。对于肯尼亚人来说,部落之间存在一目了然的明显等级,这种等级由文化历史和身体特质、皮肤颜色、身高、头发质地以及人们长大的地方等因素决定。这就像听到一个英国来的人,不带半点羞耻地描述英国的阶级体系——你能从某人的口音里了解到些什么,应该去(或者回避）哪些学校，谁是"我们的人"，谁又不是。与所有阶级体系一样，微妙的差别意味着一切，而局外人则压根看不出对当地人意味着一切的微妙区别。

谈话转向家庭规模。这些女性的母亲生了很多孩子。最多的生了 11 个孩子，有男有女；平均数字是 6 个。1980 年，肯尼亚的生育率是 8，考虑到参加当天晚餐的女性们的年龄，她们所说的情况跟标准也差得不太远。6 乘 15，总共是 90 个孩子。但当自己升级当家长之后，餐桌上的客人们就不那么慷慨了。有些人想要 3 个孩子；有些人根本不想要；平均值是 1.5。所以，总共大概是 23 个孩子，餐桌边大多数已经当了家长的人都说，自己已经生够了想要生的孩子。这比仅仅一代人之前生育的孩子数量缩水了 2/3 以上。

诚然，穆泰嘉乡村俱乐部的晚餐桌旁，聚集的是一群精英观众。大多数肯尼亚人对这些人的生活根本无法想象。在场的非洲人，都至少拥有一个大学学位，在城里有一份国际大公司提供的高薪工作。但他们在自己所在的社会，设定了人们向往的趋势。只要肯尼亚国内保持和平状态（这对大多数前殖民地非洲国家都是一个很大的挑战，它们艰难地应对着部落紧张局势，以及由前殖民者随意划定的国境所导致的邻国冲突），人们就将继续离开农村，进入城市，更多的女性将受到更好的教育，从而也就有更少的婴儿出生。

当然，肯尼亚的人口增长，将受到较低生育率带来的限制，也会因为人口寿命的增长而得到缓冲。今天，肯尼亚人的平均寿命是 61 岁。而在 21 世纪最初几年,这个数字仅为 51 岁。[216] 每一名肯尼亚人的预期存活年限,可谓有了相当大的增长。肯尼亚人的寿命,还受一个重大因素的影响,但如今它的影响会有多大,尚无法预料:那就是 HIV/艾滋病的流行。据估计,肯尼亚有 5.3% 的人携带 HIV 病毒,或染上了艾滋病(在全世界为第 13 高),每年,有 33000 人死于此病(世界第 9)。如果 HIV/艾滋病的流行率或死亡率上升,那么,我们可以预期,人均寿命会下降。[217] 这一点同样适用于其他任何重大疾病(如埃博拉病毒的爆发)。不过,随着较为廉价的抗逆转录病毒药物的普遍采用(部分原因在于 2000 年前后老布什政府采取的举措),非洲 HIV/艾滋病的危害有望得到遏制。不管怎么说,老年人的预期寿命的延长并不会对出生的孩子数量产生任何影响。虽然寿命增长让肯尼亚的人口数量维持在较高水平,但这种影响是暂时的,因为新一代人的人口规模更小,生育的孩子也更少。

如果肯尼亚可以算成非洲当前发展的典型路径,那么,期待非洲父母生育孩子的数量超过世界其他地区,不免有失现实。肯尼亚人生的孩子已经减少了,未来几年还可能会更少。文化、资本主义、城市化、技术和女性教育之间复杂的相互作用,正在形成局部的变革漩涡,这些变化将塑造人类的未来,届时,人类的规模越来越小,人类的年龄越来越老,人口继续增长的地方将越来越少。这样的未来,超出了我们大多数人的理解。没错,一些国家将违背这一趋势。但我们希望,也相信,非洲的未来会比联合国人口统计学家预测的更加光明，更偏向于肯尼亚而非贝宁，而即便是贝宁的未来，说不定也比怀疑论者们想象得光明。在非洲大陆几乎每一个地方，每年接受教育的女孩比前一年要多，我们很清楚这会带来什么样的结果。人类的摇篮将不再是地球人口增长的发动机——这样的一天大概会来得更快。

# 第7章
## 巴西的工厂关门了

# 07

为了解开一个谜，我们来到圣保罗。那个谜是一个数字：1.8，巴西的生育率。贫穷、混乱、受腐败政府和自毁政策的折磨，这个人口数量排名全球第5的国家，本应是一口人口增长的高压锅。但它居然不是。巴西从20世纪60年代每名妇女生育6个孩子的典型发展中世界水平，生育率一路走低，到千禧年前后达到替代率，并进一步下降到今天的低于替代率。联合国预测巴西的生育率将在21世纪内保持稳定甚至略有增加，但这似乎很奇怪。如果迄今为止生育率都在快速下跌，那么，像联合国人口统计学家认为的那样，说它将保持平稳并回涨，就有违情理了。所以，问题来了：为什么巴西女性这么快地不再多生孩子了呢？将来巴西的人口，是会增长还是下降呢？

这不仅仅是巴西的问题。西半球发展中国家的生育率正在迅速下降。回顾20世纪60年代，拉丁美洲和加勒比地区的平均生育率为5.9。今天仅为2.1，刚好达到替代率。这一地区的38个国家中，有17个国家的生育率相当或低于替代率。巴西和墨西哥这两个该地区最大的国家，分别有2.05亿和1.25亿的人口。如今，墨西哥也在步巴西的后尘,生育率为 2.3,而且还在不断下降。如果拉丁美洲的生育率稳定在 2.1,那会很好:该地区的人口将处在漫长的完美阶段,实现缓慢并可预测的增长。可惜不是这样。自 2000 年以来,该地区 14 个国家的生育率继续下降——到现在已经相当于少了半个婴儿。这可不是渐进的平稳下降。这是崩溃。到底是怎么回事呢?

戴高乐曾这样嘲笑说:"巴西是一个未来的强国……并且将永远都是。"这个说法适用于整个拉丁美洲。几个世纪以来,这个拥有丰富自然资源的地区似乎总是即将摆脱压迫其人民的枷锁,但枷锁始终都在。失败的原因很多:西班牙人和葡萄牙人都是野蛮的殖民者,他们拿走了黄金和糖,除了天主教之外,几乎不曾留下任何馈赠。任何曾感染奴隶制的社会都不容易愈合;巴西人仍然使用一个短语,叫"para Inglês ver",意思是,"给英国人看的",它指的是 19 世纪展示给禁止奴隶制英国人看的波将金港口(但在其他地方进行着活跃的奴隶贸易)。今天,任何旨在打动外人、同时隐藏严峻现实的事情,都是"给英国人看的"。基于种族和阶级的种姓制度引发了寡头政治,寡头们认为,政府的作用就是要保护自己的生意。人们偶尔也会造反,但每一个民粹主义的强人上台,似乎都比前一任的军政府还要糟糕。伴随着对国家机构(包括警察和法庭)的(非常合理的)不信任,腐败丛生。

南美洲最民主和最发达的国家智利,已经找到了前进的方向,阿根廷在经历了数十年的恶劣政府之后,似乎也最终站稳了脚跟,巴西一度也似乎在努力摆脱贫困和腐败的陷阱。2001年,高盛当时的首席经济学家吉姆·奥尼尔创造了"BRIC"这个说法,指代巴西、俄罗斯、印度和中国这4个新兴的发展中经济大国,他预计,到2041年,它们的经济实力将超过老牌发达经济体。2003~2011年,巴西由大受欢迎的总统路易斯·伊纳西奥·卢拉·达席尔瓦执政,他为巴西引入了2014年的世界杯和2016年的奥运会,同时还通过了提高生活水平的渐进式改革。但随后,大宗商品价格下跌,经济恶化,不可避免的腐败丑闻出现,引发了政治危机,使得卢拉的继任者迪尔玛·罗塞夫遭到弹劾和解职。致命的一击是:2017年7月,卢拉本人被判犯有腐败和洗钱罪。他继续抗议,试图挽回清白,公平地说,他只是想在自己接手的体制内寻找道路,推进自己的进步议程。巴西人喜欢这样形容某些政客,"Rouba mas faz",意思是,"虽然他也贪污腐败,但总算是个办事的人"。不止一位观察家指出,正是卢拉的努力,清理了最终令自己身陷牢笼的执法系统。[218] 有些人认为,新登场的千禧一代巴西人最终将结束古老的腐败方式。

然而,他们碰上了坏年头。在经历了严重的经济衰退之后,经济增长虽得到恢复,但经合组织仍对巴西的前景保持谨慎,部分原因是巴西不愿意开放其封闭的经济。[219] 巴西再次沦为了一个不断退步的"未来强国"。

❖ ❖ ❖

圣保罗大学的建筑分布在巨大迷人但相当破败不堪的校园里。在哲学、语言和文学、人文科学和文学学院的教学场所中，尽管夏季炎热，但明显没有空调。据我们所知，资金削减令整所大学疏于管理，年久失修。我们在这里跟巴西的大学生们一起聊天：他们将成为整个社会里向上流动、受过教育、雄心壮志的专业人士（就跟韩国大学生、比利时晚宴上的人们、内罗毕的专业人士一样）。他们的经历和看法，跟世界其他地方的同龄人有什么不同吗？答案叫我们吃了一惊。

来自该大学政治科学系的罗伦娜·巴贝利亚教授找来了十几名参加夏季研究生项目的学生。她们都是聪明、有动力、以职业为导向的年轻女性，年龄从20多岁到30多岁，英语流利，立志要充分发挥其知识和职业潜力。其中一名学生已婚，生有一个孩子。少数人有男朋友；大多数人都是单身，但希望结婚，也希望生一两个孩子——有一个人想生更多，但怀疑这跟自己的事业目标有冲突，尤其是考虑到在圣保罗养活一个家庭的负担很大。事实证明，关于孩子在她们生活中的位置，这些姑娘并没有去刻意忽视，反而是积极思考。我们原本计划的"问与答"环节，变成了跟团体治疗差不多的事。

跟世界各地受过良好教育的年轻女性一样，这些学生努力调和着提升学业同时组建家庭的目标。如何完成博士学位，找到合适的生活伴侣？她们看不起约会软件，更乐意用传统方式寻找"对的人"——去见朋友的朋友，在社交或体育活动中被介绍给某人。但随着年龄的增长，这变得越来越难。"每个人都似乎已经有了伴儿。""我们女性现在有了更高的标准。""要是你跟我们一样忙，太难碰到合适的人了。"她们中有些人甚至在考虑冻卵以备将来之用。

话题变得越来越私人，甚至还有些紧张。一位女士努力解释自己承受着来自父母的巨大压力：家长想要她结婚生孩子。其他人点头。一名学生轻声哭了起来。其他人安慰她，拥抱她。事后，巴贝利亚教授（在学生眼里，她热情且善解人意，也很关心这些姑娘的未来）解释说，她们正在追求高级学位，努力给自己接种观念上的疫苗，免受巴西仍然盛行的男权思想毒害。"巴西仍然是一个性别歧视严重的社会。"她说。这些女性希望，博士学位有助于自己参与公平竞争，不管是在事业上，还是在家庭里。她摇了摇头。"我不知道有多少人会成功。"国家削减教育资金，让人很难获得终身教职。就算她们努力把学位变成了稳当的事业，找到尊重并理解她们抱负的丈夫，也是一个几乎无法克服的挑战。对巴贝利亚教授来说，这件事跟她个人也息息相关："在我的整个事业生涯里，我一直在努力应付这一切。"她已婚，育有3个孩子。

在平衡事业与家庭方面，巴西中产阶级职业女性面临着跟世界上其他地方的同龄人相同的挑战。而且，由于巴西部分男性的陈腐态度，说不定还会令情况变得更加棘手。但这些年轻女性必然会比父母生的孩子要少。至少，对中产阶级而言，巴西的生育率将继续下降。但是，大多数巴西人没这些学生和教授富裕，受教育程度也更低。他们中的许多人生活在贫困当中。如果巴西的生育率很低，必然是因为穷苦人的生育率就很低。然而，传统观点认为，较之于受过良好教育的中产阶级女性，教育程度低的穷苦女性会生更多的孩子。那这是怎么回事呢？

❖　　❖　　❖

我们知道，城市化导致生育率下降，因为儿童成为一种支出而非资产，妇女获得了更大的自主权和控制权。巴西是世界上城市人口最多的国家之一，80%的人口居住在城市。这个拉丁美洲人口最多的国家，在1950年就进入了亚洲和非洲直到2000年才实现的城市化水平。这种城市化的原因很多也很复杂，但究其本质在于，葡萄牙的殖民者并不鼓励殖民和农业，而只是简单地把自己殖民地的财富运回母国。20世纪，巴西政府通过进口替代政策促进工业化（用高关税阻止竞争对手，鼓励本地工业蓬勃发展），这促使农村地区的工人搬到城市，进入工厂工作。[220]

城市化无疑在降低巴西生育率方面发挥了作用。但还有一个因素，说不定也在生育率下降中发挥了作用：宗教的影响力，在拉丁美洲大部分地区逐渐减弱。皮尤研究中心的一项研究表明，在伊斯兰教占主导地位的社会中，生育率为3.1；在基督教社会中，生育率是2.7；印度教的每名妇女有2.4个孩子；佛教社会的生育率为

1.6。²²¹ 这里的关键不在于是哪一种宗教，而是整体的宗教信仰，社会成员坚定信奉、在社会中占主导地位的任何宗教都行。²²² 欧洲和撒哈拉以南非洲地区均盛行基督教，但一般来说，欧洲人的宗教信仰比非洲人要弱，生育率也低得多。

尽管 40% 的天主教徒都生活在拉丁美洲，但近几十年来，这块土地一直在经历信仰危机。20 世纪 60 年代，拉丁美洲有 90% 的人自认为是天主教徒；今天这个数字是 69%。部分原因是，该地区福音派新教迅速发展，同一时期，从占人口的 9% 增长到 19%；另一部分原因是，与任何教派无关的人（基本上也就是不可知论者和无神论者）变多了，从 4% 增加到 8%。

福音派基督徒和天主教一样激烈地反对堕胎，反对婚外性行为，反对女性的完全平等，但前者允许（尽管不一定赞同）节育。从历史上看，新教徒的生育率一直低于天主教徒的生育率（虽然这种区别在经济较发达的社会中消失了）。²²³ 但除了从天主教向新教的转变，更重要的可能还是该地区（或至少该地区的一部分）宗教信仰程度的转变。考察对同性婚姻（这是天主教和福音派新教官方都强烈谴责的事情）的态度，是衡量这种转变的一种方法。

根据皮尤的另一项研究，巴西（46%）、智利（46%）、墨西哥（49%）、阿根廷（52%）和乌拉圭（62%）的大多数人（或相当可观的少数人）支持同性伴侣有结婚的权利。（在阿根廷、巴西和乌拉圭，同性婚姻已经合法。）猜猜怎么着？这些国家的生育率也是该地区最低的。（智利为 1.8，乌拉圭为 2.0，阿根廷为 2.4。）除墨西哥外,这些国家里的不信教人数也高于平均水平。对同性婚姻支持最少、不信教人数少的社会,同时也有着最高的生育率:巴拉圭(2.6)、洪都拉斯(2.7)和危地马拉(3.2)。[224]

结论:生育率越高,对同性婚姻的支持越低,社会中的宗教信仰程度越高。研究还指出,"性别最为平等的国家,对男女同性恋也有着最为正面的整体态度"。[225]宗教信仰不断削弱,带来了对LGBT公民更高的容忍度,对女性的更加平等以及下降的出生率。拉丁美洲的生育率正在下降,因为宗教热忱同样在走下坡路。

但这一观点存在一个棘手的问题。巴西的收入不平等程度极高。10%的巴西人拥有该国一半的财富,[226]但至少有1/4的人口生活在贫困线以下。[227]巴西贫困人口的子女多于中产阶级。如果是这样,那么巴西的生育率怎么会这么低呢?这是最需要解开的谜团。正是在这里,我们发现,我们原本自信满满的传统假设遭到了颠覆。

❖  ❖  ❖

跟巴西的其他地方一样,圣保罗同样矛盾丛生。把持市中心天际线的闪闪发光的办公大楼和豪华公寓尽显富足。但在这里,中产和中上层阶级居住的街区,比大门紧闭的美式社区更为夸张:它们都是独立的城堡,由复杂的保安墙、铁门、带刺的铁丝网、中央闭路电视摄像头包围着。巴西的犯罪十分猖獗:2015年,当地的暴力死亡人数比内战中的叙利亚还要多。[228]恐惧定义了街头景象,中产阶级用真正的高墙，把自己跟社会其余部分隔离开来。

虽然中产阶级和上层阶级挣扎着保护自己的财产和人身安全，可还有更多的人，数百万的人，用巴西城市问题专家爱德华多·马克斯的话来说，挣扎着只为住在"岌岌可危的铺位上"，这其中最著名的就是贫民窟（favelas）。[229] 20世纪50年代，巴西迅速工业化带来了就业机会，巴西人开始从北部的农村地区迁徙到南部的城市地区，贫民窟就这么诞生了。

贫民窟的居民是所谓的非法占地者（squatters），他们，或者他们之前来的人，占据了自己现在住的土地。一些土地原本有着私人业主，还有一些土地是公共土地，但巴西各级政府多年来一直容忍了这种现象。政府甚至为此提供了一些市政服务，如电力和道路，部分原因也是希望获得政治支持。他们还接受了一些贫民窟的地址，作为国家认可的住所。在圣保罗，拥有住所地址非常重要。它确认了人的公民身份，赋予了他们身份证号码，使之有可能参与正规经济，获得巴西当地有限的政府服务。[230] 巴西政府遵循秘鲁经济学家埃尔南多·德·索托的建议，在一些情况下，授予贫民窟居民（这部分人占城市人口的大约20%）以产权。然而，批评人士认为，这只会让获得产权的地皮变得高档化，开发商会把它们买下来，重新开发房产，逼得穷人搬到城市最边缘的地方去，让他们更难于上班，获得服务。[231]

对贫民窟，巴西人会毫不犹豫地告诉你的头一件事就是：那是危险之地。一位当地人介绍说，"当你在圣保罗开车时，必须看清导航仪,因为它有时会选择穿越贫民窟的路线。这有可能要了你的命。"[232] 随着毒品交易和犯罪团伙的增加,贫民窟变得愈发危险。就算是出于研究目的拜访贫民窟,也需要征得当地贩毒黑帮的许可。

维拉普鲁登特是圣保罗最古老的贫民窟,住着大约10万人口(虽说并无官方数据)。我们采访过的人形容它是个安全的贫民窟,因为在人们眼里它不"火爆"(活跃的毒品交易场面)。尽管如此,安排访问的同事们还是竭尽全力地介绍了恰如其分的守则:不要盯着人看,不要离开团队,要留意时间。人在移动(上下班)时,情况最危险。

拜访当天,司机将我们放在离贫民窟还有一小段距离的地方,我们自己步行进入。穿过分隔两个社区的墙,就像是穿过了进入另一个世界的传送门。虽然周围的社区很普通,但跟迎接我们的地方比起来,已经是新旧两重天。

维拉普鲁登特里的住房比内罗毕贫民窟里的更牢固,也更为持久。但四处堆积的人造渣滓(垃圾、碎砖破瓦、凝固的沥青)都差不多,而且还散发着类似腐烂垃圾的酸味。暴雨过后,小路基本上变成了棕色的凝胶状泥浆,蜿蜒着穿过排得密密麻麻的窝棚迷宫,一些窝棚出售杂货、电池和零食。不过,大多数棚屋都是人们的家。辨别两者之间的差异很容易,因为屋里发生着什么事,从外面差不多都看得见。

终于,我们碰到了来自慈善机构"知识方舟"(Arca do Saber)派出的一支团队,它们为生活在贫民窟的青少年开设了一家收容中心。中心得到了法国和英国大使馆,以及几家私营公司和圣保罗市的支持,为之提供了一半的预算。[233]"知识方舟"每天要救济大约120名贫民儿童。慈善机构主席伊芙琳和她的同事弗雷德里克带我们参观了收容中心,以及他们眼里认为足够安全能逛逛看的部分地区。但我们不得与任何居民交谈,因为此举有可能会激起当地黑帮的愤怒。伊芙琳和弗雷德里克都是法国人。还有两名年轻姑娘和他们一起工作——她们是来自法国的大学毕业生,充满理想主义,想在这里有所作为。

"知识方舟"旨在帮助维拉普鲁登特的年轻人做出更好的生活选择,如接受教育、远离毒品和暴力以及避免青春期怀孕。社工将这些信息传播给来到收容中心的孩子及家人。他们最担心的是男孩,尤其是聪明的男孩。女孩们留在学校比较容易,但男孩们会因为家庭压力而辍学寻找工作。聪明的男孩常常被贩毒团伙招募。

少女怀孕也是维拉普鲁登特的一个问题。太多的小姑娘十五六岁就怀孕了。巴西女性生育第一个孩子的平均年龄非常小,是22岁,这应该能带动生育率。[234]但统计数据没能反映出来的是,整个巴西的女性,包括贫民窟的女性,会比父母一辈人选择更早停止生育。虽然跟较富裕国家的同龄人相比,巴西人的生育年龄早,但他们同样会比前几代人更早放弃生育。

巴西的贫困女性做出这一选择,部分可能是源于移居城市后教育和识字率提高这一普遍现象。[235]但其他因素也在发挥作用,比如,巴西广受欢迎的电视肥皂剧(名叫"telenovelas",意思是爱情肥皂剧）的影响。这些剧集的情节大多涉及小家庭、女性获得权利、猖獗的消费主义以及复杂的浪漫和家庭关系。爱情肥皂剧的主要制作商是"全球电视网"（Globo TV network），随着它的覆盖范围不断扩展，研究人员注意到，在能收看爱情肥皂剧的社区，按热门肥皂剧中的角色来给自己孩子起名的现象会激增，同时，生育率出现下降。[236] 政府扩大了巴西的电网，并提供电视等消费品，协助了这一过程。这样，生活在贫民窟的女性有了新的榜样，这些榜样展现了不同的生活，让她们既羡慕、又向往。巴西人口统计学家乔治·马丁说："（肥皂剧里）呈现的家庭形象，大多是奉行平等主义，以消费者为导向的小单位。此外，新的主题，比如婚外性行为、家庭不稳定、女性赋权和非传统的家庭安排，经常在屏幕上得到表现，故此，它成了人们日常接触的一部分。"[237] 对这些女性（以及世界其他地区的女性）来说，生孩子不再是对家庭、教会和国家履行义务，而更多地成为一种个人成就。只生一个或两个孩子，带来的成就感最大。

生育率下降的另一个原因，既出于无意，又令人诧然。人们叫它"fábrica está fechada"，意思是"工厂关闭"或"关闭工厂"。[238] 巴西的婴儿剖宫产率非常高，它还有着极高的女性绝育率。两者互有关联。剖宫产的费用由公共卫生系统承担，而且，这一医疗程序，对主治医师来说比自然分娩更赚钱。而绝育，虽然并不由卫生系统直接覆盖，但通常靠着给主治医生塞一笔"特殊"费用来获得。乔治·马丁说，"常见的手法是让医生把患者归类到妊娠并发症风险高的类别里。接着，根据孕妇的高风险状况，医生安排她进行剖宫产，并让她私下支付顺便结扎输卵管的费用。在官方卫生系统里，医务人员的薪水大多很低。要解释巴西特别高的剖宫产率和绝育率，这种额外收入是重要的一部分原因。"[239] 女性结扎输卵管的另一个动机是，在巴西，堕胎仍为非法。

通过结扎输卵管来"关闭工厂"（也可以指代其他任何形式的节育措施），还是一种中产阶级现象。城市人类学家特雷莎·卡尔代拉观察到："在过去的 20 年里，我和无数来自'山茶花园'（圣保罗的中下层社区）的女性谈过，她们不想再拥有大家庭了。这不仅仅是出于经济原因，而且因为，跟所有中产阶级女性一样，她们希望自己有时间去做其他事情，包括找到比当女佣更好的工作。她们不希望因为生活必需品而被囚禁在牢笼里，许多人选择生两三个孩子后就节育。她们认为这是一次真正的解放。她们已经了解到（在这方面，电视以及它所描绘的上层社会女性的行为与家庭模式，教会了她们很多东西），控制性行为和节育，不光能让她们从自然的负担下获得解放，也能从父权社会下极大地解放出来。"[240] 在发达国家，女性选择晚婚，故此孩子较少。在巴西等发展中国家，妇女别无选择，只能早婚，但她们通过绝育来限制家庭规模。

如我们所见，当地环境（从韩国的职业压力，到非洲的彩礼，再到巴西肥皂剧的流行）影响了女性对生孩子的决定，以及她们为什么会这么想。但几乎在所有地方，只要女性有选择，就会少生孩子。对小家庭的渴望正在成为一种普遍现象。法国市场调研公司益普索（Ipsos）对 26 个国家的 18519 名受访者进行了一项调查，问道："一个家庭拥有多少孩子最为理想？"几乎所有国家的答案都接近两个。平均值为 2.2，这也是巴西人的平均值。不管在什么样的人口群体（按性别划分，按年龄划分，或者按收入、教育水平来划分），答案都一样。这表明，不仅仅是受过良好教育的富裕年轻人口接受了这一规范，而且，几乎所有地方的所有人，都把它视为新标准。

虽然 2.2 的总体平均值，照理说足够维持世界人口的总体规模，但这并不足以让我们在 21 世纪末达到联合国估计的 112 亿人口。尤其是，小家庭准则在中国和印度这两个世界上人口最多的国家已经占据强势地位（这一主题，我们将再做深入探讨）。不管怎么说，出于普遍和地区性的原因，巴西的人口无法维持了。这种转变的速度相当惊人。欧洲和其他发达国家用了差不多两个世纪的时间，让出生率从第一阶段（每个家庭生五六个孩子）进入了第五阶段（低于替代率）。巴西和拉丁美洲的许多其他国家，在两代人中就完成了同样的转变，该地区的其他国家也紧随其后。拉丁美洲确立的标准，遏制了人类的增长。

# 推推拉拉的迁徙

EMPTY PLANET

[第8章]

08

就算是到了多年以后的今天，光是回想当初的那一幕，仍会带来一丝苦楚。一个小男孩面朝下躺在水边的沙滩上，蜷缩着，就像是睡着了。载有艾兰·库尔迪全家人和其他数十名叙利亚难民的船翻了，艾兰淹死了。2015年，超过3000名难民在爱琴海或地中海丧生，其中很多都是儿童。但记者尼鲁佛·迪米尔拍下的那张照片震撼了世界的良知。捐款涌入；欧洲政客鼓励彼此接受更多的难民，并谴责拒绝接受难民的国家。加拿大当时正在进行联邦选举，新闻报道说，库尔迪一家人因为资料不合规而被拒绝作为难民入境，这个消息说不定帮忙击败了执政的保守党。当时叙利亚难民成了地球上最重要的新闻故事。世界陷入了移民危机之中。

然而，这一悲剧及其后果，掩盖并歪曲了一些重要的事实。在更广泛的背景下，难民运动微不足道。重塑社会和经济的真正构造力量，是数十年来从穷国进入富国的经济移民。劳动力的这种转变并没有加速，反倒正在放缓。日后，它还将进一步放缓。我们面临着迫在眉睫的移民短缺问题。不幸的是，对移民和难民（尤其是来自伊斯兰国家的移民和难民）的普遍怀疑，助长了国家内部对新移民的反对情绪，而这种情绪，又被民粹主义和排外主义政客添油加醋。这些政策弄巧成拙，因为在生育率低于更替率的国家（基本上涵盖了所有发达国家），经济移民对抵消人口下降的影响至关重要。随着发展中国家收入的增加（这会让生育率下降），移民会变得越来越难找。如果政客们是远见卓识的政治家，他们会直面这些现实，并向选民们做出解释。然而，他们中有许多人都迎合偏见——哪怕本国的人口年龄增长，人口数量开始下跌，眼下却正好有数百万只要放进国门就可逆转此趋势的潜在移民。

❖ ❖ ❖

人类生来就是要四处迁徙的。距今 600 万到 700 万年的某个时候，我们的祖先从东非的树上爬下来，开始尝试直立行走。正是这种依靠两条腿行走的独特适应性，将第一代原始人类跟其他类人猿区分开来。[241] 这种适应性帮助我们的大脑发展。一旦人类选择了迁徙，就永远不可能停止。流动性帮助我们寻找、跟踪不断迁徙的遥远食物源，让我们能够应对地方性气候和栖息地的变化。如果食物消失，我们就打包转移。大约 12000 年前，农业的发现让我们变得稍微安定了些。[242] 但人口的增长总是超出土地的可承载量。好在总归有远方。于是我们继续流动，不仅仅是为了猎物，也是为了寻找可供征服的世界，可供耕作的土地，可供压迫、皈依、听其大唱赞歌的人民。

大约 5 万年前，人类开始从非洲迁徙到世界其他地方。[243] 在迁移过程中，我们发明了轮子、帆船等突破性技术，帮助我们穿越广阔的海洋和大陆。人类太擅长迁徙了，到 12 世纪初，世界上大部分适合人类定居的地区，都已经有了人类的踪迹。但我们继续迁徙，原因有新有旧：新的，如最近的头条新闻；旧的，如种族问题。各种各样的事情，把我们拉过来，推过去。推力：战争、饥荒、动荡、天灾、种族或宗教迫害——种种让我们难以继续生活在老地方的危险事情，使得我们为了求生而逃离。拉力：翻过这座山，或者跨过那片海，有更肥沃的土地、更好的工作，那儿有让我们（或者我们的孩子）过上更好生活的机会。

拉力运动往往是渐进而不可阻挡的：智人离开非洲寻找土地和猎物；数百万人离开欧洲前往新世界，寻求更好的生活；菲律宾人到海湾国家寻找工作。推力运动往往不宣而至，意外出现，造成混乱。推力运动都是些恐怖的事情：随着敌军袭来，数百万人为了逃离强奸和死亡的命运而流亡；在又一轮收获落空后，为了免于饥饿而逃荒；为了躲开洪水、地震或火山爆发而出逃。拉力运动力度更强，但难于检测，因为它们是在数代人、数十年间慢慢发生的。推力运动容易登上头条新闻。

就在一个人回想得起来的限度里，推得人颠沛流离的事件包括：逃离残酷越战的船民、索马里和苏丹饥荒的受害者、2010 年海地地震、叙利亚内战以及 ISIS 的兴起。拉力运动古老，但更具变革性：对安第斯山脉金银和其他珍宝的憧憬；北美大平原可养活牛群、种植小麦的消息；你住在生活状况堪忧的西西里，哥哥来信说芝加哥或多伦多有工作，那为什么不去呢？㊀当然，今天的人们仍然受拉力的驱使。战争结束了，局面安稳了，让我们回家重新开始吧；我们必须离开危地马拉的村庄，在收获期间到加利福尼亚州的田地里工作，这样我们才能获得食物；我所拥有的这种知识在这个经济体里是白白浪费，但在欧洲或北美，我能闯出一条路来。以拉力为基础的迁移有一个共同点，那就是：一个地方的盈余（故此也是贫困）人口前往另一个地方寻找机会。

然而，虽说我们注定要四处迁徙，但大多数时候，我们还是希望留在故土。家人在这里，而且环境熟悉。工业革命之前，出行的速度就是步行的速度。大多数人外出也就是到相邻的村庄去，除非他们应征入伍去打仗。哪怕到了今天，大多数美国人也从未到过美国以外的地方。[244] 除非我们受推力或拉力的驱使，否则，故乡就是我们心之所在。

其实，我们如今迁徙得不如从前频繁了。往昔从旧世界前往新世界的大迁徙，业已结束。当今从发展中国家到发达国家的大迁徙，渐趋稳定，甚至在放缓。1990 年，地球上约有 0.75% 的人在迁徙；到 2010 年，这一数字变为 0.6%。[245] 中东难民危机令这一数字有所提高，但和许多受推力驱使的迁徙一样，待危机消退，这一趋势也会减缓，甚至可能出现逆转。同意接受中东难民的欧洲国家也是这

---

㊀ 此三处分别指：发现新大陆，美国的"西部大开发"和意大利人移民美国。——译者注

样期待的：一旦叙利亚、伊拉克以及该地区其他饱受冲突蹂躏的国家恢复到大致正常的状态，人们就会搬回去。

人类变得越来越喜静不喜动，实在有点奇怪。毕竟，到处走动从未如此简单。全球航空旅行的发展，让迁徙变得相对没那么痛苦了。（哀叹从前飞行是享受而非折磨的人，大概是忘了当年的机票有多贵。）事情并非一直如此。哪怕就在没多远的过去，出行也会让你的生命处于危险之中。例如：如今还有在世的人认识一些在爱尔兰大饥荒期间，冒着性命危险从欧洲前往北美的人。从1845年算起的6年时间，晚疫病㊀破坏了爱尔兰的马铃薯收成。100万人死亡，还有100万人前往美国和加拿大寻找新起点。[246] 托马斯·费兹杰拉尔德是这些逃亡者中的一员，1852年，这个20多岁的年轻人逃离了利默里克郡正处在饥荒中的巴夫村。他到美国搭乘的是一艘又脏又挤的"棺材船"（通常所搭载的乘客量是其合法容量的两倍），船速很慢（一般要用5星期到3个月的时间来横渡大西洋，时间长短全看天气状况和船员的技术），船上到处都是虱子和斑疹伤寒，食物或水供给极少。人们躺在污秽里，奄奄一息地等着看自己到底是死是活。通常而言，这样一趟行程，能熬死1/5的乘客，30%～40%的死亡率也很常见。[247] 但费兹杰拉尔德活了下来，来自韦克斯福德郡登甘斯顿的帕特里克·肯尼迪也幸免于难。[248] 这两人都在波士顿安顿下来，面对来自灯塔山盎格鲁－新教徒纨绔子弟们的深刻敌意，

---

㊀ potato late blight，由致病疫霉引起，导致马铃薯茎叶死亡和块茎腐烂的毁灭性病害。——译者注

他们艰难地谋生。他们当劳力、卖杂货、结婚、生子、死亡。今天，从都柏林机场飞往纽约肯尼迪机场只需要不到 8 个小时，而肯尼迪机场，得名自这两个男人的曾孙约翰·费兹杰拉尔德·肯尼迪。

我们迁徙不如过去频繁的原因之一是，饥荒和瘟疫如今十分少见，当地政府或外国援助往往可从源头加以控制。另一个原因是，现在的世界远比过去更富裕，这减少了人口过剩现象。1900～1915 年，300 万意大利人（大多来自该国南部和西西里岛），受农村贫困的驱使移民到美国，在纽约和其他工业城市的血汗工厂工作。[249] 今天的西西里人不会离开故乡到纽约的血汗工厂去工作了。再没有血汗工厂了，而且，虽然西西里岛仍然贫困，其人均国内生产总值也达到 18000 美元（仅为意大利全国水平的一半左右），人们能勉强度日了。从贫穷国家到富裕国家的迁徙仍在持续。但一如我们指出的，就算是如今全世界最贫穷的地区，也比一代人之前要富裕。生活在极端贫困中（每天低于 2 美元）的人数，从 1990 年的超过 18 亿，减少到 2015 年的不到 8 亿。[250] 在 21 世纪内结束极端贫困，不仅有可能，说不定还做得到。没那么穷的人，迁徙的概率就低得多了。

近年来，来自中东的移民固然与我们祖先的经历同样艰难危险，但这些掩盖了一个更大的真相：难民局面其实比看上去要稳定。

❖　　❖　　❖

联合国的警告触目惊心：截至 2015 年年底，世界难民人数已达到 1990 万，高于第二次世界大战结束时的情况。[251] 随着世界陷入动荡，数千万人流离失所，许多人沦入难民营。他们迫切需要帮助。但谁来帮忙呢？

只可惜联合国的数字很值得商榷。2015 年的难民或许会超过 1945 年，但在 2015 年，整个地球的人口也是 1945 年的 3 倍。如果说，穆斯林难民的困境危险、绝望、可怕，那么，"二战"结束时，大屠杀中幸存下来的数十万犹太人，艰难地前往巴勒斯坦的犹太人家园，以及欧洲其他地区的大规模迁移难民的苦难则有过之而无不及。欧洲用了足足 15 年的时间才关闭最后一处难民营。[252] 战争结束时，多达 1400 万德国人流离失所，其中大约 50 万人因此而死。[253] 在世界的另一端，有研究计算出，1947 年，有 1300 万中国人无家可归。[254] 这个数字只是个估计值，并不包括此前流离失所的 1 亿人。[255] 死亡人数也不得而知，但必定大得可怕。简而言之，第二次世界大战之后，地球上的动荡远比 2015 年要大。

事实上，如果不考虑叙利亚和伊拉克的混乱，外加阿富汗和索马里的长期不稳定，以及利比亚本身十分复杂的情况，目前的难民局面是相对稳定的。根据联合国开发计划署的数据，2015 年有 2.44 亿国际移民（也就是并不住在自己的出生国）遍布全球各地。[256] 这个数字看起来很多（毕竟，都要赶上人口总数在全球排名第 4 的国家印度尼西亚了[257]），但仅占全球总人口的 3.3%，比 1990 年的 2.9% 略高，但增幅并不大。

中东危机在多大程度上掩盖了难民趋势在整体上的稳定性？想

想看：2015年，世界上超过一半（54%）的难民来自3个国家：叙利亚（490万）、阿富汗（270万）和索马里（110万）。[258] 尽管一些欧洲人声称，欧洲大陆都快被难民淹没了，但大多数的难民（占全球总难民人数的86%）被安置在发展中地区而非发达地区。40%的无家可归者暂时安置在中东和北非的难民营，30%在撒哈拉以南非洲。接收难民最多的3个东道国分别是土耳其（接收250万）、巴基斯坦（160万）和黎巴嫩（110万）。[259] 西方支持的伊拉克和库尔德军队一次又一次地击败了伊斯兰国武装力量，叙利亚残酷的内战开始走弱，难民逐渐减少——2017年上半年就减少了50万。[260] 德国总理安格拉·默克尔说，一旦中东恢复到接近和平的状态，她预计德国的所有难民都会回家。

世界上其他地方的人口流动（占总数的3/4）是拉力运动，即从中等收入国家前往高收入国家。[261] 大约40%来自亚洲。[262] 今天，规模最大的侨民（居住国与出生地不同）来自印度（1600万），其次是墨西哥（1200万）、俄罗斯（1100万）和中国（1000万）。[263] 今天的移民主要不是因为人道主义危机，更多的是渴望到另一个国家去寻找经济机遇的奋斗者，希望替自己和家人多赚些钱。其中约1/5的人最终前往永恒的机遇之国——美国。德国、俄罗斯（接收来自更为贫穷国家的移民）和沙特阿拉伯（吸引外籍劳工的磁铁）也是主要目的地。

综上所述，如下所示，流动人口要么是被推力推到任何能接纳自己的国家，要么就是受拉力从中等收入的国家前往高收入国家，寻找更好的生活。[264]

**最大目的国**（2010 ~ 2015 年）(千人)

美国 1002

土耳其 400

黎巴嫩 250

德国 250

阿曼 242

加拿大 235

俄罗斯 224

澳大利亚 205

英国 180

南苏丹 173

**最大来源国**（2010 ~ 2015 年）(千人)

叙利亚 806

印度 520

孟加拉国 445

中国 360

巴基斯坦 216

苏丹 160

印度尼西亚 140

菲律宾 140

西班牙 119

墨西哥 105

总而言之，除了地方性武装冲突，数十年来，迁徙局面一直保持稳定。但这些地方性武装冲突不仅给移民带来了风险，也让发达经济体的人们误以为存在某种移民危机。实际上并没有。不管是对移民，还是对移民想要前往国家的人民来说，认为存在移民危机这个想法都是有害无益的。

❖ ❖ ❖

尽管来自中东和非洲的移民在欧洲引发了大量政治骚动，但过去 25 年在欧洲重新安顿的 2700 万国际移民中，有一半是出生在欧洲的（45%）。这些欧洲人，在欧洲国家之间迁徙。对美国而言，1990～2015 年抵达的大约一半移民，出生在拉丁美洲和加勒比地区。[265]

在世界大多数地区，移民似乎都是顺着当地的狭长通道移动的。北非和中东供应欧洲；拉丁美洲供应美国。虽说今天全球旅行很容易，但大多数移民仍然喜欢搬到离家近的地方。这种偏好反映在中东难民危机中。一旦战况平息，大多数欧洲接受的难民预计将返回本国；只有被加拿大和美国收留的人，才算是得到了永久接纳。（离开叙利亚去难民营，然后前往温哥华的难民营，这就是"一去永不返"。）亚洲也是亚洲移民的主要目的地。今天，超过 5900 万亚洲移民生活在自己出生地外的另一个亚洲国家，这让亚洲大陆成为全世界最大的移民枢纽。[266]

有一点务必记住:世界上大多数人都不想离开故土;希望或者被迫要离开的人,也会搬到靠近的、语言或文化仍然与故土类似的地方。说不定他们还会回去。至少,探访家人会更容易。各大洲之间的全球性大规模移民(填补空旷无人土地的剩余人口)已经穷尽了。土地再也没有空置的了,而随着发展中经济体变得愈发繁荣,人口也不再富余。在美国,自2008年经济危机以来,返回墨西哥和拉丁美洲的人数已经超过北上进入美国的人数。调查这一现象的研究人员指出,美国经济疲软,墨西哥就业机会增加,拉丁美洲的生育率也在下降。[267]

未来的日子里,二次移民将成为一种日益增长的现象,因为移民渴望回到自己来的地方,回到家人、熟悉的环境和饮食文化当中。需要移民以维持人口数量的发达国家,理应尽其所能地挽留移民。然而,这些国家对新移民愈发敌视,这是一种自掘坟墓的态度。

❖ ❖ ❖

凯斯·埃里森曾发出警告。那是在2015年7月,这位来自明尼苏达州的国会议员出现在ABC(美国广播公司)的周日晨间脱口秀节目《本周谈》上。"任何站在民主党这一边、担心特朗普当上总统的人,最好都出来投票,更主动些,更好地参与进来。"他警告说,"因为这个人有了获胜的势头。"参与节目的其他人立刻笑出声来。"我知道你自己并不信。"主持人乔治·斯蒂芬诺伯罗斯笑着说。[268] 毕竟,特朗普成为共和党的总统候选人一个月之后，就宣称墨西哥移民"是有很多问题的人，而且他们给我们带来了很多问题（原话如此）。他们带来了毒品。他们带来了犯罪。他们是强奸犯。还有一些，"他"宽宏大量"地说，"我想是好人吧。"[269] 特朗普将修建一堵墙来阻挡移民。6个月后，加利福尼亚州圣贝纳迪诺发生枪击事件，特朗普又发誓要禁止所有穆斯林进入美国，直到当局能够"弄清楚这到底是怎么回事"。[270]

问题不在于特朗普总统会怎样履行这些承诺；问题在于，这些承诺怎么为他的当选助了一臂之力。本书无意全盘分析自由派精英为什么与愤怒的民粹主义选民脱了节。这里的关键在于，民众的愤怒是真实存在的，不仅是美国，欧洲也一样，极右翼的反移民政党正在崛起，英国投票脱离欧盟的部分原因同样是因为民众对移民失控带来的问题深感愤怒。

2016年7月，市场调研公司益普索公共事务部对22个国家的民众做了调查，了解他们对移民的看法。一半的受访者认同"我国移民太多"的说法。在人口数量正在下降或处于衰退边缘的国家，如意大利（65%的公民同意该说法）或俄罗斯（64%），这一数字甚至更高。匈牙利（到2060年将失去20%的人口），对移民的支持率为6%。毫无疑问，一些怨念是因为担心移民将改变本国的文化、宗教或种族构成。但另一个原因是经济。在民意调查中，只有约1/4的受访者认为移民对本国经济有利。一半人认为移民对社会服务造成了压力。3/4的人认为移民正在抢夺有限的就业岗位。

这些民间看法是完全错误的。这里仅举一项特别全面的调查。2016 年，美国国家科学院（National Academies of Science, Engineering, and Medicine）进行的一项研究得出的结论是，来到美国的合法移民，其中一半以上接受过高等教育，填补了对高技能劳动力的需求，他们的创业活动带来了就业机会。移民和本国出生的民众之间很少出现就业竞争。报告总结说："移民扩大了经济，平均而言，还让本国人口的生活变得更好了。但移民的最大受益者是移民本身，因为他们获得了在自己祖国得不到的机遇。"[271] 此前，我们也已经指出，移民提供了带动消费所需的实体，还为不再工作的人所消费的社会服务纳税。不管对本国民众还是移民本身，这都是双赢。它跟零和博弈完全相反。

必须承认的事实是：如果没有移民，大多数发达国家的人口增长早该陷入停滞。欧洲尤其如此。在这块大陆上，如果没有移民，其人口在 2000～2015 年就该出现下降了。[272] 在其他发达国家，主要是美国和加拿大，移民将在 21 世纪 20 年代的某个时候，成为人口增长的唯一动力。[273]

政治家应该教育选民，使之理解移民对本国经济的安全性至关重要。对掌握了目标国语言、并具备就业技能的移民申请人，接收国的政客们应该采取对其有利的政策。他们还应确保新移民能获得必要的支持，以帮助移民迅速而轻松地融入当地社会。只可惜，按照益普索调查所显示的，大多数政客为了迎合本国民众的恐惧情绪，总是在强调移民会给本国居民带来的种种不利情况，如就业岗位的流失和生命受到威胁。没错，借中东难民危机的风潮，假装成难民的极端恐怖分子在接收国制造恐怖事件，使得当地民众对移民产生排斥情绪。但早在叙利亚内战爆发或ISIS崛起很久之前，发达国家的民众就对所谓"外国人"对本国社会的渗透深感不满了。美国的唐纳德·特朗普、法国的右翼政客玛丽娜·勒庞、匈牙利的欧尔班·维克多都不是ISIS推上政坛的。仇恨的种子早就种下了。

但导致这种令人遗憾局面的，不仅仅是右翼的民粹主义和排外民族主义者。左翼政客同样要负一定的责任，他们固然捍卫移民，同时又认为移民问题是对个人同情和宽容度的考验。在他们看来，反对移民，往小处说是自私，往大了说是种族主义。面对这样的侮辱，民众可不会做出善意的反应。他们往往会还击这么批评自己的人，咒骂后者是跟大众脱节的精英，给认为会支持自己主张的政客投票。不管来自左翼还是右翼，明智的政客都必须解释，接收移民不是同情和宽容的问题。它有利于企业，它发展了经济，它增加了税基。人们更容易基于个人利益而采取行动，不情愿为了他人的利益做出牺牲。最初，欧洲持不同宗教主张的人抵达新英格兰，接着爱尔兰人、德国人、斯拉夫人，还有其他一波又一波的新移民浪潮，是他们（而不是唐纳德·特朗普）造就了伟大的美国，今天抵达美国的拉美和亚洲移民只是这股浪潮的最新一波罢了。

移民并不是一劳永逸地解决老龄化和人口下降问题的办法。一方面，移民并不是那么年轻；根据联合国的数据，移民的中位年龄是39岁。[274] 39岁的人，大多数已经生完孩子了。因此，移民群体的生育潜力，基本上是相当薄弱的。另一方面，移民很快就投入了新家园的生育模式。"移民出生率下降的主要原因是，他们往往接受了东道社区的生育方式。"《经济学人》观察到，"这发生得很快：有研究表明，在前青春期移民的姑娘，成年后的行为方式就跟东道国本国人基本一样了。"[275]

此外，移民说不定很快就不来了。各地的生育率都在下跌，就算是最贫穷的国家也不例外。在从前非常贫穷的国家，收入上涨就会降低人们离开的动机。中国一度是加拿大最大的移民来源地。今天它已经远远地落到了第3位。请记住，一如数据显示，我们大多数人都宁可留在自己出生的国家，除非拉力或推力让我们流动。这里，我们说的不是温柔一推；通常而言，要让人们把生活连根拔起，到异国他乡去从头开始，需要强劲的冲撞力。不过，就目前而言，任何处于人口下降边缘的国家，避免下降趋势的最佳途径就是提高移民接纳率。归根结底，移民是受推力还是拉力所动，根本没关系。你需要移民，一如移民需要你。

❖　❖　❖

我们说到迁徙模式相对稳定的时候，如果不考虑灾祸，跨国移民还不算是全部的真相。过去60年还进行着另一种极为重要的运动。这就是从农村到城市的迁徙，它正重塑着世界。

1950年，全世界只有30%的人口是城市人口，当然，在发达国家，这个数字要高得多。随着发展中国家开始赶上发达国家，人们越来越多地从农村移居到城市，因为城市里才找得到工作——一开始是工业岗位，接着涌现出越来越多的服务业岗位。到 2007 年，世界城市人口有史以来第一次超过农村人口。[276] 今天，全球城市居民占到了总人口数的 55%。到 2050 年，我们将有 2/3 的人将居住在城市，把一个世纪之前的农村／城市人口比扳了过来。全球农村人口已经达到顶峰，很快就将开始绝对下降。人口分布的这一巨大变化，就发生在这短短的 100 年间。

虽然我们大多数人生活在人口不到 100 万的小城市，但这一出大戏里最耀眼的明星是人口超过 1000 万的特大城市。下面列出了全球 10 个特大城市及其对应人口。

（单位：百万人）

日本，东京 38.1

印度，德里 26.5

中国，上海 24.5

印度，孟买 21.4

巴西，圣保罗 21.3

中国，北京 21.2

墨西哥，墨西哥城 21.2

日本，大阪 20.3

埃及，开罗 19.1

美国，纽约－纽瓦克 18.6[277]

这些特大城市中只有 3 个位于发达国家（有两个都在日本）。而日本的人口正在减少。这并非巧合。众所周知，城市化导致人口下降。日本是世界上城市化程度最高（达到了惊人的 93%）的社会之一。它也是人口下降率最高的国家之一。

让我们再看一下 2030 年的前 10 名。它们是：

（单位：百万人）

日本，东京 37.2

印度，德里 36.1

中国，上海 30.8

印度，孟买 27.8

中国，北京 27.7

孟加拉国，达卡 27.4

巴基斯坦，卡拉奇 24.8

埃及，开罗 24.5

尼日利亚，拉各斯 24.2

墨西哥，墨西哥城 23.9[278]

由于人口下跌，大阪跌出了前 10 名，东京缩水了 100 万人。但这里，我们迎来了包括拉各斯在内的一些新面孔。这是个大新闻。

尼日利亚的联邦政府根本无法应付该国的部落和宗教冲突。但拉各斯有着全然不同的故事。前后相继的高效地方政府，来自中国的大笔投资以及企业对该市低工资劳动力及其新兴中产阶级的兴趣，正改造着这个城市和它周边的地区。兴建中的全新深水港、新开发的办公楼和住宅楼、新的公共交通（包括除南非之外撒哈拉以南非洲的第一条地铁）以及一条新建的 10 车道高速公路（用于汽车和快速交通），将拉各斯与加纳的阿克拉、科特迪瓦的阿比让连接起来。经济学家和人口统计学家预测，到 2050 年，横跨西非的沿海高速公路周边，将聚集起 5500 万人口，使之成为美国 I95 号州际公路的更大号翻版。95 号州际公路是波士顿－纽约－华盛顿大都市区的脊梁骨。作家兼记者霍华德·弗伦奇说："非洲大陆最大的城市正在孵化出跨越国境的巨大城市走廊，它们创造了生机勃勃的新兴经济带，势单力薄而又呆板的中央政府根本无力管理它们，甚至无法保留对其的控制力。"[279] 事情是这样。尼日利亚、加纳和科特迪瓦的生育率在 4 和 5 之间。但我们知道，拉各斯－阿克拉－阿比让走廊（不管它日后叫什么名字）的生育率是不会长久维持在这一水平的。它将接近替代率，因为人们搬到城市以后就会是这样。那么，为什么联合国仍然预测非洲的生育率会维持高位呢？

世界上的城市化步伐仍在加快：美洲和加勒比地区是 80%，欧洲是 70%，亚洲是 50%，非洲是 40%（并在迅速增长）。城市化逐渐在我们的世界里占了上风，而这样的世界，在地理上是趋于集中的，在人口上是更老迈的，生育率不怎么高。又因为这一情况，在传统上产生过剩人口（过剩人口大多会移民）的地方来得最为猛烈，而这些地区的贫困人口在减少，故此，在不太遥远的将来，移民会越来越少。这就是为什么存在生育问题的发达国家应该敞开国门。可惜它们所做的恰恰相反。愚蠢啊。

# 第 9 章

## 中国与印度：两个人口大国的选择

EMPTY PLANET

09

今天，中国和印度出生（或者没出生）的孩子，将塑造人类的未来。全球人口的1/3以上都生活在这两个国家。今年出生多少人，明年还有后年出生多少人，这些新生儿的预期寿命如何，将成为世界未来人口的基准。人口建模师必须搞清中国和印度的情况。环境的命运，全球的经济，权力的兴衰，皆有赖于此。

联合国人口司预测，中国的人口将在2030年左右达到14亿人口的峰值，接着便开始下降，到2100年左右，下降为略高于10亿——按任何尺度来看，都算得上是人口的大幅减少。根据联合国的数据，印度的人口到2060年将达到17亿，接着开始逐渐下降。[280] 我们相信，这些预测可能并不那么准确。原因请往下读。

❖ ❖ ❖

中国国家统计局位于北京一栋单调的灰色低层建筑里。大楼的内部设施很干净。我们走进去，一群穿着清洁工制服的年长女性，正拿着拖把从闪闪发光的大理石地板上擦去看不见的污垢。大堂里，

| 第 9 章 | 中国与印度：两个人口大国的选择

身着同款蓝色圆领短袖及膝连衣裙、头发全梳在脑后打成严肃发髻的女士，全神贯注地站着，就像是在检查飞行情况的空姐。等接待我们的主人到来（这是中国国家统计学家的一支代表团，希望和我们讨论社会研究的发展，并一起进行调研），我们顺着朴素的走廊朝下走，一些女士把我们引向合适的房间。

房间本身是没有窗户的会议空间（世界各地的单调办公楼里都有类似的房间），配备有计算机、投影仪等物。坐着的人每人面前摆着一杯绿茶，笔记本旁边，还有削得溜尖的铅笔，并有专人为你解决会议进行中可能出现的琐碎问题。事后，一位中国同事对我们解释，也许有的工作在我们看来意义不大，但对于从事工作的人来说，任何工作都不可懈怠。

作为世界上人口最多的国家，中国拥有庞大而廉价的劳动力——它曾经吸引了许多西方企业，把工厂和就业岗位转移到这里，以至于，有人批评说，中国的低工资劳动力削弱了美国制造业。这种批评从前或许有一定的道理，但今天却没那么站得住脚了。是的，中国的人均国内生产总值仅为美国的1/3，但人民生活水平大幅提高，目前的经济增长率仍超过任何发达国家。[281]经济学家布兰科·米拉诺维奇认为，当今真正的工资差距，不存在于中美之间，而在于两国高低工资收入者之间。[282]再者，中国劳动力市场即将出现萎缩，因为有为数不少的中国人基本上放弃了生孩子。这个世界上最大的国家，现在的出生率非常低；其低生育率保持几十年了。由于中国人不接受移民，因此其人口必将下降，劳动力必将萎缩，正在一步步变成依赖型社会。[283]

我们最近从深圳（这是一座有着1200万人口的城市，连接着中国香港地区和内地）前往北京，一路上为婴儿们的身影缺失大感震惊。在大多数机场，带孩子出行的父母都很常见。对安检线来说，婴儿车一直是种危险物品。（在电影《在云端》里，乔治·克鲁尼扮演的角色说，"我还从来没见过有人能用不到20分钟就把婴儿车折起来的"。）但在深圳和北京，婴儿车罕见极了，我们在两座机场看到的婴儿车数量，用一只手就能数过来，就这样还能剩下一两根指头。而且我们是到处都找遍了。

中国政府于2016年开始全面放开"二孩"政策。[284] 中华人民共和国成立后，历经战乱的中国人民曾迎来一个生育高峰，但20世纪50年代末，三年自然灾害造成大量中国人死亡。而后，为有计划地控制人口数量，同时提高人口素质，开始实行计划生育政策。

据估计，到2016年，计划生育政策已减少了4亿人口的出生。

此期间，由于经济发展和医疗保健的改善，现在中国人的平均寿命为76岁，比2010年的预期寿命增加了18个月。[285] 这意味着，中国的老年依赖人口将在整个世纪内继续攀升，但人口中可以生育者的比例越来越小。到2040年，1/4的中国人将步入老年。

我们需要强调这一点：人口多不一定生育率就高，尤其如果平均年龄偏大的话。1960年，中国的年龄中位数只有21岁；今天是38岁；到2050年，将达到50岁。[286] 届时，中国将比自己的主要竞争对手美国（42岁）更接近日本（53岁）的中位数年龄。[287]

人口统计学家王丰用一个数字总结了中国的人口困境：1.6。第一，中国有1.6亿内部流动人群，在寻求更好生活的过程中，他们为国家蓬勃发展的经济提供了充足的劳动力。第二，超过1.6亿的中国人年龄在60岁以上。第三，超过1.6亿的中国家庭只有一个孩子。王峰的结论是，人口下降和老龄化社会可能迫使中国的经济和社会模式发生一些变化。[288]

另外，中国部分地区重男轻女的落后思想也给社会带来了一定的压力。

如今许多中国女性在努力争取追求事业的权利。这意味着女性会晚结婚，以适应自己的教育和职业抱负，这也会进一步地拉低生育率。[289]

另外，正如我们在其他地方所见，一旦小家庭成为常态，它们就会一代一代地保持常态。中国长期以来一直在宣传小家庭的优点，这又促使女性拒绝生育过多的孩子。

益普索对理想家庭规模的调查凸显了这一点。93%的中国受访者（近乎是压倒性的一致）表示理想的家庭是有两个或两个以下的孩子就好。20%的人甚至说，一个甚至一个也没有很理想。而且，这种小家庭模式已经得到了大多数中国人的认同，即使中国女性离开了祖国，也会继续坚持这一模式。在加拿大，中国女性的生育率是所有主要移民群体中最低的，比本土出生的加拿大女性原本就足够低的生育率还要低。[290]

然而，尽管压倒性的证据表明中国的生育率很低，但联合国仍然预计它将从 2020 年的 1.59 增加到 2050 年的 1.75，到 2100 年将增加为 1.81。这样一来，到 21 世纪末，中国的人口有望保持在 10 亿左右。但鉴于所有证据都支持家庭将维持小规模，沃尔夫冈·鲁茨及其在维也纳的同事们的估计可能更接近实际情况。考虑到中国女性教育进步带来的影响，他们预测，在 21 世纪大部分的时间里，中国的生育率将保持在 1.4 或 1.5。如果是这样的话，到 2100 年，中国人口将降至约 7.54 亿，比联合国的估计减少 2.5 亿，也就是说，中国人口可能会在 21 世纪减少近一半。

此类预测有可能成真吗？目前中国统计局认为生育率为 1.2。[291] 但有分析师认为，这个数字太低了。[292] 有调查显示中国 2016 年的生育率为 1.05。[293] 也有研究表明，生育率在近 10 年里一直接近这一水平，2035 年前仍将保持或接近此一水平。[294] 据报道，北京和上海等主要城市的生育率均低于 1.0，数百万人继续从生育率更高的农村流入城市。[295] 如果中国的家长效仿此途，截至 21 世纪末，中国的人口就只剩 5.6 亿了。从人口的角度看，中国的规模并不比美国大太多。因此，对中国而言，这些全非利好消息。

如果印度保持 21 世纪的快速增长步伐，那么，到 2100 年，世界人口有可能接近联合国预测的 110 亿。1950 年，印度人口仅为 3.76 亿。50 年后，这个数字增加了两倍多，达到 10 亿。未来几年内，印度将取代中国成为世界上人口最多的国家，联合国预测，到 2060 年，印度次大陆上将挤下足足 17 亿人。接着，它会缓缓地轻微下降。这样的未来有多大可能成真？让我们来看一看。

在印度和中国之间旅行，可能会让人大受震动。北京虽然有着高达2200万的人口，却井井有条。没错，空气质量有时确实不太好，但市中心的大多数地方，都兴建于21世纪。哪怕是在最贫穷的社区，政府也控制得当，犯罪率很低，冬天的严寒带来了集中供暖的需求，使得北京没有像巴西贫民窟那样水电不通的地方。

反过来说，新德里则像是随机对照实验似的。一条街的这边是现代化的办公楼，那边就是杂草丛生的空地，一大群黑色的猪和猪崽在尘土里快乐地翻跟头。抗议和宗教庆典随处可见。猴子爬上屋顶，奶牛和山羊自由漫步。还有狗，数不清的流浪狗，躺在食品摊前，盘在人行道上，摊在办公楼大厅和大学广场。没有人想要去管管它们。在这个印度教社会，消灭流浪狗想都别想。

街道上塞满了古老和现代的汽车、卡车、公共汽车、黄绿色自动人力车、摩托车和各种动物拖拉的平板车。一辆崭新的梅赛德斯奔驰汽车心不甘情不愿地跟一头拉着超载板车的驴子共用街道。如果你觉得纽约市的汽车喇叭声烦人，不妨来试试新德里环形交叉路口喧天的刺耳杂音。自动人力车（带有乘客包厢的三轮摩托车）无处不在，有一辆背后贴着印度语和英语的双语车贴，许诺说："负责任的人力车尊重并保护女性。"关于本地女性的生活情况，这句话透露的言外之意不免太多。印度仍然是一个严重父权制的社会。这张贴纸很重要,因为好几位女性都告诉我们,"德里是印度的强奸之都。"出租车和人力车司机都存在此类问题,这就是德里运输部门为司机开办性别敏感学习班的原因。凡是想要获得自动人力车年度执照的,都必须上一个小时的学习班。[296]

但对许多印度女性来说,最艰难的人际关系,并不来自陌生人,而是来自丈夫、父亲、叔叔、兄弟、成年儿子甚至姐夫,或者其他男性表亲。男人几乎决定了女性家庭成员生活的方方面面:教育、就业、婚姻和家庭规划。一位女士告诉我们,男性的控制甚至扩展到女性家庭成员能否出行上。[297]虽然印度各地多多少少都存在男性对女性的控制,但这一现象在农村比在城市更严重。

印度几乎人人都结婚,婚姻由新娘和新郎的家人安排。[298]宗教(印度教和伊斯兰教),还有普遍的宗族和种姓制度,强化了这种局面。"恋爱结婚"的确有,但很少见。如果一个女人想私奔,嫁给未经家人批准的人,说不定得赌上自己的性命。女性未经许可结婚,给家人带来了"耻辱",很有可能变成所谓"荣誉谋杀"的受害者。2015年,印度当局将251起谋杀案列为荣誉谋杀案。[299]还有其他许多起可能根本未得到报道。还是那句话,这种情况在农村比在城市地区更常见。

在当今许多社会,单身不婚对女性是一种可行的选择,但在印度,却是一种激进行为。印度人口学家K. 斯里尼瓦萨恩和K. S. 詹姆斯解释说:"尽管政府、非政府组织和部分政党做出了种种努力,但要实现西方那种规模的性别平等,印度短期内是做不到的。社会重视的,大多是印度女性在家庭中所扮演的角色——妻子、媳妇、母亲。不属于这些角色的女性,如寡妇和单身女性,会遭遇歧视,很多时候还会承受财产损失。由于社会认为不在婚姻关系内的女性不完整,未婚成年女性、寡妇和离异女性,要蒙受强烈的社会羞辱。"[300]

我们在印度的一位女同事快 40 岁了,她向我们讲述了打从自己决定维持单身状态之后,跟家人相处时所经历的磨难。[301] 她说,她是因为不愿意通过一场包办婚姻(她说,这叫作"印度式冒险运动"),将对自己人生的控制权交到一个陌生男人手里,所以才决定这么做。她渴望获得教育,找到好工作,赚取独立收入。为此,她付出的代价是不得不跟父母住在一起,她的父亲作为族长,仍然直接或通过社会压力间接地控制她人生的诸多决定。[302]

不足为奇,在社会和家庭压力下,印度女性大多 10 多岁或 20 岁出头就结婚了。新郎通常比新娘大 5 岁。[303] 原因之一是在印度文化中,新娘的家庭要向新郎支付一笔嫁妆(跟肯尼亚传统正相反)。为了在印度婚姻市场中锁定一笔丰厚的嫁妆,未来的新郎需要时间获得能让自己成为新娘家庭良好投资的教育和工作。受过大学教育、在政府工作的男性特别受欢迎。

既然印度男女普遍早婚,你大概会以为印度夫妇会生很多孩子。回望 1950 年,印度的生育率是 5.9,当时的情况确实如此。然而,今天,印度的官方生育率下降了 60%,仅为 2.4。虽然这仍然高于替代率，也远远高于中国当前的生育率，但小家庭模式如今在印度也扎了根。问题是：为什么呢？考虑到女性在印度初为人母的平均年龄仍然很低，仅为20岁；女性在社会关系中力量极小；2/3的人口仍然生活在农村，印度女性生的孩子数量应该远比目前更多才对。原来，还有别的力量在发挥作用。这些力量包括政府政策和文化习俗的变更。政府，特别是邦政府，数十年来一直在宣传小家庭（人们称为"圆满家庭"）。圆满家庭有两个孩子，至少有一个是男孩。按照政府的推广说辞，是这样："我们俩，生两个。"(We Two, Our Two.)只要你们生完了两个，就够了。[304]

"我们俩，生两个"及其诸多变体，受官方对人口泛滥的担忧所激励。但印度政府始终热情地坚持这个政策。一些避孕措施是自愿的（如免费避孕套的分发，推行节育教育等），但印度还有着一段令人感到不安的历史：针对男女两性（但尤其是女性）的强制和半强制绝育手术。今天，印度仍有邦政府运营的绝育园，以金钱贿赂的方式，把大量农村妇女送去绝育。[305] 迄今为止，尽管人们大力宣传各种侵入性更小、更可逆的方法，对女性做绝育处置仍然是印度最普遍的节育方法。只有4%的印度女性服用避孕药，而6%的女性设法说服男性使用避孕套。正如K. S.詹姆斯对我们所说，典型的情况是，一名印度妇女生完第2个孩子之后，大约在25岁左右的年纪，就立刻会送去绝育。[306]

虽然现在印度各地政府推广的控制生育方法比绝育手术的侵害性更小，但许多妇女仍然偏爱手术。一方面，传闻里说，官僚努力完成配额，丈夫把妻子送去绝育，把现金奖励揣进自己的腰包（这笔钱是1400卢比，相当于20美元，考虑到印度的中位数年收入是616美元，这个数目也不算是小数），但另一方面，跟我们交谈过的印度女性都是自愿去做手术的。她们解释原因的时候，听起来跟巴西的姐妹们不无类似。

斯里尼瓦斯普里是一座位于德里南部的大型城市贫民窟，邻近繁忙的高速公路和办公大楼。要说出那里居住了多少人很困难，因为德里人口的大部分都集中在非认证社区。³⁰⁷住户主要是来自邻近农村地区的移民，每天都来来往往。这么说吧，按我们所看到的情况，人很多。像斯里尼瓦斯普里这样的社区是印度生育率变化的最前线。这些农村移民头一次发现，养孩子很贵，而且，跟在农场时不一样，孩子不再能充当家庭劳动力资源了。许多女性在人生中第一次接触到教育、就业和现代技术。这些在全世界范围内都拉低了生育率的力量，在斯里尼瓦斯普里产生了什么样的影响呢？

贫民窟是一大堆临时建筑的丛林，大多用粗砖和再生建筑材料修建。这些单间小窝棚，巧妙地塞在一切能修起墙来的地方。唯一能界定其位置的特征，是遍布整个社区的破烂混凝土小道。大多数建筑物的正面是门帘，有敞开的，也有部分垂下来的。有门的建筑不多。窝棚里是单间，地上（有些是泥土地面，有些是混凝土地面）

盖着大毯子。所有的生活都发生在这一个房间里：做饭、睡觉以及人们大都要做的一切事情。炒锅和平底锅以及其他厨房用品和杂物，要么堆放在地板上，要么挂在墙上。

狭窄的走道里有随意摆放的梯子（有自制的，有组装的），它们通往修建在底层建筑房顶上的其他单元。所有地方都晾着五颜六色的衣服。大多数单元似乎都能使用某种形式的电力，但电线如蛇般随机地朝着各个方向游走，看似并不遵循任何安全规范。便道两侧是一模一样的均匀浅沟，宽约 1 英尺。它们是开放式下水道。至于厕所设施，我们一处都没看到。但靠着空气中弥漫的气味，我们大概知道：不管采用的是什么方法，恐怕都只能称为原始。

这是 3 月里一个愉快的星期五早晨，大概 10 点来钟，斯里尼瓦斯普里已经忙忙碌碌了。过道上到处都是人，老老少少。女人们穿着色彩鲜艳的纱丽，长长的黑发披着围巾，或紧紧地扎起来。男人们穿着西式服装——带标志的 T 恤、长裤或者短裤。至于鞋子，大家都穿凉鞋。入户之前所有人都要脱鞋。考虑到我们走过的路面状况，这似乎是个非常好的主意。

我们的目的地是一所幼儿园，距贫民窟入口 13 分钟路程。当地的同事为我们组织了两轮焦点小组，对象都是生活在贫民窟的妇女。共有 15 名妇女同意参加。她们已婚或单身，年龄最大的是 35 岁，最小的 17 岁。有 4 人是穆斯林，其余的是印度教徒。对已婚和未婚女性，我们分别交谈。讨论用的是印地语，主持小组的同事为我们做翻译。

和住宅一样，这所微型单间幼儿园的泥土地面上盖着一张大垫子。墙上装饰着破旧的字母表海报，还有绘制着不同形状、颜色和动物的图表。有一张字母表海报写的是英语字母。我们脱掉鞋子进入房间。所有人都坐在垫子上。没有门或门帘可以关，只有一道上凸的水泥门槛要跨。房间敞开对着街面。

其中一位加入我们的女性，用披肩遮挡着给自己的孩子喂奶。这些女性都穿着色彩鲜艳的纱丽，装饰着各种各样的珠宝，包括手镯、指环和脚环，鼻翼上也挂有首饰。有些还涂了指甲，手背上染着指甲花文身。这些女性花了相当多的时间来打理自己的外貌。

但她们在谈话中很害羞，而我们讨论的是公共论坛上的敏感主题。我们闲聊了一会儿，做了自我介绍，主持人便切入正题。"你们打算生多少个孩子。"她问。对于尚未组建家庭的人，或者只有一个孩子的人，答案大多是："两个。"主持人问为什么，情况变得有趣起来。年轻些的姑娘们说，希望过跟自己的母亲不同的生活，她们认为母亲的生活简直是警世故事。她们希望少生孩子，因为她们渴望拥有良好教育，获得独立，以及由此带来的收入。她们相信，有自己的独立收入来源，能在跟男性（包括丈夫）谈判时发挥作用。

生两个孩子的另一个原因是想要建立"圆满家庭"。看上去，"我们俩，生两个"的模式击中了目标人群的心。几位女性都告诉我们，她们不想只生一个孩子。这是因为印度的家庭责任（特别是对年长父母的照顾）相当沉重，对独生子女来说负担太大。但生两个以上的孩子，也是一笔无法承受的开支（尽管一位女性说，自己有5个孩子,还是能凑合着过)。引用一位与会者的话说:"考虑到养育和教育孩子的费用,似乎只负担得起两个孩子。"

虽然女性想要圆满家庭,但她们很快提醒我们,这个她们做不了主。一位与会者告诉我们:"决定孩子数量的是丈夫,不是母亲。""全看能不能生个男孩,"一位母亲解释说,"我已经生了3个女儿,除非我生了男孩,否则我还得继续生下去。"已婚组中有位妇女生了5个孩子,她说这全是因为一开始生了女孩的结果。

有一个问题,妇女们不愿讨论,这就是节育。很明显,对她们来说,解决办法越是稳妥(如节育手术)越好——尤其是生了两个孩子以后,因为男人们不愿使用避孕套,也不愿自己去做节育处置。另外,穆斯林妇女因为宗教原因,不能选择节育手术。

虽然宝莱坞流行电影里对浪漫爱情做了种种带有理想色彩的渲染,这个房间里却几乎没人谈起,单身女性也并未提及渴望什么样的理想伴侣、举行童话般的婚礼一类的话。这些女性对丈夫的评价不怎么高。她们的男人不是养家糊口的稳妥之人,而且很难过日子。大多数人是短工,只在心情不错、花了太多钱赌博酗酒之后才去干活。在这些妇女的婚姻里,酗酒是一个反复被提起的大问题。

对在场的所有女性而言,婚姻和孩子是责任,而非热望。而且,哪怕她们想要成为妻子和母亲,同样也梦想着尽量按自己的意愿行事。当这些年轻女性将自己对独立的热望传递给女儿,那么,对更大自主权的要求就有可能逐渐增多,并且,一代一代缓慢而不可阻挡地发展下去。在德里的贫民窟,家庭规划涉及经济需求、与传统的冲突、宗教与父权制的力量,还有女性渴望控制自己生活的抱负。这只会带来更强的独立性和更少的孩子。争取妇女权利的斗争只有一个结局。

在我们的谈话过程中,一份模模糊糊的证据悄悄浮出水面,暗示了这场斗争将怎样结束,女性们时不时地从长袍里摸出手机来瞥上一眼。就算是在德里的贫民窟,女性也可以使用智能手机,获得运营商的流量套餐,接入网络。就算是在德里的贫民窟,她们也能在掌中获取人类知识的结晶。

印度的人口,会像联合国预测的那样,在2060年达到17亿的峰值吗?至少,沃尔夫冈·鲁茨和他在国际应用系统分析研究所的同事们基本同意。但在逗留德里期间,人口统计学家和主持当地研究的政府官员们反反复复地对我们说,他们怀疑生育率已降至2.1以下。如果是这样,那么,印度的情况就比联合国和维也纳学派的预测早了10年。如果印度的生育率已经达到或低于2.1,那么,按照低位预测,它的人口就不太可能在2060年超过15亿,而且,还将在2100年跌落到12亿。

如果联合国的建模师是对的,中国和印度可以帮助世界接近110亿总人口的目标。但中国和印度发出的强烈信号表明,这些预测太高了,两国的人口很快就会达到增长的巅峰(比许多人预计得都要快），接着就跟全球的其余地区一样，进入人口流失状态。

  当然，我们可能是错的，但我们并不这么想。我们不停地想起在德里贫民窟幼儿园里，那些时不时地从长袍下浏览智能手机的女性。

# 第二个属于美国的世纪

EMPTY PLANET

第10章

10

晌午时分,他们停下来休息吃午饭——时间是半个小时,用便携式烤架烹饪牛肉,然后放到香脆的玉米饼上,并辅以辣酱。他们共有10来号人,都是墨西哥移民,最年轻的20多岁,最年长的50多岁,正在为棕榈泉的这栋豪华 mid-century modern 风格的平层大宅做翻新。他们一边干活,一边用工人的方式,亲热地彼此开着玩笑。他们大多是家人或朋友。雇用这些人的包工头和他们一起吃饭。他说,他只招聘墨西哥劳工,因为他们干活非常努力。一些工人是合法移民;另一些没有身份,工资更低。

他们来自同一座城市——圣米格尔,这在移民工里很常见。许多年前,一名移民先行一步,找到了适合从事的行业,找到了工作,然后就开始向家人和朋友发送信息。他们有些人是新来的;大多数已在这里待了很多年:他们在本地娶了妻子,孩子也在这儿出生。

从许多方面看,他们的生活非常美国化。他们的孩子上本地学校。他们工作,纳税。但"那种"担心总是有的。一名工人的姐夫,在美国住了几十年,也有美国出生的孩子,但因为违反交通规则,警察把他们的车拦下了。警官发现他是非法入境者,把他驱逐出境了。他用了 5 年时间才与家人团聚。

没有身份的工人深深地想念墨西哥，但绝不会回去。正如他们中有人所说："你不能回去替双亲送葬，除非你有 15000 块孝敬'土狼'㊀。"

"美国不再是世界强国。它是一个正在衰落的强国。忘了它吧，"2016 年，一名巴基斯坦外交官在一次会议上这样说，他兴许并没意识到自己的话还录着音。308 持有这样观点的人，显然不只他一个。2008 年的金融危机，中国经济力量的崛起，俄罗斯在普京领导下的国力复兴，伊拉克、阿富汗和利比亚的泥潭，全都指向了这个正在衰落的强国。在国内，大城市里种族冲突频发，非裔美国人和警察似乎开了战；基础设施破败，全球考试成绩让美国学生脸红。唐纳德·特朗普在总统大选中意外获胜，以及许多进步美国人对这场胜利的抗拒情绪，暗示美国政治两极化已经为害颇深，合众国本身的稳定面临风险。难怪美国国家情报委员会最近得出结论说，"单极时刻已经结束，"美利坚治下的和平"㊁（始于 1945 年并延续至

---

㊀ loyote，北美原产的一种郊狼，但在墨西哥人的土语里，指的是人口贩子、蛇头。——译者注
㊁ Pax America，这个词源于古典时代的 Pax Rome，即"罗马治下的和平"以彰显罗马在地中海世界的主导地位，有的美国人总是可爱地认为自己是现代的罗马。——译者注

今的美国在国际政治中占优势地位的时代）正在烟消云散。"[309]

也许如此。但也有很多"反过来说"的方面。不管中国经济规模有多大，美国人的平均收入是中国人的8倍；美元仍然是无可争议的全球储备货币；中国军队虽然有庞大的新投资，但美国仍以3比1的优势超越其竞争对手，它还在全球50个国家拥有800座军事基地，毋庸置疑地展示着全球大国的实力。世界上排名最靠前的20所大学，有10所位于美国；[310] 世界9大高科技公司中有8家属于美国；谷歌、Facebook、亚马逊等美国巨头主导着美国发明的互联网；曾经依赖外来能源的美国，已成为主要的能源出口国。[311]

美国的文化霸权相当稳固。流媒体服务商 Netflix 在190个国家 / 地区提供服务。你可以在119个国家 / 地区购买"巨无霸"汉堡，在113个国家 / 地区注册苹果音乐（Apple Music），在188个国家 / 地区观看《星际迷航：发现号》(*Star Trek: Discovery*)。2017年，票房收入最高的10部电影全部来自好莱坞。票房最高的电影永远来自好莱坞。有史以来最为畅销的图书《达·芬奇密码》(*The Da Vinci Code*)（虽说这显得有点不够档次），来自一位仍然在世作家丹·布朗（Dan Brown）。[312] 至于音乐？福音歌曲、蓝调、爵士、百老汇、乡村、摇滚、街舞、说唱……我们还可以继续往下说。

分析师伊利·拉特纳和托马斯·怀特写道："美国在人口、地理、高等教育和创新方面拥有完善的基础。这确保了它拥有能在国内及世界舞台上保持繁荣的人口、思想和安全。世界各地的精英们都渴望将自己的财富，很多时候还有他们的家人，送到美国。"[313]

唱衰美国的论调，跟鼓吹美国的风潮，都可追溯到合众国建国之初。亚历山大·汉密尔顿警告说，除非各州围绕强大的中央政府团结起来，否则，美国注定要陷入"贫穷和耻辱"。（这一警告发挥了效力，这就是为什么10美元上印着汉密尔顿的头像，百老汇也有着跟他同名的热门歌舞剧。）19世纪曾出现多次实现合众国灭亡预言的机会，尤其是1812年第二次独立战争㊀（这场仗是美国人打输了，尽管直到今天，他们仍拒绝承认此事）和南北战争期间。20世纪20年代的孤立主义，以及30年代的大萧条似乎让美国孤零零地处于风雨飘摇的境地。在美国称霸全球的巅峰，也不乏批评者预言它即将消亡：1957年苏联发射人造卫星之后；1968年的骚乱和暗杀之后；水门事件、越战失败和70年代的滞胀之后；80年代日本凭借经济崛起之后。作家约瑟夫·约菲总喜欢说，"衰落之于美国，就像苹果派之于美国，它们如影随形"。³¹⁴ 然而，合众国始终保持了自我纠正能力，与此同时也纠正着世界其余地区。

衰落论与美国故事之间的失调，从来没有哪一次比得上今天这么严重。人们把20世纪叫作美国的世纪。21世纪同样会属于美国人。美国的经济和文化力量，伴随它在地缘政治和军事上的重要性，只会增长，不会减弱。只要美国人不主动搞孤立主义，他们将发挥出比以往任何时候都要大的世界影响力。在棕榈泉吃午餐的墨

---

㊀ 1812年6月，因为英国大陆封锁政策而成为拿破仑盟友的美国出兵加拿大，被英军击败后，一度丢失了首都华盛顿特区，英军焚毁了白宫与国会大厦。本书作者是加拿大人。——译者注

西哥工人,就是其中的一部分原因。

❖ ❖ ❖

虽说围绕移民政策美国展开着无休止的激烈辩论,但它仍然欢迎新移民。2016年,皮尤中心的一项研究调查显示,60%的美国人认同如下说法:"由于移民的辛勤工作和天赋,他们巩固了我们的国家";只有35%的人认为移民"是我们国家的负担,因为他们夺走了我们工作、住房和医疗保健"。20年前,这些数据基本上是反过来的。这一观念上的分野,既体现在政治立场上,也体现在年龄世代上。自认是民主党的人,80%欢迎移民;共和党人却只有1/3的人持这种想法。3/4的千禧一代支持大量移民,但只有大约一半的婴儿潮一代同意这一点。[315]

虽然移民在澳大利亚和加拿大占人口比例较高,但美国的合法移民,在绝对数量上傲视群雄——一般每年吸收移民100万,比其他所有国家加起来还高一倍。如果欧洲不是临时接纳着阿拉伯地区的难民(这些人因为叙利亚、也门的内战,ISIS的泛滥,利比亚的国内混乱而流离失所),差距还会更大。

但还存在另一股移民潮,也即非法越过南部边境进入美国的墨西哥人和其他拉丁美洲人。据估计,约有1100万无身份移民在美国生活和工作。[316] 尽管围绕他们的存在有许多争议,但他们为美国的经济和社会做出了丰富的贡献。他们有助于弥合本土人口生育率低于替代率所造成的缺口。移民更高的生育率,也将美国整体生育率拉至更高。

美国、中国和俄罗斯生育率之间的差距,是美国的另一项资产。美国的生育率为 1.9;俄罗斯是 1.5。据官方统计,中国为 1.6——当然,我们已经看到,实际数据可能还要低许多。跟其最大的地缘政治竞争对手相比,美国的繁殖力更强健。依靠移民和更高的生育率,较之大多数主要发达国家,美国能更好地在 21 世纪内维持其人口规模。

美国人的态度,是另一种秘密武器。美国欢迎新来的人,世界各地的人们也都希望搬到美国。相较于中国和俄罗斯,美国更愿意通过移民,填补国内出生的婴儿数量和维持人口规模所需的婴儿数量之间的差距,而这就是确保美国领导力的关键优势。

美国的生育率高于其他大多数发达国家,因为非裔和拉美裔女性比美国白人女性生更多的孩子,也比欧洲、中国或者其他任何主要工业化社会的女性生的孩子都多。但实际的趋势是,所有美国女性(无关种族)生的孩子都更少了,这就是为什么移民对维持美国梦的意义,比以往任何时候都更重要。

尤其在美国的千禧一代中,生育率非常低。2007 ~ 2012 年,2000 年以后成年者的生育率下降了 15%,达到了美国有记录以来的最低生育率：0.95，也即每名母亲只生了不到一个婴儿。[317] 这些年里的经济大衰退是一个因素：正如我们之前所见，在生育率低于替代率的发达社会，不景气的经济时期将进一步打压婴儿出生率。但不管短期内千禧一代女性推迟生育的原因到底是什么，其长期影响都是深远的。千禧一代的美国女性，基本上选择了不在20来岁时就生孩子。这意味着，就算这些女性生孩子，她们的子女数量也会更少，也就是说，千禧一代所产生的后代，将比千禧一代本身的人数还少。

但美国近年来出生率低下，真正惊人的地方在这儿。在经济大衰退期间，美国白人女性的生育率下降了11%，非裔美国女性的生育率下降了14%，拉美裔妇女的生育率下降了26%，[318] 这完全颠覆了一个有关美国出生率的古老假设：黑人和拉美裔人的高生育率将抵消白人生育率的下降。现实情况完全相反。美国少数族裔的出生率正在逐渐下降。从另一个角度来看，美国非拉美裔白人女性的生育率自1991年以来保持相对不变，每名育龄妇女约有1.8个孩子（当然，千禧一代的数据有可能最终把它拉得更低）。同一时期，拉美裔女性的生育率从3.0下降到2.1。

模仿欧洲同辈们少生孩子的，不光只有本土出生的拉美裔和合法移民。2009～2014年，无身份的移民女性每年所生的婴儿数量，从33万人减少到27.5万人。这是5年间的重大下降，光用"经济大衰退期间无身份移民回国去了"这样的说辞无法解释。[319] 平均而言，在过去一代人里，拉美裔美国人每名女性少生了一个孩子。与此同时，非裔美国人的生育率从 2.5 下降到 1.9。[320] 如今，美国的白人、黑人和拉美裔的生育率差别已经很小了，这一统计数据很少有人提及，但对美国的人口未来有着巨大的影响。

"这种生育率上的转变，根本没有得到足够的重视。"内布拉斯加大学奥马哈分校公共事务研究中心的人口统计学家大卫·佐德这样认为，我们非常认同。[321] 美国生育率的下降和趋同，对未来的种族关系或将产生积极影响。非裔美国人和拉美裔美国人争取完全平等的斗争并未结束——不，应该说，是远未结束。但如果这些社群的生育率下降，那么，这只可能意味着，非裔和拉美裔美国妇女获得了更好的教育和更多的权利。

非裔美国青少年的生育率下降尤其剧烈。1991 年，每千名 15～19 岁的非裔美国青少年中，会有 118 人生育——也就是说任意一年都有 1/10 以上的非裔美国少女怀孕。但到 2013 年，这一数字下降了 2/3。[322] 为什么非裔美国青少年怀孕的人数减少了呢？一方面，和所有青少年一样，他们发生性行为的年龄推迟了。[323] 另一方面，他们在避孕方面做得更好了。[324] 但为什么他们做事变得这么负责任了呢？性教育计划的进步几乎肯定是一个因素，此外还有一些警示艾滋病毒/艾滋病传播的大范围公开宣传活动。政府和医生使得青少年更容易获得避孕途径，而且，几年来事后避孕药的使用也有大幅增加。[325]

非裔美国人日益富裕也可能是一个原因。不少研究表明，如果青少年跟父母亲近，他们会延迟性行为，并以更为安全的方式实践。这就说，他们有一个稳定的家庭，并暗示着财务上的安稳可靠。尽管警察枪击非裔美国人引发了许多争议，"黑人的命也是命"（Black Lives Matter）运动也有大量的反对意见，但美国黑人的生活一直在稳步改善。[326] 我们不想夸大其词。黑人家庭的平均净资产仅为普通白人家庭的6%，这主要是因为黑人家庭更有可能是租房住而不是买房住，而房屋所有权又是一般美国人积累大部分财富的途径。[327] 黑人失业率是白人的两倍。美国的贫困率为15%，但黑人贫困率为27%，几乎翻了一番。尽管如此，后一数字也还不到1960年时黑人贫困率60%的一半。[328] 一项研究显示，非裔美国人的大学入学率现在高于全国平均水平（71%对68%）。[329] 另一项研究发现，升入大学两年后，白人学生的在校率是80%，非裔美国学生的在校率是70%。两者存在差距，但并不是很大。[330] 非裔美国少女怀孕率的下降，跟黑人教育和收入的普遍提升同期发生，可喜可贺。

❖　❖　❖

在棕榈泉吃午饭的墨西哥工人讲述了一个熟悉的故事。在墨西哥国内，来自恰帕斯州的原住民墨西哥人正在朝城市移民，对工厂的工资施加了下行压力，使得工人不断向北，跨越国境线偷渡美国。城市化是普遍现象，却有着局部的影响：在墨西哥，从农村到城市的迁移，促成了从墨西哥城市到美国城市的二度迁移。

另一种有着局部后果的普遍现象是：随着墨西哥的城市化，罗马天主教会对社会的控制力减弱。一名工人解释说,他的祖母生了24个孩子,活下来12个,因为教会告诉她避孕是一种严重的罪行,女性的角色就是抚养一个有着许多孩子的家庭,让家成为丈夫下班后的避难所。今天,人人都在避孕。一名工人这样说,"女人去上学,她们开车,一起厮混——""她们还像男人一样喝龙舌兰酒!"另一个工人插话道。所有这些工人都有,或预计会有2~3个孩子,这反映出拉美裔群体当前的生育率。"要是有8个孩子,就得买8双鞋。"一个人说。在棕榈泉,对墨西哥移民(不管是有身份的,还是没身份的)来说,经济逻辑都使得他们选择少生孩子,女性也一样。

拉美裔群体也正在实现自己的美国梦。我们看到,在美拉美裔群体的生育率接近非拉美裔美国白人的生育率。拉美裔中少女怀孕的比例,也跟非裔美国同龄人一样,大幅下降。这里有一个叫人吃惊的数据:1996~2016年,拉美裔群体高中辍学率从34%下降到10%,黑人辍学率从16%降到7%,白人的辍学率是从8%到5%。[331] 辍学率几乎完全趋同了。孩子们越来越好。

数十年来,从拉丁美洲进入美国的合法和非法移民,已经令得美国的人种和精神构成产生了深刻的变化。在美国,拉美族群现在的人口已超过非裔美国人,这进一步模糊了种族分歧。1995年,加拿大、墨西哥和美国签署《北美自由贸易协定》一年后,美国有300万无身份的墨西哥移民。截至2008年,这一数字达到了700万的峰值(按美国国土安全部的估计,无身份移民的总数约为1200万);后来的经济衰退致使许多人回国,但按估计,目前仍有550万无身份墨西哥人在美生活。[332]

虽然进步的声音和民主党政治家想方设法为无身份移民（至少是那些小时候就被非法地带入美国的人）提供赦免和公民身份，不少共和党政治家和其他保守人士却反对大赦。特朗普总统正在积极努力，尽量多地驱逐无身份移民。但这是一场注定失败的事业。到2044年左右，高加索人种在美国会走上沦为少数族裔的轨道。截至2016年，拉美裔人口约为5700万，占美国总人口的18%。到2065年，拉美裔将占美国人口的1/4，而占46%左右的白人，将失去多数族裔地位。非裔美国人将有所减少，占13%，大致与亚裔相当。[333] 美国将变得肤色更深，天主教徒更多，新教徒减少，西班牙语将成为常用语言，充当英语的补充。即使是现在，每年在美国出生的少数族裔也多于白人婴儿。[334] 老实讲，就算说白人在2044年将成为少数族裔，也是一种过时的想法。今天，美国有15%的婚姻是跨种族的。随着种族界限变得模糊并开始消失，人口普查局将面临一项极具挑战性的任务：确定一个人是什么种族，或者，有哪些种族的血统。种族大熔炉的最后搅拌已经快乐地展开了。[335]

一个警告："我们正在成为一个更加多元化的社会，但并非后种族社会。"社会学家理查德·阿尔巴指出。奴隶制、种族隔离、贫民窟和其他形式的歧视历史仍然留着深刻的印迹，无法轻易打消。"但我们需要承认，这些分类充其量只能帮助我们大致理解日后我们将变成什么样，"他补充说，"我们的社会，将被移民和新的同化形式所改变，但我们还没有找到合适的词汇，去捕捉这一演变的微妙现实。"336

不管生育率下降为未来种族的和解发出了多么有希望的信号，事实仍然是：老龄化、低生育率的人口面临着深刻的挑战，因为劳动力和整个人口将开始萎缩。非裔美国人生育率的急剧下降说明该族群，尤其是非裔美国妇女的富裕程度和自主权有所提升；拉美裔美国人的生育率下降说明，移民普遍倾向于采纳客居国的生育习惯。这两种情况带来的种族和谐前景令人振奋，但它们所透露出的美国未来是：人口整体年龄更大，无法再通过国内生育来实现繁衍。如果美国要维持伟大，它必须继续做一个欢迎移民的国家。为此，美国人必须再次克服人性里最糟糕的部分。

美国故事里贯穿着一股种族主义、本土主义、民粹主义不宽容的黑暗潮流。最新的移民跟我们不太像。他们不同意我们的英国价值观、我们的新教宗教信仰，而后者才是美国的创始价值观和宗教。新移民永远不会归化。我们应该停止接纳他们，密切关注那些已经来到我们当中的外乡人。他们是威胁。

你会发现，这样的言论，围绕着1798年的《外国人和煽动叛乱法案》（Alien and Sedition Acts），它试图组织法国移民和法国势力破坏新创立的美利坚合众国。你可以在19世纪50年代的一无所知运动（Know-Nothing Movement）中发现它的踪迹，该运动旨在遏制最新投入美国种族大熔炉的德国和爱尔兰天主教徒的洪流。南北战争结束后,白人新教徒冲着数万中国移民高呼"黄祸来了",而这些新移民正在建设横贯美洲大陆的铁路,这份工作艰苦、肮脏、危险,收入微薄。他们还在矿山和田地里工作。1882年的《排华法案》禁止了中国移民。已经住在美国的中国移民不能与白人妇女结婚,不能获得公民身份。

19世纪末到20世纪初,蒸汽动力船搭载着更多的移民进入美国海岸。地中海和东欧的劳动力过剩,驱使数百万男女为了寻找工作横跨大西洋。种族迫害和大屠杀迫使犹太人逃离欧洲,寻找安全和更美好的生活。蜂拥而至的新移民在城市贫民窟扎下根来——这些窝棚区过度拥挤、疾病丛生,想必很多居住在这里的新美国人都曾感叹过自己到底是为了什么而挣扎奋斗。

故事始终是一样的:为了逃离战争、贫穷或压迫,人们来到一片仍然空旷的新土地,寻找新的未来。他们接过本土出生的人避之不及的危险或低薪工作。雇主教促政府保持国门开放;他们需要新来者到工厂和农场做工。但原来的定居者对陌生的新来者感到不满,认为后者压低了工资,相信天主教徒始终首先效忠于教皇,认为亚洲和高加索人永远不会混血,坚信新出现的族群永远不会真正成为美国人。而随着最新一波渴望的移民融入美国,事实否定了这些观念。接下来,移民模式发生了变化,美国海岸卷来了新的浪潮,老移民再次敲响新警钟。

最喧嚣的声音来自查尔斯·爱德华·考夫林,他是芝加哥的一名天主教神父,激烈反对犹太人和共产党人。到1938年,他成了赤裸裸的法西斯主义者,他预测说:"等我们把美国的犹太人弄到手里,他们会觉得自己在德国受到的待遇算不上什么。"[337] 悲惨的是,还有一些同类的声音更为主流、更强大。在美国历史上,由政府支持的最严重的一桩种族仇恨行为是:第二次世界大战期间,联邦政府因为担心日本移民不忠诚,将10万日裔美国人和日本居民关进了战时集中营。然而他们很忠诚。美国政府出于纯粹的对他人的种族恐惧,把自己的公民关进了集中营(加拿大政府也无耻地效法了这一残忍行为)。富兰克林·罗斯福和时任加利福尼亚州州长的厄尔·沃伦等进步人士,也因敌意和偏见受了蒙蔽。今天,对日裔美国人的囚禁,仍代表了美国对其人民施以不人道处置的历史痕迹。

但这种玷污美国叙事的种族主义、孤立主义、反移民潮流从未占上风。数百万人听信了考夫林的长篇大论,也有数百万人对他置之不理。考夫林试图在1936年大选中击败富兰克林·罗斯福,但他的努力化为泡影。拘禁日裔公民40年后,一个联邦委员会称这是一种"严重的不公正",其幕后动机来自"种族偏见、战争歇斯底里和政治领导的失败"。[338] 总统罗纳德·里根发出正式道歉,联邦政府为每名幸存者提供了两万美元的赔偿。厄尔·沃伦日后成为美国最高法院最伟大的一位首席大法官,他在回忆录中表示,为签署驱逐令"深深后悔"。"每当我想到那些从家人、学校朋友和熟悉环境撕裂开来的小孩子,良心都在折磨着我。"[339]

等每一轮的抵制新移民喧嚣声消散后，移民潮就又重新卷来。"二战"结束后，美国迎来了20多万逃避欧洲混乱状况的流离失所者（Displaced Persons，也叫DPS）。接着，迁移模式从横向变成了纵向。从20世纪60年代开始，墨西哥和其他拉美裔移民开始非法越境进入美国，同样为的是寻找其他人不愿接受的低薪工作。一连串旨在关闭新边境、同时为已经站稳脚跟的移民提供公民身份的大赦未能阻止这种流动。到2007年，国会展开又一轮大赦法案的争论并将之否决的时候，1200万名无身份移民，已经支撑起了美国经济的最低阶层。

我们在午餐时采访的一名工人，是途经加拿大，穿过华盛顿州贝灵厄姆附近无人看守的边境来到美国的。他的一个亲戚从加利福尼亚开车北上，在指定的集合点相遇，然后向南返回。其他人依靠的是一种叫"土狼"的服务，走更常规的跨越美墨国境之间的线路：土狼就是把人送进美国的走私贩子。工人们告诉我们，这笔费用大约相当于15000美元，一部分预付，另一部分从工人的薪水里逐年扣除。那些在工地附近兜圈的人，就是专门负责收款的。

今天，不少美国白人，有些是暗中通过网络上的匿名帖子，有些是公开通过所谓的另类右翼运动（alt-right movement），抱怨美国正在失去一个以白人基督教徒为主的国家身份，这也是他们为什么会在2016年的总统大选里支持唐纳德·特朗普，支持特朗普在美墨边境上修建一道"美丽的大墙"以防止"非法移民"的计划。还有一些担心各种各样的移民会从"真正的"美国人手中抢走工作，压低工资。移民偷工作的概念是谬论,事实恰恰相反。今天,价值超过 10 亿美元的美国初创公司中,有一半以上是由移民创立的。[340] 至于低技术和无身份移民是否会打压低收入美国人的工资,证据看似复杂,但最可能的是,它打压的是其他移民的工资。[341]

是的,这种情况具有侵蚀性。不管你住在美国的哪个地方,你都知道,你受益于无身份移民的劳动。他们替你割草、打扫房间、在酒店房间铺床、为新建筑浇筑混凝土。美国对无身份移民的依赖,是对法律条文的一种讥讽,并揭示了美国有一部分经济,仍然依赖于不受监管的低工资劳动力。然而,移民潮流似乎开始减缓,甚至出现逆转了。2008 年的经济衰退促成了这一转变,墨西哥经济的改善也有帮助,今天的无身份移民人数比 10 年前要少。[342] 可是所有人都在抱怨——右翼抱怨说这些工人蔑视法律,应该被集体驱逐出境(尽管这不可能);左翼抱怨说,这些工人应该获得法律保护,有拿到公民身份的途径。与此同时,失业和就业不足的白人工人,在政府和企业竞相全球化的过程中遭到抛弃,转而为自己的可悲境地责怪拉美裔。这不公平,但在这个令人遗憾的问题上,一切都不公平。

美国本身是一个移民国家。在美国近 250 年的历史中,反移民情绪一直困扰着美国故事。但历史告诉我们,反对力量很难长时间

占上风。从《外国人和煽动叛乱法案》到唐纳德·特朗普，本土主义、种族主义对移民的反对，迟早会迎来末日，之后，就是新时代的曙光降临。而这，也是一件好事，因为移民其实是美国的秘密武器。

为了自身利益，美国能够也应该接收的移民数，远超现在的每年 100 万。（如果他们效法加拿大，该数字应为 300 万。）依靠简化和更加开放的制度，吸引来自世界各地的优秀移民，美国能够吸收大量全世界最精英的大脑。不过，即便美国现在设置了各种复杂、限制性和自我惩罚的规定，每年 100 万仍然是很多人了。新一代移民占美国人口的 15% 左右。

移民，无论是有身份的还是无身份的，都可以缓解人口老龄化的影响，增加美国婴儿的数量。历史告诉我们，移民来自哪儿、教育程度或工作资历如何、说什么样的语言，这些都无关紧要。他们将不可避免地成为美国人。随着时间的推移，大熔炉里的汤可能会改变底色，但结果总归一样。

在全球的 3 个核超级大国中，只有美国的人口，将在 21 世纪继续增长，前提是——它继续接纳新移民。就算按目前的水平，美国也有望从今天的 3.45 亿人口，增长到 2050 年的 3.89 亿，到 2100 年还增加到 4.5 亿——比今天增加 1 亿。不管地缘政治计算中还涉及些什么因素，从人口统计学上看，美国都有着决定性的优势。

如果说还有人觉得无法信服，那么请想一想：2016 年，7 位美国人获得了诺贝尔奖。其中 6 人是移民。（第 7 个人叫罗伯特·齐默曼，他更为人所知的名字是鲍勃·迪伦。）

移民兴许将成为美国在 21 世纪最大的竞争优势。最终，随着发展中国家的进步和生育率继续下降，人群的迁移将会放缓。移民将出现返乡潮，受良好的新工作和家庭的召唤，回到自己出生的土地。随着人口老龄化和几乎无处不在的衰退，有朝一日，各个国家可能会展开移民争夺战。在这样的斗争中，美国将永远占据上风。从牛仔裤和 T 恤到 HBO，美国人的文化价值观统治着这个星球。美国仍然是一个活力四射、值得投资的地方——虽说它也不乏混乱。美国的政治同样充满活力，当然也同样不乏混乱。在创业和创造力方面，美国继续领跑。寻找新机会和更美好生活的人们将继续涌向这座高山上的狂野之城，它闪闪发光，乱七八糟，计划不周，然而无论如何仍然有着强大的执行力。只要它永远不关上自己的大门，这座城市便将永远繁荣。

# 第11章

# 衰落时代的文化消亡

在堪培拉旧议会大厅（原本是澳大利亚议会所在地）一家名叫胡泼洛㊀这个神奇名字的餐厅里，米克·多德森戴着自己标志性的黑帽子，朝嘴里塞着胡椒虾汉堡。虽说他可能算是最杰出的澳大利亚土著——第一个法学院毕业生；1987 年曾为调查土著居民在羁押期间高死亡率原因的皇家委员会提供咨询；《带他们回家》（*Bringing Them Home*，调查澳大利亚原住民寄宿学校系统的报告）一书的合著者；2009 年获得"年度澳大利亚人"荣誉（或许是该国最高荣誉吧）——但他仍是个谦逊有趣的人，眼睛顽皮地盯着挂在鼻尖的老花镜。和他一起进餐的包括另一位著名的土生澳大利亚人，前英式橄榄球明星卡特里纳·范宁。今天，说话的主要是多德森，话题涉及澳大利亚原住民社群困难重重的过去和不确定的未来。

多德森 1950 年出生于北领地，母亲是原住民，父亲是澳大利亚白人。10 岁时，他成为孤儿，被送往维多利亚州汉密尔顿市的一所寄宿学校。这类寄宿学校，就跟加拿大现已废弃的原住民寄宿学

---

㊀ Hoi Polloi, 原本是希腊语，意思是人，但在英语里有贬义，似指"下等人"，所以作者说它神奇。——译者注

校制度一样，是虐待和同化的碾磨机，也是澳大利亚政府尝试通过系统性地强制同化消灭土著文化的一部分。2008年，时任澳大利亚总理的陆克文为过去政府对数代原住民犯下的罪行做了正式道歉，据说，多德森是此举的幕后功臣。

即便到了现在，"除非他们离家出走，否则，土著青年很难获得教育。"多德森解释说。[343] 目前在寄宿学校的所有年轻人中，1/4是原住民。"要么上寄宿学校，要么什么也得不到。"离开家和家人去上寄宿学校的青少年，很可能不再返回故乡。他们将搬到城市，很多人便丧失了说母语的能力，也不再保有那些特有的土著文化。随着越来越多的土著青年迁到城市中心，"这意味着最优秀最聪明的年轻人无法再为整个社区做出贡献。"多德森说。许多澳大利亚原住民只在人生快到了尽头的时候才回家。"很多人回家是去迎接死亡的。"

与世界各地的土著居民一样，澳大利亚土著居民的贫困、犯罪、暴力和药物滥用的比率均高于平均水平。随着越来越多的人迁移到城市，出现了一个不断增长的全新中产阶级，以及伴随而来的保留原住民文化（尤其是语言）的渴望。"新南威尔士州有着跟欧洲一样多的语言。"多德森指出。尽管政府努力让这些语言进入学校课程，但在日渐城市化的土著环境中保留原住民语言仍很困难。

"新的土著生活将是一种城市生活。"多德森预测说。这意味着英语占主导地位，更多的土著学生毕业上大学，土著中产阶级扩大，生育率下降。"不到25年，（土著的生育率）就会跟普通人口一样了。"他相信。

❖　❖　❖

到目前为止，希望我们已经破除了一些关于人口增长的神话。我们不会继续增加体量，直到世界呻吟着达到 110 亿以上的人口峰值；90 亿可能更接近实际情况，而且此后人口就会开始下降。发展中国家的生育率并不高得吓人；许多国家已经处于或低于替代率。非洲不是一个人口注定不断增长、没有资源可供维持的长期贫困的大陆；相反，这块大陆充满活力，经济不断发展，出生率迅速下降。非裔美国人和拉美裔美国人的生育率并不比美国白人高；这 3 个群体的生育率基本上趋同。

这些神话很难破除，因为即使一个国家的生育率达到了替代率，仍然会有最后一代数量庞大的年轻人，展现出人口增长的错觉。走在曼谷繁华的街道上，很难让你相信泰国的人口正在下降，但泰国的生育率仅为 1.5。尽管联合国莫名其妙地预计生育率将在 21 世纪适度提高，但仍预测泰国的人口将在 2030 年达到 7000 万后开始下降，并在 21 世纪末降到 5000 万左右。可能性更大的情形是，泰国的生育率不会增加，甚至还会继续下降，导致更严重的人口减少。

这里还有另一个神话：土著人口的出生率非常高，远远高于一般人口。由于生育率过高，土著人口年轻，许多年轻女性怀孕时，她们和伴侣都缺乏照顾子女的资源，促成并进而强化了周期性的土著贫困问题,还引发了年轻人之间的争斗。同样是由于生育率过高,土著在总人口中所占比例正在扩大,并将继续扩大。不断增长和贫困的土著下层阶级,导致了道德和社会危机,对更普遍人口的经济和社会稳定构成严重威胁。

我们并不是要轻视西方社会中土著贫困的问题:问题真实存在,而且十分紧迫。从堪培拉到渥太华的政府,在制定政策上都应以打破这一循环为最优先的考量。但这些人口的生育率实际上并不高。它们处于或接近替代率,而且还在下降。至少有一个土著社群的出生率已经变得比全国平均水平还低了。目前庞大的年轻土著后继乏力。土著人口很快就会跟一般人口一起变老,并面临同样的挑战。而且,由于相对于一般人口而言,土著居民数量过少,他们会发现,要想在范围更大的社会中保持自身的语言、文化和自主地位,极为困难。加拿大、澳大利亚、美国和新西兰的土著居民面临的挑战不是生出了太多婴儿,而是生得太少。

2008年6月11日,即陆克文代表国家向澳大利亚土著人民道歉的同一年,加拿大总理斯蒂芬·哈珀也代表该国人民向加拿大土著为其在寄宿学校受到的对待而道歉。"我们现在认识到,这些机构经常对学生施以暴力、忽视或不充分的控制,我们为未能保护你们表示歉意。"[344]哈珀在众议院仿佛能听见钢针落地声的沉默中这样说。

从加拿大邦联成立到 20 世纪 70 年代，成千上万的原住民儿童（按照加拿大政府《印第安法》，他们仍叫作"印第安人"）从家人身边被带走，送到天主教和新教教会主办的寄宿学校接受寄养教育。身体打骂甚至性虐待事件层出不穷。一位政府官员说，渥太华"从孩子一代杀死印第安人"[345]政策所留下的伤痕，时至今日仍然留在那批学生及其后代的身上。

过去 10 年，加拿大的原住民人口（包括第一民族、梅蒂人和因纽特人在内）从占加拿大总人口（3600 万人）的 4% 增长到 5%，主要原因是人们活得更长了，也有更多的人自认为是原住民了。[346] 虽然第一民族的部分保留地蓬勃发展，但在偏远地区的许多保留地，如安大略省北部、马尼托巴省北部和努纳武特地区，人们仍在贫困、滥用药物和暴力的泥潭中挣扎。生活在保留地的第一民族儿童中，60% 处于贫困状态。[347] 1/6 的人缺乏干净的饮用水。[348] 自杀是 44 岁以下土著加拿大人的主要死因；土著青年自杀的概率是非土著青年的 5～6 倍。[349]

在温尼伯和萨斯卡通等草原城市，土著社群已经成为数量庞大的少数族裔，一般看法认为，这些少数族裔社群未来还将继续发展。但这样的看法是错的。这一代土著青年就是最后一代人数众多的土著青年了。下一代的规模会小得多，再下一代的规模更小。土著人口占加拿大总人口的比例将稳定下来，接着便开始萎缩。

回到 20 世纪 60 年代，土著人的生育率为 5.5，是一般人口的两倍多。但到 2001 年，前者已下降到 2.6，而一般人口为 1.5。到

2011年，前者仅为2.2，一般人口的生育率为1.6。[350] 土著加拿大人的生育率急剧下降，并与一般人口的生育率趋同。目前，它恐怕已经低于替代率。

土著人口的生育率正在下降，原因与其他所有地方的其他所有群体的生育率下降一样：人口中的妇女，通过城市化和教育获得了权利。虽然土著领导者们强调女性在其文化中的崇高地位，但一直到最近，女性的合法权利仍受到限制（在某些方面至今仍然受到限制）。根据一项估计，生活在保留地的女性，有高达80%的人经历过某种形式的性虐待，是全国平均水平的4倍。"这可谓是本国最尴尬的一件事吧。"参议员罗梅诺·达莱尔说。[351]

土著男女（成为凶杀案受害者的概率，是保留地之外女性的两倍）陷入贫困、暴力等恶劣境况的风险极高。但看看这个：保留地的高中毕业率是40%，保留地之外土著高中生毕业率是为70%。对于整个加拿大来说，这个数字是90%。[352] 超过一半的原住民和70%的土著–非土著混血儿生活在保留地之外。[353]

随着土著人民的城市化和生育率下降，他们在加拿大的社会结构中所占的比例注定会越来越小，而非越来越大。加拿大每年吸纳30万移民。这些移民大多来自菲律宾、印度、中国和其他亚太国家。土著加拿大人的总人口是170万，第一民族只有32.8万人生活在保留地，比一年的移民略多一点。[354] 20%的加拿大人不是在加拿大出生的，土著（尤其是生活在保留地的第一民族）在总人口中所占的比例，肯定会随着时间的推移而下降，在种族日益复杂、越发偏离欧洲后裔的社会中更加边缘化。

土著出生率的下降并非加拿大独有。在澳大利亚，3%的人口自我认同为原住民，2015年，原住民生育率为2.3，跟加拿大大致相同，而该国的总出生率为1.8。[355] 对比而言，20世纪60年代，原住民的生育率是5.8。[356] 新西兰是个特例，因为毛利人构成了该国人口的15%，这意味着他们的统计数据将影响整体统计数据。与其他地方的原住民一样，毛利人的生育率急剧下降，从1961年的6.9峰值，下降到了1986年的2.1，接近替代率。近年来，或许是由于婴儿潮的回声，出现了小幅上升趋势，达到2.8。[357]

留有大范围记录的原住民社区非美洲原住民莫属，但其大部分历史记录由好莱坞执笔，错得离谱。我们真正能够说清的情况是这样：在欧洲殖民时期，美洲原住民人口可能在500万~700万。疾病、战争（其实是种族灭绝运动）、强迫迁徙、贫困和饥荒，导致其人口到1890年仅剩25万上下。此时，他们的情况危险至极，许多观察家都预测美洲原住民最终会灭绝。[358]

然而，由于生育率远超其他种族，美洲原住民的人口不降反升。到1980年，随着美国整体生育率下降，白人生育率下降到每名妇女1.7个孩子，而美洲原住民和阿拉斯加原住民（这是美国统计学家所定义）的生育率为2.2。但这时候，最奇怪的事情发生了。美国原住民的生育率从1999年开始，降得比白人还低，此后仍在下降。到2014年，它已经一路下滑至1.3，是美国各种族群体中最低的，也是全世界任何地方最低的生育率之一。[359] 白人女性的生育率为1.8,美洲原住民已经落后了半个孩子。有了这样低的生育水平,美洲原住民总有一天会发现,自己的人数逐渐减少,只不过,这一次充当恶棍的是最简单的人口统计学。然而,一如2017年一份研究报告的作者所说,在痴迷于研究的美国,有关美洲原住民和阿拉斯加原住民女性的生育率为什么越来越低,却几乎没有展开过任何研究。[360]

为了后代着想,澳大利亚人正在努力保护土著文化。据估计,如今有130人正着手将土著语言及原住民文化的其他方面数字化。虽然米克·多德森赞同这项努力,但他指出,"用这样的方式维持文化的鲜活性太难了"。澳大利亚原住民以及各地的土著文化,并非孤例。全球范围内生育率的下降,使得相当多的文化落入危险境地,让未来变得愈发趋同,趣味减损。

岛屿很特殊,岛民是特殊的人。他们跟大陆人不同,而且认为自己与众不同。文化在岛屿上有着不同的演变,岛屿文化的根源往往比四海一家的大陆更为深厚。岛民们总是为自己的差异性感到自豪,对海峡或大洋两岸的人有所猜忌。海洋占据支配地位;大海的节奏似乎渗透到陆地和空中。人们以步调较为缓慢的"岛屿时间"过着生活,对不可避免的死亡没那么看重。

大海能让岛民有着外向探索的心态;毕竟,海洋就是他们的高速公路。英国人是航海民族；他们用周围的海洋，打造了一个横跨全球的帝国。但英国人也出了名的内向：英吉利海峡是一条护城河。只要说出来不会得罪人，他们就常爱说，"外国佬始于加来"[⊖]。2016 年，52% 的英国人投票退出欧盟（一部分原因在于反对移民），震惊了全世界，也吓坏了他们自己。

与原住民一样，岛屿民族也在努力保护造就岛屿独一无二之处的特别素质。但跟原住民一样，他们快要输了。卫星和光缆这祸福参半之事，既让岛屿得以与整个世界建立联系，也把世界带入了岛屿，让年轻人搬到大陆地区去寻找工作和夜生活。与原住民一样，生育率下降让岛民更容易走向灭绝，或遭到同化。让我们看看大西洋上两座极其不同的岛屿。它们都很独特，也都危在旦夕。

圣赫勒拿岛（不是拿破仑死时所在的那座）是南卡罗来纳州、佐治亚州和佛罗里达州沿岸的一百来座海岛之一。平坦、低洼、遍布沼泽，面积总共只有 165 平方公里。它离南卡罗来纳州大陆部分很近——要不是有博福特河隔着，它本可成为该州的一部分，不过，你可以从 21 号高速公路上跨越这条河。这个岛起先是西班牙殖民地，后来变成法国殖民地，最后成为英国人的殖民地。两个世纪以来，西非的男男女女被贩卖到此地为奴。南北战争结束后，该地区的偏远和种族同质性（绝大部分人口是黑人）鼓励当地发展出一种

---

[⊖] The wogs begin at Calais，这里的"加来"，指的是法国城市。英吉利海峡中最狭窄的临多夫 – 加来海峡只有 34 公里宽，离加来最近的英国城市是多佛尔，换句话说，加来和英国只隔着 34 公里宽的海峡。故此，这句话的意思就是，凡不是英国人的，都是"外国佬"。——译者注

独特的文化和克里奥尔语㊀——这种语言叫作"嘎勒"(Gullah),据说是"美国最完整的西非文化"。[361](佐治亚州的同类语言叫作"古拉"(Geechee),嘎勒-古拉走廊从佛罗里达州东北边缘延伸至北卡罗来纳州的南部边界。)该地区约有25万人讲嘎勒语。[362]

约有8400人居住在圣赫勒拿岛。他们的收入低于南卡罗来纳州的平均水平,中位年龄为44岁,而其他州则为38岁。但他们也为自己的嘎勒遗产深感自豪。虽然附近的岛屿,比如希尔顿黑德岛,已经被开发攻陷,但本地政客们成功地保护了圣赫勒拿岛免受商业化影响。当地设立的宾恩中心(Penn Center),致力于保护本地的语言和文化。[363]

圣赫勒拿岛上的居民以小家庭为主。岛上每户家庭平均为3.1人(父母和孩子),而州平均为3.2人,美国平均水平为3.3人。圣赫勒拿的家庭很稳定;岛上孩子们父母俱在(非单亲)的概率,比本州甚至全国其他地方都要高;但家庭规模相对较小意味着,圣赫勒拿的嘎勒语和文化不仅仅受发展威胁,也受低生育率威胁。

大洋对面,有一座非常不同的岛屿,面临着一个非常相似的问题。居住在马恩岛的人们是维京人、英国人和苏格兰人的后裔;你大概能预料到,一座位于爱尔兰海上的岛屿,跟苏格兰、英格兰和爱尔兰的距离大致相等。1000年前,人们为了这座岛争战不休,但英国最终胜出。不过,马恩人仍然是一个非常独立的民族;岛上的

---

㊀ Creole,泛指世界上那些由葡萄牙语、英语、法语以及非洲语言混合并简化而生的语言。——译者注

自治王权政府声称，当地议会（Tynwald）不间断地召开了 1000 多年，是世界上历史最悠久的立法机构。(有可能是，也可能不是；冰岛人提出同样的主张，只不过，他们的阿尔辛基议会时有暂停。) 马恩岛是自治的，英国只负责其外交政策和国防。它甚至不是欧盟的一部分，这意味着英国正在步马恩岛的后尘。马恩人是马恩岛领主伊丽莎白二世的忠实臣民。

马恩岛原本是座贫穷的农业岛屿，以渔业和农业为主，今天该岛则成为银行中心（如果你更犬儒的话，也可以说这里就是避税天堂）。人口为 88000 人；古老的孤立和新近的富裕相结合，让该岛对投资者和新移民极富吸引力。不过，这几年就业人口的增长趋于平缓，岛上政府正在努力吸引新工人。目标是到 2030 年引进 15000 名工人，使总人口达到 11 万左右，具体取决于家属人数。马恩岛政府警告说，如果达不到这一目标，岛上经济用不了多久就得抚养近半数民众年龄超过 65 岁的人口了。

岛上的许多人心存抵触。15000 名新来者，还要加上伴侣和家属，"将对马恩岛的文化、身份认同、马恩民族的存在，产生灾难性的影响。"一位评论家警告说，把这一政策称为文化上的"种族灭绝"。[364] 但就在马恩人展开辩论期间，岛上的人口已经开始减少，2011～2016 年少了近 1200 人。"我们正在流失年轻人，尤其是 20 来岁的年轻人。"一位岛上人口报告的作者说，"生育率也在下降，这有可能带来累积效应，在岛上成长的人越来越少，进入劳动力市场的人越来越少。"[365] 马恩人，只有不到一半（49.8%）是本岛出生的。

每一个新来的人，都会削弱复兴马恩语的努力。一个世纪以来，这种语言都处在衰败之中，因为父母鼓励孩子说英语而不是岛上独特的盖尔语。"Cha jean oo cosney ping lesh y Ghailck"，意思是"会说马恩语你赚不了一个子儿"。[366] 到1900年，母语人士在人口中所占比例已经降至10%以下。内德·马德戴尔是最后一个以马恩语为母语的马恩人，他于1974年去世。2009年，联合国教科文组织宣布该语言灭绝。但这份死亡证明开得早了些。当地热心群众一直努力用录音在自学互助，而且，一些学校也提供马恩语的课程。现在能说马恩语的岛民多达1800人，虽然熟练水平各有不同。联合国教科文组织已将该语言的地位定为"极度濒危"。

但长期来看，马恩语的未来黯淡无光。岛上的移民不太可能有兴趣学习这种除了岛上寥寥无几的少数人会说、地球上别的地方没人说的晦涩语言。当然，如果老岛民的孩子们在学校里学到了这种语言，或许会把它带回家里，最终在内德·马德戴尔过世近50年之后产生出第一批以马恩语为母语的人。但费这么大的功夫似乎有点不值得。马恩岛的生育率为1.7，与英国的生育率大致相同。由于人口不到9万，其中许多是新移民，而且所有的人口增长也来自移民，马恩岛必然会同质化，成为欧洲边缘的另一个讲英语的小地方。马恩语并非特例。我们可以轻松想象出设得兰群岛（设得兰苏格兰语）、奥克尼群岛（奥克尼苏格兰语）、丹麦的法罗群岛（法罗语）所面临的情境。北大西洋这些最偏远的小岛，由于生育率的下降，面对现代文化的入侵几乎没有指望能保住原来的生活方式。

❖ ❖ ❖

上述例子都来自先进的发达国家。但实际上，在发展中国家，成千上万的其他原住民文化也正面临消失的风险。

今天，肯尼亚的博尼人只剩 4000 人了；半个世纪前，有 25000 人。蜂蜜是他们的主食；采集蜂蜜的人唱歌给鸟儿听，让鸟儿带自己去蜂巢。博尼人还打猎，这使得他们跟肯尼亚野生动物服务中心的关系不太好。（博尼人眼里的打猎，是肯尼亚人眼里的盗猎。）博尼人希望为子女提供体面的医疗保健和教育——人人都会这么想，不是吗？但这就逼得他们要跟现代肯尼亚直接接触，从而对独特的博尼语和文化造成威胁。"我们的生活方式正在消失，"博尼部落成员和市议员奥马尔·阿洛约告诉记者，"博尼民族可能会消失"。[367] 穆斯林叛军青年党（al-Shabaab）和肯尼亚军队在博尼人的领土上交战，让局势变得艰难而危险。

一些博尼部落人拥有手机，这些手机在整个社群中共享。为了获取信号，有时需要爬到树上——一名博尼人说，这就是新旧技术的独特结合。[368] 但当年轻人带着智能手机爬到树上，他不光捕捉到了电话信号；还窥见了有着更好工作、更好食物、更好生活水平以及更少孩子的未来。博尼人剩 4000 人，生育率下降是他们最不想看到的事。但没有理由认为只有博尼人处在这样的境况。就算是在偏远的肯尼亚森林，生育率也在稳步下降。随着博尼人融入更大的肯尼亚社会，婴儿将会减少，本来已经很少的博尼人也会变得更少。

"文化权是享受从教育到健康到语言到生计的其他一系列权利的关键，"一份来自少数群体权利国际组织（这是一家非政府组织）的报告称，"没有它，就不可能实现公平公正的生活。"[369] 但是全球化、气候变化（可能会危及岛屿和低地社群）、战争带来的流离失所、占领军对历史遗址的破坏或是纯粹的嗜血心理，威胁着成千上万的少数群体文化。无论原因到底是什么，"最终结果都是，边缘化社群陷入沉寂，他们独特的传统日益萎缩。"[370]

随着脆弱的边缘社群带着越来越少的孩子加入全球化趋势，这股危险的组合加大了生育率下降的影响。对芬兰人或智利人来说，生育率下降是个问题；对博尼人、嘎勒人或者全球数万种濒危文化来说，生育率下降事关生存。

那时，天下人的口音、言语，都是一样。……他们说，来吧，我们要建造一座城和一座塔，塔顶通天，为要传扬我们的名，免得我们分散在全地上。耶和华降临，要看看世人所建造的城和塔。耶和华说，看哪，他们成为一样的人民，都是一样的言语，如今既做起这事来，以后他们所要做的事就没有不成就的了。我们下去，在那里变乱他们的口音，使他们的言语彼此不通。……因为耶和华在那里变乱天下人的言语,使众人分散在全地上,所以那城名叫巴别(就是变乱的意思)。[371]

按《创世纪》中所述,上帝摧毁了巴别塔并变乱了共同的语言,因为他明白,使用一种语言会极大地促进人类的进步,"以后他们所要做的事就没有不成就的了"。他把我们分散到世界各地,远离巴别塔,让我们文化和语言上互相理解起来有无限的困难。"别人"讲了一句我们无法理解的话,成为躲避和害怕"他者"的另一个理由。

但巴别塔再一次动工了。

英语本来没有什么特别之处,但它跟大多数欧洲语言不同的地方是:它的名词不分性别,也没有复杂的动词变形。(第三人称单数时动词后面加 s,过去时加 ed,将来时加 will,无视阶级,没有敬语。)英语成为新的拉丁语,和历史上的拉丁语风行一时的原因相同:征服。拉丁语是罗马帝国的遗产,1000多年里,它是受过教育的欧洲人的通用语言。英国曾征服并殖民了世界 1/4 的陆地面积;它的接班人,美国,一个世纪以来一直是主导性的经济和地缘政治力量。随着大众传播的发展,美国文化在地球上传播,英语和"金拱门"无处不在[⊖]。

今天,全球性的公司在公司内部惯例使用英语,哪怕是德国的西门子公司(本身并不来自说英语的国家)也不例外。[372] 大多数重大科学研究都发表在英语期刊上。英语是全球空中交通管制的语言。英语是全球化、国际会议、互联网、好莱坞的语言。虽然母语为英

---

⊖ 指美国文化代表麦当劳。——译者注

语的人在人数上只占第三（第一和第二分别是汉语普通话和西班牙语），但英语在55个国家都是最常用的第二语言，故此成为迄今为止全球第二常用的语言。把英语作为第一语言的人有3.6亿，还有更多的人以英语作为第二语言（12亿）。[373] 正如上帝所担心的那样，拥有共同语言可以加速对知识的追求，并将那些分散在地球上的人聚集在一起（虽然是虚拟世界里的"聚集"）。

但如果说，英语让所有人更容易相处，那么，它也会带来文化的脆弱性。目前，全世界据估计有7000种语言，但不同语言的使用人数差别很大。[374] 大约12亿人说中文（普通话或广东话）。但还有大约2000种语言，每一种的使用者不到1000人。[375] 这些语言面临消失的威胁。有46种语言，只剩一个还能说的人。[376] 每年，有25种语言消失。[377] 随着城市化和全球化的推进，这一速度可能会加快。从现在开始算起的一个世纪里，世界将缩水到仅剩600种核心语言，[378] 中文、西班牙语和英语成为占主导地位的全球性语言。伴随着语言的消失，还有一些珍贵的东西会消失，因为每种语言都是独一无二的，语言的句法和语法会影响说话者的世界观。如果人性因多样化而得到丰富，那么语言和文化的消失就会破坏人类的传承。

对本就处于威胁之下的脆弱的文化和社群，下降的生育率只是又一重挑战罢了。不同的社会尝试使用不同（很多时候甚至彼此矛盾）的策略来保护和发展自身文化。我们要不要引入更多的移民来支撑陷入萎缩的老龄化人口？但我们又该怎样保留古老的文化和语言呢？我们能不能用社交媒体和新的社群技术，记录我们的过去，保留自己残存的独特之处？但这岂非又让我们面临更大的同质化和同化风险吗？我们应该干脆将自己跟更大的社群割裂开来，也就是靠着孤立来保护自己吗？但那样的话，我们会变成什么样子呢？

这一切里贯穿着一个不容回避的问题：不管今天的年轻人口规模有多大，在世界上的大部分地区，下一代人的数量会减少，再下一代人会更少，直至最终，我们的人口会逐年减少。面对文化灭绝的威胁，还没有人找到任何补救的方法。

# 第12章 加拿大人的解决之道

EMPTY PLANET

12

访客在机场外排队等候出租车时听到的第一件事,就是一场热烈的阿拉伯语讨论——他曾在这种语言中短暂地成长过。因纽维克是一座拥有大约 3500 人的小镇,位于加拿大西北地区北极圈以北 200 公里处的马更些河三角洲。在这 6 月的一天,太阳不会落下;每年有 30 个见不到日出的黑暗冬日。人口构成大约是 40% 的因纽特人,40% 的第一民族,20% 的其他人——"其他人"里包括大约 40 名阿拉伯人,有几个还以开出租车为生。镇中心甚至有一座清真寺——世界上最靠北的清真寺,2010 年靠驳船从南部运来的。[379] 在访客的耳朵听来,这是加拿大最多元化的瞬间了。

在这个全世界最国际化的国家,这样的场景非常典型。来自世界各地的人们聚集在这片北方的土地上。加拿大 20% 的人口并非出生在加拿大,而且这一比例逐年攀升。大多伦多地区(现在是北美洲第四大城市区)的半数人口是在外国出生的。[380] 这个有着 3520 万人口的国家(根据 2016 年的人口普查,这个数字比 5 年前增加了 5%[381])每年接纳 30 万移民。还有人希望将这一数字提高到 45 万人,到 2100 年,让加拿大的人口达到 1 亿。[382] 这相当于每年繁殖出该国第10大城市（确切地说，是安大略省西南部基奇纳－滑铁卢－剑桥三联城市群）的人口。但就算按照目前的水平，按加拿大统计局的预测，2060年，加拿大的人口有望增长到约5000万。[383]

这非常了不起。21世纪，大多数发达国家的人口都将减少，而加拿大还继续保持强劲的增长势头。在人口老龄化的世界里，加拿大的老龄化更缓慢，因为移民的平均年龄比一般人口年轻7岁。[384]是的，加拿大人担心婴儿潮一代变老；是的，医疗保健永远承受着重压；是的，政客们激烈争论到底该提高退休年龄，还是增加公共养老金，又或双管齐下。但他们不如其他地方争论得那么激烈。而且，加拿大人一年又一年、10年又10年地接受了让大多数国家（包括南边的美国）民众感到惶恐的移民水平。（重复一遍：按当前加拿大接受移民的数量与其人口的比例，美国每年需要接受约300万合法移民，是现在规模的3倍。）[385]

这些移民是否陷入贫困，生活在犯罪率高企不下、连警察都不敢进入的社区阴森森的公寓楼里呢？显然不是。加拿大移民的平均教育程度高于本土出生的加拿大人。[386]他们在一个和平繁荣的社会里做出贡献，也蓬勃发展。多伦多市有260万人口（大多伦多地区有640万人口），一半的人出生在国外，一般而言每年发生的谋杀案不到60起，是全世界第8安全的城市。[387]与大多数加拿大主要城市一样，多伦多是一个充满活力但又秩序井然的地方，各种肤色、说不同语言、来自不同背景的人，在相同的办公楼工作，在同样的街区生活，一起交往，一起享受美食，彼此抱怨人满为患的地铁，享受全世界最多元化城市的生活。[388]

　　这里透露出一目了然的信息。只要一个国家，希望避免人口下降造成的经济效应（增长缓慢或完全不增长；税基减少，债务增加；老年人和年轻人之间的代际怨念，年轻人总是比老年人少），就必须采用加拿大式的解决方案：接受每年达到相当于1%人口（或接近此一数值）的移民。出生率等于或低于替代率的欧亚各国，都面临着二选一的抉择：变得更像加拿大，或是接受人口的减少。然而，这兴许是一个做不出来的抉择。

❖　　❖　　❖

　　采访进展不利。一位瑞典记者正在研究加拿大移民政策，给一位加拿大记者打电话，想了解这一主题的背景资料。但两人似乎是在各说各话：来自渥太华的答案，斯德哥尔摩的采访者根本无法理解。最终，他们找到了问题所在：他们对"移民"这个词的含义有完全不同的认识。

　　瑞典深为本国接纳难民的传统感到自豪。在第二次世界大战期间，成千上万的丹麦籍犹太人逃离了德国人的灭绝营，前往敞开怀抱的中立国瑞典。南斯拉夫的解体带来了10万移民，其中大部分是波斯尼亚人，向北进入了自己的新家。叙利亚和伊拉克国内秩序的崩溃导致人们逃离家园，寻求安全庇护，瑞典又一次站了出来，在2015年移民危机达到顶峰时，接受了16万名寻求庇护的难民。

对于一个只有950万人口的国家来说，此举非同小可。

但压力很快就表现出来。来自绝望之处的人，到得太多也太快了。许多难民是年轻人。他们能多快学会瑞典语呢？当地有什么样的工作适合他们呢？无家可归者增加，失业、犯罪和怨恨也都冒了头。瑞典政府对新移民施加了限制，还给已经入境者钱，让他们离开。保守党派（这里的"保守"，是相对瑞典而言）的平台上出现了反移民群体。[389]瑞典记者想知道，加拿大是怎样年复一年吸收如此多（数十万计）的难民，还成功整合他们的。

加拿大人解释说，加拿大并不是这么做的。通常而言，每年获得永久居民身份（并走上获得公民权的轨道）的人里，有10%的人是难民；其余的，要么是因为能给加拿大经济增加贡献而获得接纳的移民，要么是那些优秀移民的家人。瑞典记者大为震惊。"瑞典一直是出于人道主义原因接受移民。"她说。[390]这就是瑞典和加拿大之间的根本区别。加拿大出于完全自私的原因接收移民，这也是加拿大的移民情况运转得比瑞典更好的原因所在。

良好的公共政策总是建立在共同的自身利益之上。我们每个人都为自己而存在。大多数情况下，"我们自己"包括我们的直系亲属，以及我们的社区，我们的村庄、城镇或城市；我们的地区，我们的国家，我们的星球（重要性依次降低）。我们当然有同理心，我们当然会出于利他主义的原因行事。但你只会暂时性地出于正义原因去做一件事，过不了多久，你就会扪心自问："我为什么要做出这样的牺牲？这个对我或我的家人有什么好处？"赤裸裸的自利行为，受少量因素的遏制：在紧急情况下，传统的职责规范，结合集体自我保护的力量，仍然会要求让妇女和儿童先行。但总的来说，有效的公共政策反映了集体的自身利益：这对每个人都有好处。难民和移民问题尤其如此。

在难民危机期间，瑞典每 10 万人接收了 1667 名移民，这非常大度。德国接收的移民是每 10 万人 587 名。"我们能做到的。"当数百万寻求庇护者涌入德国境内时，总理安格拉·默克尔这样告诉民众。在整个欧盟境内，每个国家平均每 10 万人口接收 260 名移民。[391] 但达到平均水平的国家寥寥无几。匈牙利最初接纳的难民人数超过其他任何国家，每 10 万人口近 1800 人，但几乎所有这些人都是为了过境前往德国，当该国关闭与克罗地亚的边界时，这一数字迅速下降。其他东欧国家也不见得更加大度：波兰每 10 万人口接收 32 名难民；罗马尼亚接收 6 名。官员解释说，社会服务尚不足以满足本土出生人口的需求，更不必说寻求庇护者了。而且，必须要说的是，许多东欧人跟匈牙利总理欧尔班·维克多有着同样的反移民情绪。这一地区的各个国家，都冒出了排外主义、民粹主义、公开的种族主义政党。

西欧的部分国家也并未表现得更好。英国每 10 万人口只接收 60 名难民，即便如此，英国人还是投票决定离开欧盟，部分原因是人们担心移民不受控制；法国每 10 万人口接收了 114 名难民，达到欧盟平均水平的一半。而且，我们还看到，2016 年就出现了对 2015 年难民潮的强烈反弹，连最大度的国家也关上了大门。

在加拿大，难民危机达到高峰的时候，联邦正在举行选举。斯蒂芬·哈珀的保守党政府一直是支持移民的，还把每年接收移民的水平提高到了自由党前任政府之上。但保守党不怎么欢迎难民，2010年，一群来自泰米尔的寻求庇护者，搭乘一艘生锈的船抵达不列颠哥伦比亚省海岸之后，保守党就收紧了入境规则。哈珀已经掌权10年，不管情况怎样，他都有很大概率输掉选举，但当人们得知，地中海淹死的3岁叙利亚男孩艾兰·库尔迪的家人被加拿大拒收之后，他输就成了定局。哈珀政府明显没有同情心，把选民们赶到了自由党和它富有魅力的年轻领导人贾斯汀·特鲁多的阵营，特鲁多承诺，如果当选，将在当年年底之前接纳25000名叙利亚难民。

2015年11月，特鲁多担任总理之后的第一批动作，就是信守这一承诺，或至少努力信守：严格的安全审查和官僚主义的拖沓，使得到2016年2月，该国接收的难民才达到2.5万人。但人们原谅了他；他们知道政府已经尽力了。官员延长了工作时间；公务员自愿取消了自己的圣诞节假期，全力以赴。圣诞节前不久，总理到多伦多皮尔逊机场亲自欢迎首批抵达的难民。"你们到家了，"特鲁多对他们说，"欢迎回家。"[392] 全国上下，所有人的眼睛都湿润了。截至2016年年底，有5万名中东难民抵达加拿大，仅次于德国或瑞典的接收数量，但远远超过了其他许多国家。而且，加拿大更为慷慨的地方是，这些抵达的难民预计将永久定居。隔壁的美国，人口几乎是加拿大的10倍，接收难民不到13000人。[393]

加拿大接收的难民数量超过美国，是因为加拿大人更加友善吗？并非如此。只不过，加拿大人懂得，倘若按正确的方式处理，接收难民符合该国的利益。这一课，他们是 40 多年前学到的。

❖ ❖ ❖

从历史上看，在接收沦入困境的民众这方面，加拿大的记录甚为丢脸。1914 年，"驹形丸"轮船满载着寻找新家的锡克教徒抵达温哥华，加拿大政府将他们拒之门外。更糟糕的是，1939 年，一艘载有近千名犹太难民的轮船圣路易斯号抵达哈利法克斯港，加方勒令该船返航。有人问一名加拿大移民官员，加拿大应该放多少犹太人入境，他回答："一个都嫌多。"[394] 最终，圣路易斯号返回欧洲，许多乘客最终死于纳粹之手。

1979 年 7 月，移民部长罗恩·安基跟保守进步党内阁同事们碰头时，大概惦记着圣路易斯号的耻辱。当时，联合国发出了一项紧急呼吁：因为越南内战，数十万越南人乘船逃离了祖国。那些侥幸没有淹死、没被劫匪杀害的人，正蜷缩在难民营，处境困难。民意调查显示，大多数加拿大人不想接收他们。政府应该听取民意调查吗？内阁成员们陆续到达，每个人都在自己面前的桌子上看到一本《一个都嫌多》(*None Is Too Many*)，这是欧文·阿贝拉和哈罗德·特罗珀对圣路易斯号悲剧的里程碑式研究之作。"我们想要被人叫成是说不的政府吗？"安基问他的保守派同事，"还是成为力挽狂澜的政府？"[395] 内阁为力挽狂澜投了票。但它设定了一个条件：

加拿大将接纳多达 5 万的越南难民，但它要求公民和社区组织从民间的角度负担他们的费用。全国上下纷纷响应，教会团体、公益俱乐部、家庭或家庭团体携手接纳了所有新来的人。最终，6 万名越南船民抵达加拿大，心怀感激的联合国为此向加拿大颁发了"南森难民奖"。

加拿大人从经验中学到了一些宝贵的教训。首先，难民是了不起的移民。越南人迅速融入了社会；人们开玩笑说，每个街角商店似乎都是一对越南夫妇开办的；20 年后，这个国家大学里每一个最顶尖的学生，好像都是那些杂货店老板的儿女。其次，民间援助是整合难民的绝佳方式，因为难民分散在全国各地，得到了地方社群的妥善支持，避免了贫民窟的产生。民间扶持成了加拿大难民计划的不变特点，尤其是在危机时期。2015～2016 年前往加拿大的 5 万叙利亚难民，约有一半是民间出资负担的。较之经过严谨审查的候选人，准备好并且愿意负担难民的志愿者要多得多。

加拿大人拥抱难民和移民，不是因为他们善良，而是因为他们已经懂得，欢迎难民和移民符合加拿大自己的利益。这一发现已进入了加拿大历史的 DNA，也是一个令人不安的事实的意外后果，即作为一个民族国家，加拿大基本上可以算是失败的。未能凝聚成一个民族国家[○]，是加拿大实现后民族国家多元文化成功的奥妙所在。**396**

---

○ 此处原文为"nation"，一般情况下翻译为"国家"，但在这里的语境下，更多地偏向于"民族"的角度，故此译作"民族国家"。——译者注

❖ ❖ ❖

1896年,克利福德·西弗顿面临着身为政客有可能遇到的最大问题。全新的加拿大自治领,成立不到25年,濒临解体。人们不想住在那里。许多住在那里的人想离开。在南部,从内战中恢复了元气的巨人美国,加速向前发展,数百万人从欧洲涌向美国的海岸,接着前往其西部边境。但加拿大的边境空空荡荡——那儿太冷了,也太偏远了。在新自治领的可定居部分,沿着伊利湖和安大略湖的北岸延伸,接着扩散到圣劳伦斯河和海洋省份,不少人都在想,加拿大人到美国去赌赌运气,会不会更容易,更赚钱。作家兼权威人士戈德温·史密斯主张,跟美国合并,是不可避免的,也是可取的,"加拿大建国就是桩失败的事业。"在他看来,"从血缘和性格、语言、宗教、制度、法律和利益方面,北美洲大陆盎格鲁-撒克逊种族的这两个部分,分明就是一个民族。"[397]加拿大寒冷、虚弱、贫穷——在整个19世纪70年代和80年代,经济都萎靡不振,南边的美国却不是这样。自治领新政府刚刚艰难地镇压了西部大草原上梅蒂斯人㊀的叛乱,而大草原上人烟太过稀少,有可能直接遭美国的定居者吸收。加拿大未来的前景看起来不大妙。

但克利福德·西弗顿不愿放弃。解决办法也很简单,就是更努力地尝试,这曾是他自己成功的秘诀。西弗顿是加拿大出生的盎格

---

㊀ 北美原住民与早期欧洲移民的混血儿,但被加拿大政府视为原住民对待。——译者注

鲁-爱尔兰后裔，19世纪70年代，他十来岁的时候，跟随父母从安大略省南部搬到了马尼托巴，这让他对英属自治领的腹地和西部边疆都有了敏锐的感觉。因为患了猩红热，他有些耳聋，但靠着钢铁一般的自律克服了这一不利条件。他是法学院班上顶尖的聪明学生；年纪轻轻就成为熟练的谈判家；对自己揽下的所有事情，都精力充沛、细致彻底地完成，最终获得成功；他在政治上雄心勃勃，年仅35岁，就成了加拿大第一位、也是最伟大的魁北克法裔总理威尔弗里德·劳雷尔的内阁成员。[398] 想办法增加移民，在美国人到达之前填满加拿大的西部大草原，成了西弗顿的任务。在当时，他的解决方案非常激进：积极招募来自东欧的移民。

在许多加拿大人看来，这个设想简直该死。这个国家的法语区魁北克和其他地区已经分裂，自从加拿大1867年诞生的那一刻开始，这种分裂就威胁着国家的统一和存在。批评人士警告说，稀释加拿大说英语的新教盎格鲁-撒克逊文化，会进一步削弱国家凝聚力。新来的移民将是天主教徒或东正教徒，一句英语也不会说。他们永远不会融合。但是西弗顿不在乎；他需要人，而且现在就需要。他取消了移民中介的固定工资，让他们只拿佣金；加拿大政府中涌入了纳维亚半岛人、德国人、巴尔干人、乌克兰人以及其间的各种人，手里拿着用各种语言写成的宣传小册子，吹嘘加拿大是"最后也最美好的西部""全新的黄金之城埃尔多拉多""富饶的处女地"，受"政府保护""什么也不用怕"（这指的是来自原住民群体的威胁）。[399]

西弗顿确信，来自经济和政治受压迫地区的贫困农民将拥有意志的力量（真正的绝望），破开大草原的草皮，忍受大草原的严寒。"穿着羊皮袄、生于土地、祖上十代都是农民、有个壮硕妻子、半打孩子，这样的健壮农民，素质很好。"他坚持认为。[400] 19世纪末，斯堪的纳维亚和东欧地区还牢牢处在人口增长的第二阶段，死亡率下降而出生率居高不下。在古老的国家，没有新的土地可供开垦，年轻男女没什么良好的前景。他们接受了西弗顿的建议。从19世纪90年代开始，数百万移民跨过大西洋，来到哈利法克斯的21号码头（这是加拿大移民的入境处，地位相当于美国埃利斯岛），顺着新建好的横贯大陆的铁路，前往曼尼托巴省、萨斯喀彻温省和阿尔伯塔省，与来自美国的新来者混合，他们许多人都是来自欧洲同一地区的移民。西弗顿的赌博得到了出色的回报。东欧人不仅填满了加拿大的西部草原，而且成为加拿大人口不可或缺的一部分。有人评论说，如果没有克利福德·西弗顿，我们就永远不会有韦恩·格雷茨基（Wayne Gretzky）。⊖

人们学到了经验。移民推动了加拿大经济，填补了空旷的土地。是的，他们是异乡人；没错，他们永远不会加入圣公会。由于法国后裔和英国后裔本就彼此疏远，想要融合这些新来的人也没有合适的坩埚，故此，他们保留了许多传统方式，哪怕他们要适应地生活在一块愈发脱离大英帝国独立的全新土地上。第一次世界大战后，又有数百万人从欧洲抵达，因第二次世界大战的破坏和侵略带来的创伤，又让数百万人流离失所，来到了加拿大。20世纪50年代，

---

⊖ 加拿大著名冰球运动员，东欧裔。——译者注

意大利取代英国成为移民的头号来源。但哪怕移民不停地来,政论家们也对缺乏强烈民族认同深感遗憾。加拿大过去属于法国人和英国人。现在属于法国人、英国人,还有很多很多其他的人。但有没有哪一种东西,让人们成为加拿大人呢?"唔,至少我们不是美国人。"人们会这样回答。加拿大没有太多可供戴上民族主义帽子的根基。

深刻的偏见仍然存在:政策甚至法律禁止中国和其他亚洲移民入境加拿大。从20世纪60年代开始,这种情况发生了变化,当时加拿大建立了一套新的积分系统,根据教育、工作技能、英语或法语熟练程度以及加拿大亲属关系等条件来接纳潜在移民。积分系统确保任何地方的任何人都可以获得进入权。和美国不同(美国吸收了数百万拉美裔移民,其中许多人是非法移民),也跟欧洲不同(欧洲的移民源头是附近的北非和中东地区),加拿大欢迎全世界,但规定新移民必须具备迅速找到工作所需的技能和教育。更重要的是,移民主要是一项经济政策,旨在缓解劳动力匮乏,为人口提供支撑。20世纪90年代,由于长期低出生率的后果逐渐显现,渥太华打开了闸门,每年邀请25万移民来到加拿大。从那时起到现在,加拿大已经接收了相当于3座多伦多(该国最大的城市)的人口,新来的移民不再来自英国和欧洲大陆,而是来自中国、印度、菲律宾和世界各地。有人警告说,这些新的亚洲移民文化差异太大了,永远无法适应加拿大。但在一个不像是种族熔炉,更像是多元文化被子的国家,他们适应得很好。(加拿大方方面面的条件都很幸运:周围是三大洋，只跟美国陆地接壤，这是一种非常有效的周边控制形式。)

到目前为止，加拿大作为一个民族国家的失败已经圆满了。做一个加拿大人，比做一个挪威人或极地人，甚至美国人或澳大利亚人（在这两个国家，定居者的文化成功地创造出了单一的民族认同）更加含混，难以定义。加拿大已成为多元文化的混合体：法国人、英国人、苏格兰人、爱尔兰人、德国人、波兰人、乌克兰人、冰岛人、匈牙利人、意大利人、希腊人、葡萄牙人；接着是中国人、印度人、菲律宾人、巴基斯坦人、海地人、洪都拉斯人、斯里兰卡人、阿尔及利亚人、牙买加人、摩洛哥人、圭亚那人，等等。所有的社群都保留了自己独特的文化纽带，每一个社群都分享着同一个自治市、同一个省、同一个国家。这是极为松散的国家运行方式，到1995年，它差一点栽了跟头：魁北克人在公民投票中，是以最微薄的优势选择留在加拿大的。

但是，如果说，民族主义有助于将国家凝聚在一起，那么，按照定义，它也可以排斥外人。为了定义一个国家是依靠什么将你与他人凝结在一起（语言，宗教，基因，你们共同的文化假设，比如打招呼时是脸颊上轻贴一个吻，还是一边脸颊各一个吻，还是左边脸颊三个吻，又或者完全不吻颊）的时候，你把你的群体和其他所有的群体都隔离开来。这使你更难于理解，更不可能加入其他群体，也让别的群体难于理解或加入你。丹麦人就是丹麦人，日本人就是日本人，这就是全部。甚至其他定居者国家，如美国或新西兰，也有同类的强烈民族精神，新去的移民知道自己必须接受这种民族性格,否则就去别的地方。

而在加拿大,民族国家的认同没有那么强烈。加拿大人争取相互适应。在评论家来说,这种"留宿文化"[402]让这个地方没个样子,没有目标,归根结底也没有意义——"世界上最伟大的酒店",加拿大作家扬·马特尔这样叫它。[403]他说这是句赞美;但其他人会用这句话贬低一个有着干净毛巾但没有身份认同的国家。

但是,加拿大无法将自己凝聚成一个民族国家,恰恰又是它成为一个后民族国家的成功奥妙所在。来自世界各地和各行各业的人们都能来到加拿大,通常定居在某个大城市,接着就着手在一片热情的新土地上展开新的生活。它让加拿大成为地球上最多元化,同时最和平与和谐的国家。近年来,在美国、英国和欧洲大陆,排外主义和民粹主义者们怒火熊熊,对比来看,加拿大成为开放的前哨岗。《经济学人》评论说:"长久以来,加拿大都有着沉闷乏味的名声,没美国人那么傲慢和好斗,似乎是个局外人,生活在一座体面、宽容、意识良好的城堡里。"但随着从前的盟友们相继建立了隔离墙,"今天,加拿大似乎成了一个不折不扣的英雄,孤身捍卫着自由主义价值观。"[404]《滚石》杂志在 2017 年 7 月将加拿大总理放在封面上,并在标题中呼吁,"为什么贾斯汀·特鲁多不能来当我们的总统呢?"它其实是在问,为什么美国不能更像加拿大呢?至少,对于左翼美国人来说,这似乎就是最近这些日子里的感觉。

但在我们高兴得手舞足蹈之前,还是要承认一些令人不快的事实:加拿大对待移民的态度,也不是方方面面都像表面上那么平和。

❖　❖　❖

2017年1月，唐纳德·特朗普就任美国总统，引发了在美生活的外国人对遭驱逐出境的担忧。有几百人，主要是索马里人，徒步穿越了明尼阿波利斯的冰雪，前往加拿大曼尼托巴边境，寻求庇护。夏天到来时，成千上万的其他人，大多数是海地人，进入了魁北克省——光是8月就有将近6000人。[405]民意调查显示，加拿大人对美国（通常而言不会给加拿大送难民来）来的这些要求移民的人不太开心。一项民意调查显示，2/3的加拿大人并不认为寻求庇护者是合法难民。[406]边境地区的混乱局面（曾一度要求军方提供暂时住宿）破坏了人们对加拿大移民制度的信心。

基思·班廷在安大略省金斯敦女王大学研究公共政策。多年来，他和研究生一直追踪加拿大人对待移民和多元文化主义的态度变迁。他观察到，加拿大人并不像他们自认为的那样宽容。"全国人口大致可以分为3种，"他说，"1/3的加拿大人真的不支持多元文化主义；1/3是热情的多元文化主义者；1/3是你所说的'温和多元文化主义者'：他们支持现行政策，但有所保留。他们的支持可能发生变化。"[407]

事实上，居住在魁北克以外地区的加拿大人，对移民和融合的态度跟美国人并无太大差别。大约1/6的美国人和加拿大人反对警察和军人佩戴宗教性头饰。大约4/10反对强行要求雇主额外努力雇用少数族裔和移民；2/10反对允许女性在公共场合佩戴穆斯林头巾。[408]

魁北克内部又怎么样呢？令人不安的事实是，魁北克人对多元文化适应的宽容态度，远低于加拿大其他地区。部分原因与世俗主义（laïcité）政策有关。法国人对世俗主义的投入，本身就是对天主教会权威的反应。然而，许多世俗主义的捍卫者，也在捍卫与天主教的历史纽带。所以，大街上的穆斯林头巾是让人深恶痛绝，而在国民议会悬挂十字架是完全合理的。2013年，这种推理令魁北克独立政府出台立法，禁止公共服务部门的工作人员佩戴"显眼"的宗教象征，如穆斯林头巾或犹太教小圆帽。[409]在法案通过之前，该政府在选举中落败。但2017年，自由党政府通过了上一个法案的淡化版本。许多知识分子和政治家（包括贾斯汀·特鲁多）都援引了魁北克的"跨文化主义"：努力将其他文化融入占主流地位的法语文化，同时继续尊重差异。

多元文化主义"在魁北克省不切实际，因为人人都知道魁北克有多数文化"，社会学家杰拉德·布沙尔说。他是政府考察少数族裔适应情况的委员会共同主席，"这里就是法语文化。任何想要管理魁北克多样性的模式，都必须考虑到这一重大事实。"[410]虽然加拿大从不曾以单一民族自居，但魁北克人是自豪的民族主义者。2006年，加拿大议会通过了一项议案，承认"魁北克人在统一的加拿大境内构成了一个民族国家"。

魁北克人努力维护自己的民族认同，立法限制英语的使用，还要求移民儿童上法语学校。由于法语能力能成为移民进入魁北克的优势，该省的新移民构成情况跟加拿大其他地区不同。目前，加拿大的三大移民来源国是菲律宾、印度和中国，而魁北克移民的主要来源国是法国、阿尔及利亚和中国。[411] 魁北克省的其他主要来源国包括海地和摩洛哥，而加拿大其他地区就没有这两个国家。法国前殖民地成为移民主要来源国的模式，决定了许多魁北克移民来自法属西非。这些移民中有许多是穆斯林。他们的受教育程度往往低于前往加拿大其他地区的移民。因此，魁北克的经济和社会都存在压力。魁北克接收的移民比例较其人口基数要小，两者或许并非巧合。2015年，魁北克的人口占加拿大的23%，但移民仅占18%。[412]

换句话说，魁北克正在努力克服既维持其民族认同、同时也接收足够数量的移民以弥补低生育率所带来的挑战，而加拿大其他地区却在社会动荡相对较少的情况下，吸纳了一波又一波的新移民。但即使在加拿大其他地区，也有相当一部分人口对这些新移民，以及在多元文化背景下适应他们的尝试感到不舒服。来自各个阵营的加拿大政治家必须保护、维持加拿大民族马赛克的宽容和多样性。马赛克是一种比民族主义更具成功、韧性更大的结构。因为说到社会的保护和新生，民族主义有可能是祸害。

❖ ❖ ❖

仇外的匈牙利总理欧尔班·维克多称难民为"毒药"。"每一个移民都会影响公共安全，并构成恐怖威胁。"他坚称。[413] 但事实上，他从未接触过任何类型的移民。"匈牙利不需要哪怕一个移民来推动经济运转,维持人口,或是为了国家有一个美好的未来。"2016年,他这样宣布。[414]真的吗?匈牙利人口不到1000万,每年减少3万多人,而且正在迅速老龄化。[415]

但匈牙利之于匈牙利人,就如同日本之于日本人。该国90%的人口是匈牙利人,或马扎尔人。顺便说一句,匈牙利语是世界上最难学的语言之一。它起源于乌拉尔语族而非印欧语族,跟其他欧洲语言没有任何共同之处。匈牙利语有35种不同语格,14个元音,限定动词和不定动词形式,以及大量只有匈牙利人才能理解的习语。"计算机"(computer)一词,在匈牙利语里是"*számítógép*"。[416]因此,就算匈牙利欢迎移民,但光是考虑语言因素,人们也可能要三思而后行。

如果一个具有独特历史和文化、独特语言、独特身体特征(想想看金发碧眼的斯堪的纳维亚人)、特定社会规范、特定政府形式和共同宗教的国家,接纳了大量说不同语言,有不同历史、文化和社会规范,崇拜不同神祇的人,融合起来可能很困难。大多数文化会期望新来的人,哪怕外貌跟自己很不一样,也要尽量变得跟自己一样。但跟本国人完全一样是做不到的。所以新来者聚集在贫民区和特定的街区,从来无法真正获得归属感,也从未真正允许归属当地。更糟糕的是,随着新移民数量的增加,土生土长的人可能会加以民族主义的反击。哪怕在美国这样的定居者文化中,这种情况也有可能发生。拉美裔移民其实很好地融入了宏观的美国文化,但愤怒的排外主义者还觉得不够好，所以他们才选择了唐纳德·特朗普。正如我们之前的讨论，魁北克政府为保护魁北克语言和文化所做的努力，导致了紧张的局势和误解，哪怕它吸收了大量来自非洲和加勒比地区法语区的穆斯林移民也并无太大的缓解作用。

尽管如此，这些紧张局面在魁北克省内外仍可控制。随着2016年叙利亚空运的展开，《纽约时报》感叹地写道，"普通的加拿大人，试图干预地球上最严重的一个问题……书友俱乐部成员、冰球妈妈、扑克搭档和祖母，"他们中的不少人跟中东没有什么联系，与此同时，"世界上其他大部分地区的人，都带着怀疑或敌意对待难民"。

一个国家的民族主义情绪越少，吸收移民的工作开展得就越容易。文化越弱势，促进多元文化主义的任务就越轻松。自我意识越少，视对方为"他者"的意识就越淡。这并不意味着"什么都行"：加拿大的《权利和自由宪章》十分强健，很多寻求先例的国家如今都以加拿大而非美国为模板。[417]加拿大仍然是一个有着浓厚英国式民主和议会传统的国家，它有着法国式的自由、平等和四海一家的热望，以及来之不易的欧洲式宗教和社会宽容原则。每一个真正的加拿大人，都珍惜这些东西。

这正是人们来到加拿大、在这里找到许多同类人、快乐幸福地生活的原因。虽说新移民有时也无不遗憾地发现，自己的孩子并不乐意学习祖辈的语言。作为一个有着凝聚力、明确界定的民族国家，加拿大或许不值一提。但作为一个宽容、和平、多元文化和日益去民族化的国家，它运转得似乎相当不错。

# 13

## 未来会怎样

第13章

EMPTY PLANET

我们已经看到了生育率高、早期死亡率高的过去,以及出生率低、但人们更长寿的现状。我们的未来则是人们此前从未体验过的:在人类的主动选择下,世界人口越来越少。如果人口减少在今天只是一道小小的火花,是某些政府报告里一个令人担忧的统计数据,只有专业人士才完全理解其重要意义,那么,这道火花什么时候会变成熊熊烈火呢——比如说,从现在起的50来年之后?今天出生的孩子,在人口下降时代恰逢中年,世界对他们来说是什么样的呢?这个世界对他们的孩子又会是什么样的呢?我们相信,那个世界会有很多值得羡慕的地方。它会更干净、更安全、更安静。海洋环境将开始恢复,大气冷却下来——或者至少不再变暖。人们兴许不会越来越富裕,但这说不定也没那么重要了。大国权力将会发生转变,创新和创造力的中心也会有所变化。我们将生活在一个城市化的世界,城市和城市之间的乡村越来越少。在世界的许多地方,我们可能生活在一座感觉自己正在慢慢变老的城市中。

我们并不是说,生育率的下降是一种不可阻挡的至高宿命,将要塑造人类的未来。原有的必要因素仍然在发挥作用:权力的意志;

财富的意志；对地球健康的关注（或缺乏关注）；创造、创新和探索的渴望；保护过去、放慢脚步、固守眼下已拥有事物的愿望。此外，一如既往，总会有一个领导人的决策左右数百万人命运（不管是好是坏）的时候。我们的目的是指出，要在这些复杂的动态里加入一些新东西：在过去称为"北半球"的地方，国家人口减少已成定局；在南半球的部分地区，人口减少即将到来；最后几个人口爆炸性增长的地方，爆炸性增长即将结束。决定我们未来的不光只有人口下降，但人口下降在我们的未来中会扮演一定的角色。我们大部分时间都忽略了这一迫近的现实，我们不能再对它视而不见了。

请回答以下这个简单的问题：你认为美国哪一个州的人均碳排放量最低？

你也许会选加利福尼亚州，它使用积极的限额与交易系统对抗全球变暖。猜夏威夷也有道理，它温和的气候减少了供暖和空调成本。你也许考虑过怀俄明州或蒙大拿州，因为它们是紧挨着的两个人口密度最低的州。但所有这些都错了。获胜者是纽约州。而原因在于它有纽约市。[418] 我们知道这违反直觉，但城市密度越大，情况对环境就越有利，在抗击全球变暖的斗争中尤其如此。独自驾驶汽车的人排出的温室气体是乘坐地铁者的6倍。[419] 纽约地铁对环境特别好，因为它们特别拥挤，这进一步降低了人均排放量。发达国家的大多数主要城市都高度依赖公共交通来运载乘客。伦敦人平均每年在地铁上花去 11.5 天。[420]

如我们所见，城市化是一种全球现象。发达国家已经高度城市化——2/3 的冰岛人住在雷克雅未克；发展中国家正在迅速城市化——埃及 1/4 的人口居住在开罗。联合国预测，到 2060 年，地球上 2/3 的人口将居住在城市或大城镇。[421] 发展中国家的迅速城市化，可能带来各种各样的问题：基础设施不足、医疗保健不力、学校过度拥挤、贫困加剧、犯罪率飙升。[422] 就算在发达国家，跟上基础设施需求、对抗空气污染，也是一场永无止境的战斗。但总体而言，人们挤在城市里，便于以更低的成本提供更多服务——公共交通、下水道和供水、供电，同时对环境也有帮助。

鼓励人们弃守农村，对环境也是理性的。这似乎又一次有违直觉。谁不曾梦想着远离城市，在树林、在湖边搭建一座小木屋，用太阳能电池板供暖，住在靠近大自然的地方？许多人已经投入了这种生活方式的怀抱。但这对环境一点儿好处也没有。

你仍然需要开车到最近的城镇购买杂物。道路颠簸不平，所以你需要一辆四驱车。那种车要消耗大量的汽油。如果其他家庭成员有不同的时间安排，你兴许还需要第二辆车。如果冬天下雪了，这意味着你还需要一台吹雪机，就算你打算使用铲子，仍然必须要靠市政铲雪车来帮你清理出道路。如果你有孩子，校车得接送他们上下学。太浪费了。而且，当你膝盖开始不舒服的时候，只有在离你很远的大城市里，有你需要的专科医生。你去了又回来，回来又过去。你的房子坐落在一片空地里——大概至少要占地半英亩，空地从前是灌木丛，而灌木们纷纷想要把它夺回来。如果你想为抗击全球变暖做出贡献，请住在城市的高层公寓楼（辐射热浪能通过墙壁渗透到房间，降低取暖成本），搭乘地铁上下班。未来几十年，为缓解全球变暖，政府将耗费数万亿美元，征收建设税，修复暴风造成的破坏。农村居民对能量和资源太过浪费，可能会为此遭到严厉的处罚，只有极其富裕的人才负担得起逃离城市的生活。

在对抗全球变暖和其他环境威胁的斗争中，城市化还带来了另一个盟友：随着边缘地区的农田重新恢复成荒地林地，我们将会有更多的树木。这一过程同样已经在推进当中了。在定居国家，有些年龄足够大的人，还记得人们搬到镇上之前，家里的农场在什么地方。通常，那样的农场，在19世纪中期由欧洲移民开拓。土壤往往比较贫瘠，气候也不够理想，所以生活艰辛。如果你能种出玉米，就能喂养一群奶牛。农户将有一座大菜园，大部分农产品腌制以备冬季消耗，其余的存放在冷藏室中。或许，是大萧条迫使这户人家离开了这片土地；或许，是战争结束后的美好时光诱使他们前往有供电、有超市的城镇。如果你今天开车去旧宅基地，大概还可以找到围栏里面残存的东西，当然也可能不会。总之，一切复归于杂草和灌木。

未来10年，世界上的农田数量将开始减少。[423]农业技术的改善，以及企业相较于家庭农场的高效，使得各地耕作土地的数量萎缩。2007~2012年，美国有700万英亩农田消失。[424]其中一些被郊区吞噬，但大部分是不再耕种牟利的土地。此后几十年，当人口下降到来，会有更多的农田消失。边缘农田重新变成森林（有些是自然生长，有些是企业创造的林地），都对环境有着明显的好处。农场制造污染。动物排出甲烷，肥料渗入附近的溪流。代替了农田的灌木丛能捕获碳，制造氧气。濒临灭绝的物种将拥有更大的栖息地，从而提高生存概率。21 世纪后期，随着转基因作物的进一步发展，只需要当前耕种土地的一小部分就能养活人口了。其余的土地将回归自然，有助于地球恢复清凉。

世界的海洋同样承受着巨大的压力。过度捕捞，来自农业和城市径流的沿海水域污染，以及大量人类所做的其他滥用行为，扰乱了食物链。珊瑚白化，鲸鱼濒临灭绝，都是破坏带来的恶果。我们越早采取行动限制大气变暖，对我们的海洋就越好。但最终，人口规模的减少，是对海洋的最佳保护举措。毕竟，要吃鱼的嘴巴变少了。

2015 年 12 月 12 日，在巴黎，所有国家都同意控制因人类活动带来的气候变化影响，把气温较工业化前水平升高的幅度控制在 2 摄氏度范围内。早在 1997 年的京都，世界各国领导人就做出了类似承诺，但自此以后地球仍在一直变暖。随着越来越多的国家进入现代化，它们重度依靠燃煤发电机来扩大电网。修建燃煤发电站，差不多是你对大气做的最糟糕的事情。好消息是，太阳能成本的迅速下降，以及城市中产阶级纳税人对烟雾缭绕的城市大感愤怒，正在努力摆脱煤炭。

关于美国，这里有一个鼓舞人心的数据：尽管经济增长显著，该国的用电量自2007年以来保持平稳。原因之一或许是，随着就业岗位转移到海外，制造工厂关门大吉（这真是个令人沮丧的原因）。但另一个原因有可能是离网自主发电（比如，人们用太阳能电池板为住房供暖）和能源节约，这让人略感欣慰。[425] 对这些排放量较高的国家（以及世界上的其余国家），太阳能和风能产生的电池储存量的进步，整体上可以减少对化石燃料的需求。

尽管如此，由于发展中国家的需求不断增长，预计到2040年前后，世界的化石燃料才能达到峰值。[426] 印度仍有370座计划待建的火力发电站[427]。2017年，唐纳德·特朗普退出了《巴黎协定》（当然，不少州政府仍计划履行其承诺）。遏制全球变暖仍是一场艰难的斗争。好消息是，人口下降有望在限制碳排放方面扮演着重要角色。最近的一项研究预测，如果联合国的低位预测模型胜出，到2055年，相对排放量将减少10%，到2100年将减少35%。[428] 少产生二氧化碳的解决方案，说不定归根结底靠的是减少人类产生。

我们预见的未来是，数量大大减少的人类居住在大城市的高楼大厦里，城市与城市之间的大部分土地恢复为荒地，灌木丛生。热带雨林和北半球的森林将扩张，捕获碳，生成氧气。可再生能源形式将减少并最终消除对化石燃料的需求。城市化、创新和人口减少，有望成为阻止气候变化进程的最佳解决方案。运气好的话，今天出生的婴儿（运气坏的话，那就是此后10年或20年出生的婴儿），将在更清洁、更健康的世界里步入中年。

❖ ❖ ❖

但那会是一个和平的世界吗?这是道难题。1914年,德国政府面临群众的街头示威、不肯安分的国会大厦以及要求获得政治自由的不断壮大的中产阶级。"随着国内政治平衡愈发难于实现,德国统治者越来越受到诱惑,企图通过外交政策活动,实现国内的团结。"[429] 比方说,迅速地打一场小规模战争,打完就让小伙子们回家过圣诞。德国跟老态龙钟的盟友奥匈帝国一起,将世界拖入两场灾难性战争中的第一场,这是现代最为愚蠢也最具悲剧性的一场战争。

这一幕不见得会发生。如果热点地区(伊朗以及天知道接下来的什么地方)设法避免挑起战争,那么,世界就可以进入一个和平的新时代:长者和平岁月(geriatric peace)。这个说法是政治学家马克·哈斯创造的:"世界正进入一个在人口统计上前所未见的时代。"2007年,他写道,"未来几十年,社会老龄化将成为一个普遍而广泛存在的问题。"[430] 哈斯认为,中国和俄罗斯人口的快速严重老龄化,将使这两个国家难以取代美国,成为世界领先的经济和军事大国。靠着充足的移民,美国迈入老龄化的步伐,将比其他大国慢,从而进一步巩固其领先地位。虽然哈斯的预测领悟者寥寥,但我们认为,他说中了一些关键,而且,我们还想补充一点:世界老年人多而年轻人少,意味着找麻烦的愣头青更少了。随着非洲和中东的生育率直线下降,军阀和空想家能煽动招募的人变少了。发展放缓，意味着对稀缺资源的竞争减弱。人头攒动的非洲，对产业空洞化的欧洲所造成的压力，也可能有所缓和。

一如既往，中东仍是寻求和平之路上的巨大变数——这里是地球上冲突最为激烈的地方。在这里，我们仍然有望看到生育率下降带来的好处。最不幸的国家有着最高的生育率：阿富汗（5.2）、伊拉克（4.0）、也门（3.8）。这些以宗族为基础的文化具有强烈的宗教信仰，农村地区居多，而且极为排外。对女性来说，生活在这些地方，就等于生活在了全世界最糟糕的地方。由于伊朗政府数十年来限制人口增长，伊朗的生育率只有1.8。这一努力大获成功，反倒提醒了德黑兰，如今它又试图鼓励父母生育更多孩子。但我们知道这么做不会有什么效果。此外，那里的人们不擅长管理经济，家长根本养活不起更多的孩子。[431]

阿拉伯之春运动过后，突尼斯有了更为民主的政府，它的生育率为2.0。就算是采用伊斯兰教法、极大限制妇女权利（直到2017年，沙特王室才准许女性开车）的沙特阿拉伯，生育率也仅仅达到了替代率2.1。原因很简单：1970年，沙特妇女的识字率为2%。但为了表示（相对）开明，沙特政府允许女性上学。如今，大学毕业生中的女性占比达到52%。神职人员兴许会下令禁止女性观看足球比赛，但我们从世界其他地方的例子里知道这个故事最终将走向何方。[432]

传统观点认为，不管以色列的国境线最终划在什么地方，巴勒斯坦更高的生育率有可能让以色列人在自己的国家里成为少数族裔。但在以色列境内，巴勒斯坦和以色列妇女的生育率是相同的：3.1。[433] 这是所有发达国家最高的生育率——几乎是其他大多数国家的两倍。犹太人（在一片充满敌意的阿拉伯之海，以色列是他们的岛屿）认为必须保持自己的人口上涨。相比之下，以色列的阿拉伯人正在降低生育率，因为妇女获得了更好的教育和更多的权利。犹太人如此高的生育率加上强劲的移民，可能会让以色列没有足够的地方容纳所有人，因为到 21 世纪中叶，该国人口将达到 1600 万左右，是如今的两倍。考虑到任何一方都无法占据人口上的绝对优势，寻求公正和持久的和平对双方都是明智之举。

加拿大学者贝斯马·莫马尼指出了阿拉伯的新一代年轻男女的特征：受过良好教育，日益世俗化，通过智能手机与世界保持联系，富有企业家精神，对掌管并破坏自己国家的政客们感到不耐烦。莫马尼认为，新一代的好日子一定会到来，"青年的思想中，已经酝酿着一场社会和文化的革命。这将是一场根本性的价值观变化。"[434] 这里有一个关于爱情的统计数据：64%的沙特青年希望结婚是因为爱，这个数字比 10 年前增加了 10%。"我们不能老是想着未来会比现在更糟糕，"她坚决地说，"我不信。"2017 年 11 月，沙特王储穆罕默德·本·萨勒曼发起的反腐运动，是这场革命的前奏，还是另一段虚情假意的春天？全世界正拭目以待。

还有一个重要的问题：美国仍然有在 21 世纪领导世界的意愿吗？一切仍然对它有利。移民（不管合法还是不合法）将支撑人口。科学家、工程师和程序员将涌入仍然开放的美国市场，刺激创新。

没有合法身份的工人（以及所有从底层干起的移民）为过分琐碎或机器人难于完成的工作提供劳动力，指望自己的孩子能过上更好的生活。[435] 完全没有理由认为，21世纪将跳出美国的手掌心。除非……

最大的危险来自，美国将抛弃它一路走来实现伟大的秘密工具。和过去很多时候一样，当今的排外主义、反移民情绪困扰着合众国。唐纳德·特朗普的"美国第一"运动将开展到何种程度？美国是否会对非法移民（这些非法移民对其建筑和服务业至关重要）关闭边境？对原本愿意跟加利福尼亚风险投资家分享重大创新设想的上海软件工程师，他会不会与之断绝关系？与世界隔绝的美国，必将承受不幸的命运，而不幸的命运，也是它选择与世界隔绝而应得的下场。但历史表明，美国人民有更好、更准确的直觉。"当人们穷尽了其他所有的可能性之后，总是指望美国人能做正确的事。"虽然丘吉尔本人从没说过这句话（但所有人都说是他说的），但这句话站得住脚。[436]

如果美国真的垮掉，另一个强国可能会占据主导地位：印度。尽管存在大量内部矛盾，但该国正在实现现代化，不断发展。由于其生育率目前处于替代率水平，印度可以享受数十年的黄金岁月，拥有大量的年轻人口生产和消费财富。但最终，印度的人口也将走向衰败，而与此同时，世界会饶有兴致地看着这个充满活力的社会走上舞台中央。

加拿大人均对应的移民入境人数是美国的3倍，到2060年，该国人口大概会增加到 5000 万。许多商业和思想领袖都建议进一步提高每年吸纳的移民人数，故此上述数字有望一路提升到 6000 万。[437] 届时，就算其他所有条件保持不变，德国的人口将从目前的 8000 万减少到 6800 万。[438] 虽说很难想象，但加拿大的全球地位，有可能仅仅因为其人口规模而得到提升。当然，数字从来不是这个国家成功的奥妙。一些国家可能会逐渐接受移民，把它视为解决社会老龄化的办法。但是，没有根深蒂固的多元文化精神，移民必将带来灾难。有了加拿大对新移民及其原生文化的开放态度，21 世纪将成为该国的黄金时代。

❖　❖　❖

21 世纪中叶出生的人，有望活到 100 岁。[439] 一些生物学家认为，到 21 世纪末，人类的预期寿命将达到 150 岁。[440] 这很好，但过分老龄化的人口，同样也是极为昂贵的人口。为支撑劳动力、养老金计划和税收收入，退休年龄必须要提高。你将活得更久，但同样也会工作更久。此外，关闭空无一人的学校，可以挽回些金钱。自动化、人工智能和其他激发生产力的举措，可以解决劳动力短缺的问题，尽管如此，今天的机器人，在你购买冰箱或消费社会里其他重要产品的时候，并没有什么用处。企业高管和吃香的知识型工人，跟普通民众之间富裕度的差距，必须缩小。这不是左翼号召，只是一道安全阀。

一些分析人士预测，家庭规模小，家长能够工作更长时间，社会将变得更富裕，故此，提升他们的工作技能，等他们最终回家的时候，就能把更多的关注和金钱放到自己唯一的孩子身上。[441] 对此，我们并不很确定。但我们不希望成为反向的马尔萨斯主义者，预测世界将因为人口衰退，而变得越发贫穷，社会压力激化。总能找到解决问题的办法。

但我们真的担心失去创新和创造力。由于活着的人年复一年变得更少了，歌没人写了，新药没人发现了，技术没人去完善了——这些，你该怎么量化呢？你要怎样去衡量，因为年轻人减少而损失的创造性能量？反过来说，从农场到城市的无情过渡，将增强创造力。爵士乐、后结构主义和图形用户界面有什么共同之处？它们都不是在农场里发展起来的。除此之外，创新和创造力对人口数量的依赖并不像你想的那样紧密。柏拉图撰写《理想国》的时候，雅典的城邦只有25万人；莎士比亚写下《李尔王》的时候，英格兰只有400万灵魂。然而，古希腊和文艺复兴时期的欧洲，拥有一样共同的东西：乐观精神。世界是一个令人兴奋的地方；每一天都有新的发现，人们充满自信地展望未来。衰落的社会也能产生伟大的艺术和思想，但此时的杰作往往带有一丝讽刺和失落感。没有了年轻人的乐观精神，说不定是我们为人口减少而付出的最大代价。

但世界不会全体以同样的方式进入老龄化。就算到了21世纪末，非洲仍将保持年轻。非洲大陆将以超大城市为主——毫无疑问，这些城市混乱、气味熏人、规划不良，但它生机盎然，活力十足，随时迸发新的想法。我们有一种预感：21世纪最后几十年，真正激动人心的音乐和戏剧，真正具有开创性的创新，真正革命性的新思维，有更大可能来自拉各斯或孟买，而非巴黎或东京。

❖　❖　❖

即使是欧洲和亚洲生育率最低的国家，如果它们乐意，可以靠着接纳移民保持人口稳定。但这种观点或许太过天真。我们说过，没有多元文化精神，移民必然会带来排斥、贫民窟化、边缘化、暴力以及归根结底最糟糕的命运：公共空间的崩溃，即社会中不同群体无法一起分享空间，没有共同的假设和价值观。只要新来的人能适应我们的方式，那么一切都好，我们欢迎他们。但要让移民举措运转起来，每一方都必须有所调整；每一方都必须有所付出。太多的社会无法恰如其分地融合新移民，就是因为社会民族主义心态太强，缺乏弹性。

美国、加拿大、澳大利亚和新西兰等移民社会，代表了大英帝国最为持久的一笔遗产，它们对新移民更为开放。然而，哪怕这几个国家的人口几乎完全由移民或移民的后代构成，它们也无法对社会僵化完全免疫。在美国，奴隶制的遗产继续隔离白人与黑人；在加拿大和其他地方，殖民化的遗产让原住民和非原住民彼此疏远。但总的来说，民族或种族一致感越强，将新移民融入和谐整体的机会就越小。匈牙利人觉得自己不再是匈牙利人，日本人觉得自己不再是日本人——这样的日子真的会出现吗？我们很好奇。我们想知道，他们会欢迎陌生人进入他们之中，成为平等的一员吗？不管怎么说，对那些希望维持人口稳定，甚至再次发展的社会，除了引进移民之外别无他法。

就连移民，有一天也可能不再成为一条出路。中国曾输出过大量移民。现在它的输出减少了，一些人回到了祖国。总有一天，菲律宾和其他国家也将继续朝着城市化和现代化迈进，生育率必然会低于2.1，耗尽富余人口。它们的国内经济说不定也变得更加繁荣。在撰写本书期间，我们惊讶地发现，城市化不光带来了受教育程度更高的妇女和较低的生育率，也带来了更好的治理，以及经济更发达的社会。城市化、女性赋权、政治与经济发展之间的关系如何，可供猜测的空间不大。但我们有理由心怀希望。

当然，由于我们无法预见的原因，说不定，到了某一个时候，人们开始生育更多的孩子。是的，从目前来看，这似乎不太可能。但情况会发生变化。政府可以出手干预：对体外受精给予补贴，多生孩子有补助，提供儿童抚养费，设立育儿假计划，鼓励父亲多分担，加大对日托的国家支持。但这样的项目代价高昂，结果又不确定。魁北克政府给予了大规模补贴的日托项目，正在成为政府的财务负担，但该省的生育率为1.7，仅略高于全国平均水平1.6。[442]（魁北克喜欢来自法语高生育率地区的移民，如海地和阿尔及利亚，或许这可以解释一些差异。）除了掏纳税人的钱，想到政府会号召，"为了国家，女性应该多生孩子"，这似乎让人们不太舒服。

但也许，人们自己会变。离婚率下降的部分原因是，孩子们感受到了自己或朋友家庭离婚的痛苦，并决心避免离婚。说不定，一代独生子女（或只有一个兄弟姐妹的孩子）长大以后，他们希望自己的孩子体验到多子家庭混乱的快乐。大家庭很棒：有施加粗暴纪律的大哥（不管怎么说你都崇拜他），有姐妹们诡秘的小圈子，还有最后出生、最受宠溺的弟弟妹妹。家里四面八方都是孩子们奔跑带来的噪声、混乱和乐趣。圣诞节的早晨？它专为满是孩子的家庭而设计。你见过跟许多兄弟姐妹一起长大，却希望自己是独生子女的人吗？我们没见过。

也许，终于有一天，女性实现了她们应得的完全平等。或许，生第3个孩子也不会妨碍她的事业发展——一如这不会扯丈夫的事业后腿，因为，丈夫也像妻子一样同等投入地承担起了孩子的养育责任。我们还有很长的路要走。但每一年，两性差距都缩小了一点点。

从现在开始的两三代人，每一代人的每户家庭只有一两个孩子（甚至一个孩子也没有），人们兴许会非常孤独。家族聚会也没法占满整个客厅。秋千空空荡荡，闲置生锈。没有孩子在街上跑来跑去大呼小叫。将来的某一天，人们可能会对彼此说：我们多生一个吧。接着再生一个。虽然我俩都50来岁了，谁管它？如今，很多人都是50多岁才生孩子的，而且，母亲和孩子都绝对安全。让我们儿女成群地变老吧。

我们描述了一种人口衰退的未来，这样的未来，将带着我们走到 21 世纪末。但对此后的每一代人、每一个世纪来说，这种衰退并非不可避免，世界不会终结的。可能性太多了。欧洲会又羡慕又嫉妒地朝着非洲看齐吗？科学家们会开始研究全球降温的影响吗？我们将生活在无尽衰减的可怕战争时代，还是"印度治下的和平"(Pax Indica) 时代呢？未来是无止境的衰落还是会迎来复兴呢？

就说这么多吧，足够了。未来将走出自己的路；我们必须创造它们。我们必须珍视老年人，鼓励年轻人，促进所有人的平等。我们必须欢迎新移民，与他们分享我们的空间，同时保持自由和宽容，造就值得生活的社会。人口下降不一定意味着社会的衰退。但我们确实需要理解：我们身上正发生着什么，什么样的事情即将发生。我们在地球上一起生活了这么久，还从未碰到过这样的事情。

人类竟然越来越少。想象一下吧。

# 致　　谢

两位作者向自己的经纪人 John Pearce 表示感谢，他从一开始就满怀热情地接纳了这本书。我们的编辑 Douglas Pepper，帮助我们从头到尾确保本书的推进；没有他，这一定会是一本内容少得多的书。有 Tara Tovell 帮我们编校手稿，我们夜里睡得特别安心。致 Signal 和 McClelland & Stewart 出版社的所有朋友，向大家献上我们衷心的感谢。如果出现任何不应该发生的错误，过错都由作者承担。

**以下部分来自达雷尔·布里克**：像本书一样复杂的项目，牵涉者众多。有一些，是本书提及的采访中接触到的好心人，他们慷慨地向我们分享了自己所知。其他为本书提供了重要帮助的人包括：Priscilla Branco, Henri Wallard, Leciane Amadio, Cal Bricker, Joseph Bricker, Clifford Young, Bobby Duffy, Gideon Skinner, Simon Atkinson, Ben Page, Mike Colledge, Becky Hunter, Amit Adarkar, Tripti Sharma, Parijat Chakraborty, David Somers, Roger Steadman, Tom Wolf, Hilda Kiritu, Rod Phillips, Virginia Nkwanzi, Danilo Cersosimo, Mari Harris, John Wright, Mark Davis, Sharon Barnes, Michael Barnes 和

Robert Grimm。我还要感谢市场调研公司益普索公共事务部的全球同事，他们中的许多人一路上都在为我们提供帮助。

最重要的是，我要感谢益普索的首席执行官 Didier Truchot。他不仅给了我担任益普索公共事务首席执行官的机会（这个部门，对任何社会研究人员都是一个绝妙的平台），还鼓励甚至推动我对这个世界表达好奇心。

**以下部分来自约翰·伊比特森**：2016 年秋天，我有幸在渥太华大学就全球人口下降问题主持了一场研究生研讨会。感谢 Roland Paris 发出的邀请，还有 Kayanna Brown，Mathieu Cusson，Rahul Kitchlu，Mohammed Omar 和 Laurence Villeneuve，他们的贡献让本书内容变得更加丰富。

我要感谢 Judith Lindikens 和 Nathaniel Boyd 在布鲁塞尔举办的晚宴，还有 Bavo Olbrechts，Sofi Peppermans，Adrien Lucca，Estelle De Bruyn，Pieter Geenen，Helena Desiron，Thierry Homans，Daneel Bogaerts，Nele Lambrichts 和 Stef Kunnecke，谢谢你们容忍了我恼人的问题。

对加拿大《环球邮报》的每个人，从我在渥太华分部的同事，到分部负责人 Bob Fife，总编辑 David Walmsley 和发行商 Philip Crawley，跟你们共事是我的快乐和荣幸。

当然，最重要的，我还要感谢 Grant。

# 注　释

1. Jasmine Coleman, "World's 'Seventh Billion Baby' Is Born," *Guardian*, 31 October 2011. http://www.theguardian.com/world/2011/oct/31/seven-billionth-baby-born-philippines. And "Indian Baby Picked as the World's 'Seven Billionth Person.'" *BBC News*, 31 October 2011. http://www.bbc.com/news/world-south-asia-15517259. And "World's 'Seven Billionth' Baby Born in Russia," *Forbes*, 31 October 2011. http://www.forbes.com/sites/kenrapoza/2011/10/31/worlds-seven-billionth-baby-born-in-russia/.
2. "World Welcomes 7 Billionth Baby," *Herald*, 31 October 2011. http://www.herald.co.zw/world-welcomes-7-billionth-baby
3. Joel K. Bourne Jr., *The End of Plenty: The Race to Feed a Crowded World* (New York: Norton, 2015), introduction. https://books.google.ca/books?id=XAmdBAAAQBAJ&printsec=frontcover&dq=the+end+of+plenty+the+race+to+feed+a+crowded+world&hl=en&sa=X&ved=0ahUKEwjIpr6ysIXYAhUi8IMKHbPoCJ4Q6AEIJzAA#v=onepage&q=the%20end%20of%20plenty%20the%20race%20to%20feed%20a%20crowded%20world&f=false
4. "Italy Is a 'Dying Country' Says Minister as Birth Rate Plummets," *Guardian*, 13 February 2015. http://www.theguardian.com/world/2015/feb/13/italy-is-a-dying-country-says-minister-as-birth-rate-plummets
5. Robert Krulwich, "How Human Beings Almost Vanished from Earth in 70,000 B.C.," *NPR*, 22 October 2012. http://www.npr.org/sections/krulwich/2012/10/22/163397584/how-human-beings-almost-vanished-from-earth-in-70-000-b-c
6. "The Toba Supervolcanic Eruption of 74,000 Years Ago," *Access Cambridge Archeology* (Cambridge University, 2014). https://www.access.arch.cam.ac.uk/calendar/the-toba-supervolcanic-eruption-of-74-000-years-ago
7. See, for example, Nicole Boivin et al., "Human Dispersal Across Diverse Environments of Asia During the Upper Pleistocene," *Quaternary International*, 25 June 2013, 32. http://www.sciencedirect.com/science/article/pii/S1040618213000245

8   Sarah Gibbens, "Human Arrival in Australia Pushed Back 18,000 Years," *National Geographic*, 20 July 2017. https://news.nationalgeographic.com/2017/07/australia-aboriginal-early-human-evolution-spd
9   Jared Diamond, *Guns, Germs, and Steel: The Fates of Human Societies* (New York: Norton, 1997), 41.
10  Ian Sample, "Could History of Humans in North America Be Rewritten by Broken Bones?" *Guardian*, 26 April 2017. https://www.theguardian.com/science/2017/apr/26/could-history-of-humans-in-north-america-be-rewritten-by-broken-mastodon-bones
11  Ian Morris, *Why the West Rules—For Now: The Patterns of History and What They Reveal About the Future* (New York: Farrar, Straus and Giroux, 2010), 296.
12  "Historical Estimates of World Population," International Programs database, table (Washington, D.C.: United States Census Bureau, 25 July 2017). https://www.census.gov/population/international/data/worldpop/table_history.php
13  Ole J. Benedictow, "The Black Death: The Greatest Catastrophe Ever," *History Today*, 3 March 2005. http://www.historytoday.com/ole-j-benedictow/black-death-greatest-catastrophe-ever
14  Samuel K. Cohn Jr., "Epidemiology of the Black Death and Successive Waves of Plague," *Medical History*, Supplement 27, 2008. http://www.ncbi.nlm.nih.gov/pmc/articles/PMC2630035/
15  "Plague" (Atlanta: Centers for Disease Control, 14 September, 2014). https://www.cdc.gov/plague/transmission
16  Ibid.
17  Mark Wheelis, "Biological Warfare at the 1346 Siege of Caffa," *Emerging Infectious Diseases Journal*, Vol. 8, No. 9 (September 2002). http://wwwnc.cdc.gov/eid/article/8/9/01-0536_article
18  Katherine Shulz Richard, "The Global Impact of the Black Death" *ThoughtCo*, 3 March 2017. https://www.thoughtco.com/global-impacts-of-the-black-death-1434480
19  G.D. Sussman, "Was the Black Death in India and China?" *Bulletin of the History of Medicine*, Vol. 85, No. 3 (Fall 2011). http://www.ncbi.nlm.nih.gov/pubmed/22080795
20  Benedictow, "The Black Death."
21  Ibid.
22  David Routt, "The Economic Impact of the Black Death," *EH.net*

*Encyclopedia*, 20 July 2008. https://eh.net/encyclopedia/the-economic-impact-of-the-black-death

23. C.W. "Plagued by Dear Labour," *Economist*, 21 October 2013. http://www.economist.com/blogs/freeexchange/2013/10/economic-history-1

24. Ker Than, "Massive Population Drop Among Native Americans, DNA Shows," *National Geographic News*, 5 December 2011. http://news.nationalgeographic.com/news/2011/12/111205-native-americans-europeans-population-dna-genetics-science

25. William M. Donovan, *The Native Population of the Americas in 1492* (Madison: University of Wisconsin Press, 1992), 7.

26. Nathan Nunn and Nancy Quinn, "The Columbian Exchange: A History of Disease, Food and Ideas," *Journal of Economic Perspectives*, Vol. 24, No. 2 (Spring 2010), p. 165. https://web.viu.ca/davies/H131/ColumbianExchange.pdf

27. *World Population to 2300* (New York: United Nations Department of Economic and Social Affairs/Population Division, 2004), Table 2. All historical global population numbers are drawn from this table. http://www.un.org/esa/population/publications/longrange2/WorldPop2300final.pdf

28. Steven Pinker, *The Better Angels of Our Nature: Why Violence Has Declined* (New York: Penguin, 2011).

29. Alfred Crosby, *Germs, Seeds and Animals: Studies in Ecological History* (New York: Routledge, 1994).

30. Pamela K. Gilbert, "On Cholera in Nineteenth Century England," *BRANCH: Britain, Representation and Nineteenth-Century History* (2013). http://www.branchcollective.org/?ps_articles=pamela-k-gilbert-on-cholera-in-nineteenth-century-england

31. Sharon Gouynup, "Cholera: Tracking the First Truly Global Disease," *National Geographic News*, 14 June 2004. http://news.nationalgeographic.com/news/2004/06/0614_040614_tvcholera.html

32. Judith Summers, *Soho: A History of London's Most Colourful Neighborhood* (London: Bloomsbury, 1989), 113–17. http://www.ph.ucla.edu/epi/snow/broadstreetpump.html

33. David Vachon, "Doctor John Snow Blames Water Pollution for Cholera Epidemic," *Father of Modern Epidemiology* (Los Angeles: UCLA Department of Epidemiology, 2005). http://www.ph.ucla.edu/epi/snow/fatherofepidemiology.html

34 "Population of the British Isles," *Tacitus.NU*. http://www.tacitus.nu/historical-atlas/population/british.htm

35 Max Roser and Esteban Ortiz-Ospina, "World Population Growth," *Our World in Data*, 2013/2017. http://ourworldindata.org/data/population-growth-vital-statistics/world-population-growth

36 Michael J. White et al., "Urbanization and Fertility: An Event-History Analysis of Coastal Ghana," *Demography*, Vol. 45, No. 4 (November 2008). http://www.ncbi.nlm.nih.gov/pmc/articles/PMC2834382

37 Elina Pradhan, "Female Education and Childbearing: A Closer Look at the Data," *Investing in Health* (Washington, D.C.: World Bank), 24 November 2015. http://blogs.worldbank.org/health/female-education-and-childbearing-closer-look-data

38 Michael Haines, "Fertility and Mortality in the United States," *EH.net Encyclopedia*, 19 March 2008. https://eh.net/encyclopedia/fertility-and-mortality-in-the-united-states.

39 Michael J. McGuire, "John L. Leal: Hero of Public Health," *Safedrinkingwater.com*, 25 September 2012. https://safedrinkingwaterdotcom.wordpress.com/2012/09/25/john-l-leal-hero-of-public-health

40 Ibid.

41 "Life Expectancy" (Canberra: Australian Institute of Health and Welfare, Australian Government, 7 February 2017). https://www.aihw.gov.au/reports/life-expectancy-death/deaths/contents/life-expectancy

42 "Fertility Rates" (Australian Bureau of Statistics, Australian Government, 25 October 2012). http://www.abs.gov.au/ausstats/abs@.nsf/Products/3301.0~2011~Main+Features~Fertility+rates

43 "Harry W. Colmery Memorial Park" (Topeka: American Legion, Department of Kansas). http://www.ksamlegion.org/page/content/programs/harry-w-colmery-memorial-park

44 "Harry W. Colmery" (Indianapolis: American Legion, 2017). http://www.legion.org/distinguishedservicemedal/1975/harry-w-colmery

45 "Servicemen's Readjustment Act (1944)," *Ourdocuments.gov*. http://www.ourdocuments.gov/doc.php?flash=true&doc=76

46 World Health Organization; World Food Program; United Nations Educational, Scientific and Cultural Organization; United Nations Children Fund.

47 Max Roser, "Life Expectancy," *Our World in Data*, 2017. http://ourworldindata.org/data/population-growth-vital-statistics/life-expectancy

48 Max Roser and Esteban Ortiz-Ospina, "World Population Growth," *Our World in Data*, April 2017. https://ourworldindata.org/world-population-growth/

49 *Soylent Green*, DVD, directed by Richard Fleischer (Los Angeles: MGM, 1973). http://www.imdb.com/title/tt0070723/

50 *Inferno*, DVD, directed by Ron Howard (Los Angeles: Sony, 2016).

51 Donna Gunn MacRae, "Thomas Robert Malthus," *Encyclopedia Britannica*. http://www.britannica.com/biography/Thomas-Robert-Malthus

52 Thomas Malthus, *An Essay on the Principle of Population as It Affects the Future Improvement of Society, with Remarks on the Speculations of Mr. Godwin, M. Condorcet, and Other Writers* (London: J. Johnson, 1798). http://www.econlib.org/library/Malthus/malPop1.html#Chapter%20I

53 Ibid.

54 Ibid.

55 Ibid.

56 Ibid.

57 Ron Broglio, "The Best Machine for Converting Herbage into Money," in Tamar Wagner and Narin Hassan, eds., *Consuming Culture in the Long Nineteenth Century: Narratives of Consumption 1700–1900* (Lanham: Lexington, 2007), 35. https://books.google.ca/books?id=NAEZBjQwXBYC&pg=PA35&dq=weight+of+cow+1710+and+1795&hl=en&sa=X&ved=0ahUKEwiwib_70InKAhUFGB4KHRmZCqUQ6AEIHDAA#v=onepage&q=weight%20of%20cow%201710%20and%201795&f=false

58 Elizabeth Hoyt, "'Turnip' Townsend and the Agriculture Revolution," *Elizabeth Hoyt*. http://www.elizabethhoyt.com/extras/research/revolution.php

59 Tim Lambert, "A History of English Population," *Localhistories.org*, 2017. http://www.localhistories.org/population.html

60 Paul Ehrlich, *The Population Bomb* (Rivercity: Rivercity Press, 1968), xi.

61 Ibid., 17.

62 Ibid., xii.

63 Ibid., 25.

64 Tom Murphy, "U.N. Says MDGs Helped Lift 1 Billion People Out of Poverty," *Humanosphere*, 8 July 2015. http://www.humanosphere.org/world-politics/2015/07/u-n-says-mdgs-helped-lift-1-billion-people-out-of-poverty

65 "National Air Quality: Status and Trends of Key Air Pollutants" (Washington, D.C.: Environmental Protection Agency, 2017). https://www.epa.gov/air-trends

66 Dan Egan, "Great Lakes Water Quality Improved, but There Are Still Issues, Report Says," *Milwaukee Journal-Sentinel*, 14 May 2013. http://www.jsonline.com/news/wisconsin/great-lakes-water-quality-improved-but-there-are-still-issues-report-says-i49uq79-207463461.html

67 Prabhu Pingali, "Green Revolution: Impacts, Limits and the Path Ahead," *Proceedings of the National Academy of Sciences of the United States of America*, 31 July 2012. http://www.ncbi.nlm.nih.gov/pmc/articles/PMC3411969

68 Tania Branagan, "China's Great Famine: The True Story," *Guardian*, 1 January 2013. http://www.theguardian.com/world/2013/jan/01/china-great-famine-book-tombstone

69 Annual GDP per capita in constant dollars based on purchasing power parity. Ami Sedghi, "China GDP: How it has changed since 1980," *Guardian*, 23 March 2012 (then updated). http://www.theguardian.com/news/datablog/2012/mar/23/china-gdp-since-1980

70 "GDP Per Capita of India," *Statistics Times* (Delhi: Ministry of Statistics and Programme Implementation [IMF], 19 June 2015). http://statisticstimes.com/economy/gdp-capita-of-india.php

71 Such as Max Roser and Esteban Ortiz-Ospina, "Global Extreme Poverty," *Our World in Data*, 2013/2017. http://ourworldindata.org/data/growth-and-distribution-of-prosperity/world-poverty

72 Clyde Haberman, "Retro Report: The Population Bomb?" *New York Times*, 31 May 2015. http://www.nytimes.com/2015/06/01/us/the-unrealized-horrors-of-population-explosion.html?_r=0

73 Donella H. Meadows et al., *The Limits to Growth: A Report on the Club of Rome's Project on the Predicament of Mankind* (New York: Universe Books, 1972), 23.

74 Ibid., 183.

75 Graham Turner and Cathy Alexander, "*The Limits to Growth* Was Right: New Research Shows We're Nearing Collapse," *Guardian*, 2 September 2014. http://www.theguardian.com/commentisfree/2014/sep/02/limits-to-growth-was-right-new-research-shows-were-nearing-collapse

76 Joel K. Bourne Jr., *The End of Plenty: The Race to Feed a Crowded World* (New York: Norton, 2015), ch. 14.

77 John Bongaarts and Rodolfo A. Bulatao, eds., *Beyond Six Billion: Forecasting the World's Population* (Washington, D.C.: National Academy Press, 2000), ch. 2. http://www.nap.edu/read/9828/chapter/4

78 *World Population Prospects 2017* (New York: United Nations Department of Economic and Social Affairs/Population Division, 2017). https://esa.un.org

/unpd/wpp. All current and projected population and fertility data in this book is drawn from this source unless otherwise noted.
79 Wolfgang Lutz interview with Darrell Bricker, 15 April 2016.
80 Tedx Talks, "We Won't Be Nine Billion: Jørgen Randers at TEDx Maastricht," *YouTube*, 11 May 2014. https://www.youtube.com/watch?v=73X8R9NrX3w
81 "Don't Panic," *Economist*, 24 September 2014.
82 Gapminder Foundation, "Don't Panic: Hans Rosling Showing the Facts About Population," *YouTube*, 15 December, 2014. https://www.youtube.com/watch?v=FACK2knCo8E
83 "World Population to Peak by 2055: Report," *CNBC*, 9 September 2013. http://www.cnbc.com/id/101018722
84 "The Astounding Drop in Global Fertility Rates Between 1970 and 2014," *Brilliant Maps*, 23 June 2015. http://brilliantmaps.com/fertility-rates
85 "Margaret Sanger's the Woman Rebel—One Hundred Years Old," *Margaret Sanger Papers Project* (New York: New York University, 2014). https://sangerpapers.wordpress.com/2014/03/20/margaret-sangers-the-woman-rebel-100-years-old
86 *OECD Health Statistics 2014: How Does Spain Compare?* (Paris: OECD, 2014). http://www.oecd.org/els/health-systems/Briefing-Note-SPAIN-2014.pdf
87 Ashifa Kassam et al., "Europe Needs Many More Babies to Avert a Population Disaster," *Guardian*, 23 August 2015. https://www.theguardian.com/world/2015/aug/23/baby-crisis-europe-brink-depopulation-disaster
88 "Population Projection for Spain, 2014–2064" (Madrid: Instituto Nacional de Estadistica, 28 October 2014). http://www.ine.es/en/prensa/np870_en.pdf
89 Rebecca Flood, "Spain Appoints 'Sex Tsar' in Bid to Boost Declining Population," *Independent*, 25 February 2017. http://www.independent.co.uk/news/world/europe/spain-sex-tsar-population-crisis-baby-parents-demographic-government-a7599091.html
90 Ilan Shrira, "History's Mysteries: Why Do Birth Rates Decrease When Societies Modernize?" *Psychology Today*, 14 March 2008. https://www.psychologytoday.com/blog/the-narcissus-in-all-us/200903/history-s-mysteries-why-do-birth-rates-decrease-when-societies
91 David Gushee, "Why Is Christianity Declining?" *Religion News Service*, 6 September 2016. http://religionnews.com/2016/09/06/why-is-christianity-declining
92 Patricia Miller, "Women Are Leaving the Church, and the Reason Seems Clear," *Religion Dispatches*, 25 May 2016. http://religiondispatches.org/women

-are-leaving-church-and-the-reason-seems-clear
93 Oliver Smith, "Mapped: The World's Most (and Least) Religious Countries," *Telegraph*, 16 April 2017. http://www.telegraph.co.uk/travel/maps-and-graphics/most-religious-countries-in-the-world/
94 Linda L. Malenab-Hornilla, "Overview of Urbanization in the Philippines," *Overview of the Philippines Action Plan*, 14 December 2015. http://www.urbangateway.org/icnup/sites/default/files/ICNUP%20Philippines.pdf
95 "Rankings," *2016 Gender Gap Report* (Davos: World Economic Forum, 2016). http://reports.weforum.org/global-gender-gap-report-2016/rankings/
96 Joes Torres, "Church Attendance in Philippines Declines," UCA News, 25 April 2017. http://www.ucanews.com/news/church-attendance-in-philippines-declines/78988
97 Danielle Erika Hill and Scott Douglas Jacobsen, "Women's Rights in the Philippines: An Overview," *Humanist Voices*, 11 May 2017. https://medium.com/humanist-voices/womens-rights-in-the-philippines-an-overview-55ab86df42a
98 "Highlights of the 2010 Census-Based Population Projections" (Quezon City: Philippines Statistics Authority, 9 August 2016). https://www.psa.gov.ph/statistics/census/projected-population
99 "Total Fertility Rate, 1960–2014," *Statistics Explained* (Luxembourg: Eurostat, 14 March 2016). http://ec.europa.eu/eurostat/statistics-explained/index.php/File:Total_fertility_rate,_1960–2014_(live_births_per_woman)_YB16.png
100 Nikos Konstandaras, "Greece's Dismal Demographics," *New York Times*, 9 December 2013. http://www.nytimes.com/2013/12/10/opinion/greeces-dismal-demographics.html
101 "Italy Is a 'Dying Country' Says Minister as Birth Rate Plummets," *Guardian*, 13 February 2015. http://www.theguardian.com/world/2015/feb/13/italy-is-a-dying-country-says-minister-as-birth-rate-plummets
102 Zosia Wasik, "Poland's Shrinking Population Heralds Labour Shortage," *Financial Times*, 4 September 2015. https://www.ft.com/content/3001e356-2fba-11e5-91ac-a5e17d9b4cff
103 Ibid.
104 Valentina Romei, "Eastern Europe Has the Largest Population Loss in Modern History," *Financial Times*, 27 May 2016. http://blogs.ft.com/ftdata/2016/05/27/eastern-europe-has-the-largest-population-loss-in-modern-history
105 Evan Hadingham, "Ancient Chinese Explorers," *Nova*, 16 January 2001. http://www.pbs.org/wgbh/nova/ancient/ancient-chinese-explorers.html
106 Neil Cummins, "Marital Fertility and Wealth During the Fertility

Transition: Rural France 1750–1850," *Economic History Review*, Vol. 66, No. 2 (2013), pp. 449–76. http://onlinelibrary.wiley.com/doi/10.1111/j.1468-0289.2012.00666.x/epdf?r3_referer=wol&tracking_action=preview_click&show_checkout=1&purchase_referrer=www.overcomingbias.com&purchase_site_license=LICENSE_DENIED_NO_CUSTOMER

107 Jan van Baval and David S. Reher, "What We Know and What We Need to Know About the Baby Boom," paper prepared for the Annual Meeting of the Population Association of America, San Francisco, May 2012. http://paa2012.princeton.edu/papers/120715

108 Ibid., p. 23.

109 Jonathan Luxmoore, "With Decline in Participation, Brussels Archdiocese to Close Churches," *National Catholic Reporter*, 8 February 2013. https://www.ncronline.org/news/world/decline-participation-brussels-archdiocese-close-churches

110 Jon Anderson, "Belgium's Crisis of Faith," *Catholic Herald*, 15 October 2015.

111 "Marriage and Divorce Statistics," *Statistics Explained* (Luxembourg: Eurostat, 2 June 2017). http://ec.europa.eu/eurostat/statistics-explained/index.php/Marriage_and_divorce_statistics#Main_statistical_findings

112 "Population Forecast for Belgium" (Denver: Pardee Center for International Futures, University of Denver, 2017). http://www.ifs.du.edu/ifs/frm_CountryProfile.aspx?Country=BE

113 Doug Saunders, "Integration: A New Strategy," *Globe and Mail*, 14 January 2016. http://www.theglobeandmail.com/news/world/saunders-avert-extremism-before-it-start-by-building-better-neighbourhoods/article27403775

114 Rick Lyman, "Bulgarian Border Police Accused of Abusing Refugees," *New York Times*, 23 December 2015. http://www.nytimes.com/2015/12/24/world/europe/bulgarian-border-police-accused-of-abusing-refugees.html

115 Ruth Alexander, "Why Is Bulgaria's Population Falling Off a Cliff?" *BBC News*, 7 September 2017. http://www.bbc.com/news/world-europe-41109572

116 Alan Yuhas, "Muslim Population to Reach 10% by 2050, New Forecast Shows," *Guardian*, 2 April 2015. https://www.theguardian.com/world/2015/apr/02/muslim-population-growth-christians-religion-pew

117 Patrick Worrall, "Fact Check: Will Britain Have a Muslim Majority by 2015?" *Channel 4*, 14 June 2013. http://blogs.channel4.com/factcheck/factcheck-will-britain-have-a-muslim-majority-by-2050

118 "Gunnar Myrdal, Analyst of Race Crisis, Dies," *New York Times*, 18 May 1987. http://www.nytimes.com/1987/05/18/obituaries/gunnar-myrdal-analyst-of-race-crisis-dies.html?pagewanted=all

119 Mary Johnson, "Alva and Gunnar Myrdal: The Great Happiness of 'Living to Be Very Old and Together,'" *People*, 11 August 1980. http://www.people.com/people/archive/article/0,,20077164,00.html

120 Ibid.

121 Stephen Philip Kramer, "Sweden Pushed Gender Equality to Boost Birth Rates," *We News*, 26 April 2014. http://womensenews.org/2014/04/sweden-pushed-gender-equality-boost-birth-rates

122 Kajsa Sundström, "Can Governments Influence Population Growth?" OECD *Observer*, November 2001. http://www.oecdobserver.org/news/archivestory.php/aid/563/Can_governments_influence_population_growth_.html

123 Youngtae Cho interview with John Ibbitson, October 2016.

124 The observation was delivered at the 2016 Canada–Korea Forum, hosted annually by the Centre for International Governance Innovation, Waterloo, Canada (27 October 2016).

125 "World's Largest Cities," *worldatlas.com*. http://www.worldatlas.com/city-pops.htm. However, defining the population of cities is no easy task. They can be defined by their administrative boundary (the limits of the city's government), their "urban agglomeration" (the contiguous urban area), or their "metropolitan area" (the region economically connected to and dependent on the city). The United Nations *World Urbanization Prospects* assesses all the world's major cities based on the urban agglomeration measurement, which we will use throughout this book for purposes of consistency. By that measure, Seoul has population of 9.8 million. *The World's Cities in 2016* (New York: United Nations Department of Economic and Social Affairs/Population Division, 2016). http://www.un.org/en/development/desa/population/publications/pdf/urbanization/the_worlds_cities_in_2016_data_booklet.pdf

126 David Pilling, "The End of Asia's Demographic Dividend," *Financial Times*, 14 March 2012. https://www.ft.com/content/bd935806-6d00-11e1-a7c7-00144feab49a

127 Meagan Hare, "A Brief History of the Walkman," *Time*, 1 July 2009. http://content.time.com/time/nation/article/0,8599,1907884,00.html

128 Olga Garnova, "Japan's Birthrate: Beginning of the End or Just a New Beginning?" *Japan Times*, 10 February 2016. http://www.japantimes.co.jp

/community/2016/02/10/voices/japan-birth-rate-beginning-end-just-new-beginning/#.V6YoWWUz5Ec
129 "Inspectors Knock," *Economist*, 20 August 2016. https://www.economist.com/news/asia/21705375-getting-passport-not-easy-inspectors-knock
130 "Japanese Citizenship: How to Become Japanese," *Just Landed*. https://www.justlanded.com/english/Japan/Japan-Guide/Visas-Permits/Japanese-citizenship
131 John Creighton Campbell, "Japan's Aging Population: Perspectives of 'Catastrophic Demography,'" *Journal of Asian Studies*, Vol. 67, No. 4 (November 2008). http://www.jstor.org/stable/20203491?seq=1#page_scan_tab_contents
132 Sarah Harper, *How Population Change Will Transform Our World* (Oxford: Oxford University Press, 2016), 50.
133 Adam Taylor, "It's Official: Japan's Population Is Dramatically Shrinking," *Washington Post*, 26 February 2016, https://www.washingtonpost.com/news/worldviews/wp/2016/02/26/its-official-japans-population-is-drastically-shrinking
134 "Japanese Voters Want to Plan to Handle Declining Population," *Economist*, 5 October 2017. https://www.economist.com/news/asia/21730003-election-campaign-disappointing-them-japanese-voters-want-plan-handle-declining?fsrc=scn/tw/te/bl/ed/japanesevoterswantaplantohandleadecliningpopulation
135 "Age Dependency Ratio," *Data* (Washington, D.C.: World Bank, 2016). http://data.worldbank.org/indicator/SP.POP.DPND
136 Naoyuki Yoshino and Farhad Taghizadeh-Hesary, *Causes and Remedies for Japan's Long-Lasting Recession: Lessons for the People's Republic of China* (Tokyo: Asian Development Bank Institute, 2015). http://www.adb.org/publications/causes-and-remedies-japan-long-lasting-recession-lessons-china
137 Paul Yip et al., *An Analysis of the Lowest Total Fertility Rate in Hong Kong SAR* (Tokyo: Hitotsubashi University). http://www.ier.hit-u.ac.jp/pie/stage1/Japanese/seminar/workshop0612/yip.pdf . The United Nations estimate is 1.2.
138 Kelsey Chong, "South Korea's Troubled Millennial Generation," *BerkeleyHaas*, 27 April 2016. http://cmr.berkeley.edu/blog/2016/4/south-korea/#fn4
139 Ibid.
140 Ibid.
141 Garnova, "Japan's Birthrate."

142 Takao Komine, "Effective Measures to Halt Birthrate Decline," *Discuss Japan (Japan Foreign Policy Forum*, Vol. 22, undated). http://www.japanpolicyforum.jp/pdf/2014/no22/DJweb_22_eco_01.pdf
143 "Labor Force Participation Rate: Female," *Data* (Washington, D.C.: World Bank, 2016). http://data.worldbank.org/indicator/SL.TLF.CACT.FE.ZS
144 "Mother's Mean Age at First Birth," *World Factbook* (Washington, D.C.: Central Intelligence Agency, 2017). https://www.cia.gov/library/publications/the-world-factbook/fields/2256.html
145 "S. Korea's Marriage Rate Hits Record Low Level Last Year Amid Economic Slowdown," *Pulse by Maeil Business News Korea*, 7 April 7 2016. http://pulsenews.co.kr/view.php?no=256641&year=2016
146 "List of Countries by Refugee Population," *Wikipedia*, compiled from UNHCR data. https://en.wikipedia.org/wiki/List_of_countries_by_refugee_population
147 Chris Burgess, "Japan's 'No Immigration Principle' Looking as Solid as Ever," *Japan Times*, 28 June 2014. http://www.japantimes.co.jp/community/2014/06/18/voices/japans-immigration-principle-looking-solid-ever/#.WC8q33cZPBI
148 "New Pledge of Allegiance to Reflect Growing Multiculturalism," *Chosunilbo*, 18 April 2011. http://english.chosun.com/site/data/html_dir/2011/04/18/2011041801112.html
149 "How Large Is the Job Market for English Teachers Abroad?" *International TEFL Academy*. https://www.internationalteflacademy.com/faq/bid/102201/how-large-is-the-job-market-for-english-teachers-abroad
150 Off-the-record interview with John Ibbitson.
151 Rajeshni Naidu-Ghelani, "Governments Organize Matchmaking as Asia's Birthrates Fall," CNBC, 24 October 2012. http://www.cnbc.com/id/49471704
152 MentosSingapore, "Mentos National Night," *YouTube*, 1 August 2012. https://www.youtube.com/watch?v=8jxU89x78ac
153 "South Korea's New Drive to Boost Flagging Birthrate," *BBC News*, 26 August 2016. http://www.bbc.com/news/blogs-news-from-elsewhere-37196870
154 "Mother's Mean Age at First Birth."
155 Sarah Jane Glynn, "Families Need More Help to Take Care of Their Children," *Fact Sheet: Child Care* (Washington, D.C.: Center for American Progress, 16 August 2012). https://www.americanprogress.org/issues/economy/news/2012/08/16/11978/fact-sheet-child-care
156 Camilla Cornell, "The Real Cost of Raising Kids," *Moneysense*, 10 August 2011.

http://www.moneysense.ca/magazine-archive/the-real-cost-of-raising-kids
157 "Over a Third of Single-Parent Families Depend on Welfare," *The Local*, 6 July 2016. https://www.thelocal.de/20160706/study-more-children-facing-poverty
158 "Adolescent Fertility Rate,"(New York: United Nations Department of Economic and Social Affairs/Population Division, 2017). http://data.worldbank.org/indicator/SP.ADO.TFRT
159 "The Wage Gap Over Time" (Washington, D.C.: National Committee on Pay Equity, September 2016.) https://www.pay-equity.org/info-time.html
160 Mark Hugo Lopez and Ana Gonzalez-Barrera, "Women's College Enrollment Gains Leave Men Behind" (Washington, D.C.: Pew Research Center, 8 March 2014). http://www.pewresearch.org/fact-tank/2014/03/06/womens-college-enrollment-gains-leave-men-behind
161 "Growth in the Proportion of Female Medical Students Begins to Slow" (London: General Medical Council, October 2013). http://www.gmc-uk.org/information_for_you/23490.asp
162 "Women Still Underrepresented in STEM Fields," *USA Today*, 21 October 2015. http://www.usnews.com/news/articles/2015/10/21/women-still-underrepresented-in-stem-fields
163 Claire Cain Miller, "The Gender Pay Gap Is Largely Because of Motherhood," *New York Times*, 13 May 2017. https://www.nytimes.com/2017/05/13/upshot/the-gender-pay-gap-is-largely-because-of-motherhood.html
164 "Project on Student Debt: State by State Data 2015" (Washington, D.C.: Institute for College Access and Success, 2015). http://ticas.org/posd/map-state-data-2015
165 "Social Indicators of Marital Health and Well-Being," *State of Our Unions*, 2011. http://www.stateofourunions.org/2011/social_indicators.php
166 Joyce A. Martin et al., "Births: Final Data for 2015," *National Vital Statistics Reports*, Vol. 66, No. 1 (5 January 2017). https://www.cdc.gov/nchs/data/nvsr/nvsr66/nvsr66_01.pdf
167 Kathryn Blaze Carleson, "Curtain Lifts on Decades of Forced Adoptions for Unwed Mothers in Canada," *National Post*, 9 March 2012. http://nationalpost.com/news/canada/curtain-lifts-on-decades-of-forced-adoptions-for-unwed-mothers-in-canada
168 "Intercountry Adoption: Statistics" (Washington, D.C.: Bureau of Consular Affairs, Department of State, 2017). https://travel.state.gov/content/adoptionsabroad/en/about-us/statistics.html

169 Emma Graney, "Looking to Adopt in Alberta? Statistics Show There Are Fewer Children Waiting for a Home," *Edmonton Journal*, 7 July 2016. http://edmontonjournal.com/news/insight/alberta-adoption-numbers-plunge

170 Ryan Middleton, "2015 Highest Grossing Music Festivals," *Music Times*, 19 January 2016. http://www.musictimes.com/articles/62358/20160119/2015-highest-grossing-music-festivals-coachella-edc-outside-lands-top-list.htm

171 James Beal, "Welcome to Oldchella: The Rolling Stones, Paul McCartney, Bob Dylan and Other Legendary Rockers Take to the Stage for Mega Show," *The Sun* (U.K. edition), 10 October 2016. https://www.thesun.co.uk/tvandshowbiz/1943185/coachella-the-rolling-stones-paul-mccartney-bob-dylan-and-other-legendary-rockers-took-to-the-stage-for-mega-show

172 "Welcome to the Boomaissance; Mindshare North American Releases New Culture Vulture Trends Report," PR *Newswire*, 26 January 2017. http://www.prnewswire.com/news-releases/welcome-to-the-boomaissance-mindshare-north-america-releases-new-culture-vulture-trends-report-300397650.html

173 "Baby Boomers Will Control 70% of Disposable Income" (London: Impact Business Partners, 22 February 2016). https://impactbp.com/baby-boomers

174 Feng Wang, "China's Population Destiny: The Looming Crisis," Washington, D.C.: Brookings Institution, 30 September 2010. https://www.brookings.edu/articles/chinas-population-destiny-the-looming-crisis

175 Ibid.

176 *World Economic Outlook, April 2017: Gaining Momentum?* (Washington, D.C.: International Monetary Fund, 2016). http://www.imf.org/en/Publications/WEO/Issues/2017/04/04/world-economic-outlook-april-2017

177 "2017 World Population Data Sheet" (Washington, D.C.: Population Reference Bureau, 2017). http://www.prb.org/pdf17/2017_World_Population.pdf

178 "Median Age by Continent," *MapPorn* (Reddit, 2017). https://www.reddit.com/r/MapPorn/comments/6lgvdm/median_age_by_continent_6460x3455/

179 "Kenya," *World Factbook* (Washington, D.C.: Central Intelligence Agency, 14 November 2017). https://www.cia.gov/library/publications/the-world-factbook/geos/ke.html

180 "Kenya SPEC Barometer Survey" (Paris: Ipsos Public Affairs, 16 July 2016), data confidential.

181 "Kenya," *World Factbook*.

182 "Kenya SPEC Barometer Survey."

183 Ibid.

184 "Kenya," *World Factbook*.

185 Ibid.
186 Ibid.
187 "Kenya Demographic and Health Survey, 2014" (Nairobi: Kenya National Bureau of Statistics, 2015). https://dhsprogram.com/pubs/pdf/FR308/FR308.pdf
188 "Kibera Facts and Information," *Kibera-UK*. http://www.kibera.org.uk/facts-info
189 Interview with Darrell Bricker. All interviews in this chapter were conducted on a confidential basis.
190 "Corruption by Country: Kenya" (Berlin: Transparency International, 2016). https://www.transparency.org/country/KEN
191 "2017 Index of Economic Freedom" (Washington, D.C.: Heritage Foundation, 2017). http://www.heritage.org/index/ranking
192 "Table of Country Scores," *Freedom in the World 2016* (Washington, D.C.: Freedom House), 2017. https://freedomhouse.org/report/freedom-world-2016/table-scores
193 Interview with Darrell Bricker.
194 Ibid.
195 "Kenya," *World Population Prospects 2017* (New York: United Nations Department of Economic and Social Affairs/Population Division, 2017). https://esa.un.org/unpd/wpp/Graphs/Probabilistic/FERT/TOT
196 Chris Wamalwa, "Education in Kenya Needs Faster Reform," *World Policy Blog*, 17 May 2017. http://www.worldpolicy.org/blog/2017/05/23/education-kenya-needs-faster-reform
197 "Education in Kenya," *World Education News and Review*, 2 June 2015. http://wenr.wes.org/2015/06/education-kenya
198 "Kenya Fact Sheet," UNESCO *Global Partnership for Girl's and Women's Education, One Year On.* (New York: UNESCO, 2012). http://www.unesco.org/eri/cp/factsheets_ed/KE_EDFactSheet.pdf
199 Mokua Ombati, "Education Gender Parity: Challenges of the Kenyan Girl," *Journal of Women's Entrepreneurship and Education*, Nos. 3–4 (2013). https://www.academia.edu/6037067/Educational_Gender_Parity_Challenges_of_the_Kenyan_Girl
200 Wolfgang Lutz, William P. Butz, Samir KC, eds., *World Population and Human Capital in the Twenty-First Century* (Vienna: Wittgenstein Centre for Demography and Global Human Capital, 2014), executive summary.
201 "Kenya Demographic and Health Survey, 2014."
202 Nana Naitashvili, "Infant Mortality and Fertility," *Population Horizons*,

Summer 2014. https://www.ageing.ox.ac.uk/download/143
203 Elizabeth Mareb, "Kenyan Population Expected to Hit 81 Million as Fertility Rates Soar." *Daily Nation*, 6 September 2015. http://www.nation.co.ke/news/Kenyan-population-to-hit-81-million-as-fertility-rates-soar/-/1056/2860682/-/ybvkdx/-/index.html
204 Interview with Darrell Bricker.
205 Ibid.
206 Ibid.
207 "Bride Price App—The Easy Way to Calculate Dowry" *Up Nairobi*, 24 July 2014. http://www.upnairobi.com/oldsite/dt_portfolio/bride-price-app
208 Interview with Darrell Bricker.
209 Ibid.
210 Geoffrey York, "Trump's Aid Cuts Risk Pushing Women 'into the Dark Ages,' Spelling Trouble for Rising World Population." *Globe and Mail*, 6 April 2017. http://www.theglobeandmail.com/news/world/africa-contraception-and-population-growth/article34599155
211 *Women's Rights in Africa* (Addis Ababa: African Union Commission, 2017). http://www.ohchr.org/Documents/Issues/Women/WRGS/WomensRightsinAfrica_singlepages.pdf
212 Ibid.
213 Valerie Amos and Toyin Saraki, "Female Empowerment in Africa: The Critical Role of Ecucation," *Times Higher Education*, 29 April 2017. https://www.timeshighereducation.com/blog/female-empowerment-africa-critical-role-education
214 *Strategies for Girls' Education* (New York: UNICEF, 2004). https://www.unicef.org/sowc06/pdfs/sge_English_Version_B.pdf
215 "Overview of Gender Parity in Education," UNESCO *e-Atlas of Gender Inequality in Education* (Paris: UNESCO, 2017). http://www.tellmaps.com/uis/gender/?lang=en#!/tellmap/-1195952519
216 *The World Bank in Kenya* (Washington, D.C.: World Bank). http://www.worldbank.org/en/country/kenya/overview
217 "Kenya," *World Factbook*.
218 Alex Cuadros, "The Most Important Criminal Conviction in Brazil's History," *New Yorker*, 13 July 2017. http://www.newyorker.com/news/news-desk/the-most-important-criminal-conviction-in-brazils-history
219 "Brazil: Economic Forecast Summary (June 2017)" (Paris: OECD). http://www.oecd.org/eco/outlook/brazil-economic-forecast-summary.htm

220 George Martine and Gordon McGranahan, "Brazil's Early Urban Transition: What Can It Teach Urbanizing Countries?" (London: International Institute for Environment and Development, August 2010). https://www.citiesalliance.org/sites/citiesalliance.org/files/IIED_Brazil%27sEarlyUrbanTransition.pdf

221 "The Future of World Religions: Population Growth Projections 2010–2050" (Washington, D.C.: Pew Research Center, 2 April 2015). http://www.pewforum.org/2015/04/02/religious-projections-2010-2050

222 Sarah R. Hayward and S. Philip Morgan, "Religiosity and Fertility in the United States: The Role of Fertility Intentions," *Social Forces*, Vol. 86, No. 3 (2008). https://www.ncbi.nlm.nih.gov/pmc/articles/PMC2723861

223 Ibid.

224 "Religion in Latin America" (Washington, D.C.: Pew Research Center, 13 November 2014). http://www.pewforum.org/2014/11/13/religion-in-latin-america

225 P.J. Henry and Geoffrey Wetherell, "Countries with Greater Gender Equality Have More Positive Attitudes and Laws Concerning Lesbians and Gay Men," *Sex Roles*, October 2017. https://link.springer.com/article/10.1007/s11199-017-0744-0

226 "Brazil Poverty and Wealth," *Encyclopedia of the Nations*. http://www.nationsencyclopedia.com/economies/Americas/Brazil-POVERTY-AND-WEALTH.html

227 Sarah de Ste. Croix, "Brazil Strives for Economic Equality," *Rio Times*, 7 February 2012. http://riotimesonline.com/brazil-news/rio-business/brazil-strives-for-economic-equality

228 Bill Worley, "Brazil Saw More Violent Deaths Than in Civil-War-Torn Syria, Report Says," *Independent*, 29 October 2016. http://www.independent.co.uk/news/world/americas/brazil-deaths-violent-crime-syria-police-brutality-report-brazilian-forum-for-public-security-a7386296.html

229 Eduardo Marques interview with Darrell Bricker.

230 Teresa Caldeira, *City of Walls: Crime, Segregation, and Citizenship in São Paulo* (Berkeley: University of California Press, 2001).

231 "Brazil Slum Dwellers Shun Home Ownership, Fearing Gentrification," *Reuters*, 3 February 2017. http://www.voanews.com/a/rio-slum-favela-home-ownership-gentrification/3705588.html

232 Interview with Darrell Bricker, conducted on a confidential basis. See also: Dom Phillips, "How Directions on the Waze App Led to Death in Brazil's Favelas," *Washington Post*, 5 October 2015.
233 Ipsos is one of the private sector funders of the drop-in center.
234 Leticia J. Marteleto and Molly Dondero, "Maternal Age at First Birth and Adolescent Education in Brazil," *Demographic Research*, Vol. 28 (10 April 2013). http://www.demographic-research.org/volumes/vol28/28/28-28.pdf.
235 George Martine, "Brazil's Fertility Decline, 1965–95: A Fresh Look at Key Factors," *Population and Development Review*, Vol. 22, No. 1 (March 1996).
236 Eliana La Ferrara, Alberto Chong, and Suzanne Duryea, "Soap Operas and Fertility: Evidence from Brazil," *American Economic Journal: Applied Economics*, Vol. 4, No. 4 (October 2012).
237 Martine, "Brazil's Fertility Decline."
238 Cynthia Gorney, "Brazil's Girl Power," *National Geographic*, September 2011. http://ngm.nationalgeographic.com/2011/09/girl-power/gorney-text
239 Martine, "Brazil's Fertility Decline."
240 Caldeira, *City of Walls*, 41.
241 Eric Wyman, "Becoming Human: The Evolution of Walking Upright," *Smithsonian.com*, 6 August 2012. http://www.smithsonianmag.com/science-nature/becoming-human-the-evolution-of-walking-upright-13837658
242 "What Does It Mean to Be Human?" *Smithsonian Institution's Human Resources Program*. http://humanorigins.si.edu/human-characteristics/humans-change-world
243 "The Genographic Project: Map of Human Migration," *National Geographic*. https://genographic.nationalgeographic.com/human-journey
244 Margot Pepper, "More Than Half of Americans Have Never Travelled Outside the Country—and a Third Do Not Even Have Passports," *Daily Mail*, 23 May 2013. http://www.dailymail.co.uk/femail/article-2329298/More-half-Americans-NEVER-traveled-outside-country--passport.html
245 Guy Abel and Nikola Sander, "Quantifying Global International Migration Flows," *Science*, 28 March 2014. http://science.sciencemag.org/content/343/6178/1520.figures-only
246 "Irish Potato Famine: Introduction," *The History Place*, 2000. http://www.historyplace.com/worldhistory/famine/introduction.htm
247 Jim Shaughnessy, "The Great Famine Coffin Ships' Journey Across the

Atlantic." *IrishCentral*, 18 June 2015. http://www.irishcentral.com/roots/genealogy/the-great-famine-coffin-ships-journey-across-the-atlantic. And "Irish Potato Famine: Coffin Ships," *The History Place*, 2000. http://www.historyplace.com/worldhistory/famine/coffin.htm

248 "John F. Kennedy and Ireland," *John F. Kennedy Presidential Library and Museum*. https://www.jfklibrary.org/JFK/JFK-in-History/John-F-Kennedy-and-Ireland.aspx

249 Alexandra Molnar, *History of Italian Immigration* (South Hadley: Mount Holyoke College, 9 December 2010). https://www.mtholyoke.edu/~molna22a/classweb/politics/Italianhistory.html

250 Max Roser and Esteban Ortiz-Espina, "Global Extreme Poverty," *Our World in Data*, 2013/2017. http://ourworldindata.org/data/growth-and-distribution-of-prosperity/world-poverty

251 "Global Figures at a Glance," *Global Trends 2015* (Geneva: UNHCR, 2016). http://www.unhcr.org/figures-at-a-glance.html

252 Bernard Wasserstein, "European Refugee Movements After World War Two," BBC *History*, 17 February 2017. http://www.bbc.co.uk/history/worldwars/wwtwo/refugees_01.shtml

253 "Flight and Expulsion of Germans (1944–50)," *Wikipedia*. https://en.wikipedia.org/wiki/Flight_and_expulsion_of_Germans_(1944–50)

254 "World War II China: Refugees," *Children in History*. http://histclo.com/essay/war/ww2/cou/china/home/w2ch-ref.html

255 Rana Mitter, "Forgotten Ally? China's Unsung Role in WWII," CNN, 31 August 2015. http://histclo.com/essay/war/ww2/cou/china/home/w2ch-ref.html

256 *International Migration Report 2015* (New York: United Nations Department of Economic and Social Affairs/Population Division, September 2016). http://www.un.org/en/development/desa/population/migration/publications/migrationreport/docs/MigrationReport2015.pdf

257 "Country Comparison: Population," *World Factbook* (Washington, D.C.: Central Intelligence Agency). https://www.cia.gov/library/publications/the-world-factbook/rankorder/2119rank.html

258 Ibid.

259 *Global Trends: Forced Displacement in 2015* (Geneva: UNHCR, 20 June 2016). http://www.unhcr.org/576408cd7.pdf

260 "Nearly Half a Million Displaced Syrians Return Home," *Al Jazeera*, 1 July 2017.

http://www.aljazeera.com/news/2017/07/million-displaced-syrians-return-home-170701040728296.html

261 *International Migration Report 2015.*
262 Ibid.
263 Ibid.
264 Ibid
265 Ibid.
266 Ibid.
267 Anna Gonzalez-Barrera, "More Mexicans Leaving Than Coming to the U.S." (Washington, D.C.: Pew Research Center, 19 November 2015). http://www.pewhispanic.org/2015/11/19/more-mexicans-leaving-than-coming-to-the-u-s
268 Keith Ellison for Congress, "Keith on ABC's 'This Week' 7/26/15," *YouTube*, 24 May 2016. https://www.youtube.com/watch?v=FHkPadFK340
269 "Full Text: Donald Trump Announces a Presidential Bid," *Washington Post*, 16 June 2015. https://www.washingtonpost.com/news/post-politics/wp/2015/06/16/full-text-donald-trump-announces-a-presidential-bid/?utm_term=.ea78b474e6a9
270 Yankee Patriot News, "Trump: 'Compete Shutdown on Muslims Entering the United States—Speech," *YouTube*, 8 December 2015. https://www.youtube.com/watch?v=YWlQ3buH9FI
271 Jeffrey Sparshott, "Immigration Does More Good Than Harm to Economy, Study Finds," *Wall Street Journal*, 22 September 2016. http://www.wsj.com/articles/immigration-does-more-good-than-harm-to-economy-study-finds-1474568991
272 Ibid.
273 *International Migration Report 2015.*
274 "Worldwide Displacement Hits All-Time High as War and Persecution Increase" (Geneva: UNHCR, 18 June 2015). http://www.unhcr.org/news/latest/2015/6/558193896/worldwide-displacement-hits-all-time-high-war-persecution-increase.html
275 "Fecund Foreigners?" *Economist*, 30 April 2016. http://www.economist.com/news/international/21697819-immigrants-do-less-raise-birth-rates-generally-believed-fecund-foreigners?frsc=dg%7Ca
276 *World Urbanization Prospects: The 2014 Revision, Highlights* (New York: United Nations, Department of Economic and Social Affairs, Population

Division, 2014). https://esa.un.org/unpd/wup/Publications/Files/WUP2014-Highlights.pdf

277 Ibid.

278 Ibid.

279 Howard French, "How Africa's New Urban Centers Are Shifting Its Old Colonial Boundaries," *Atlantic*, 1 July 2013. http://www.theatlantic.com/international/archive/2013/07/how-africas-new-urban-centers-are-shifting-its-old-colonial-boundaries/277425

280 *World Population Prospects, 2017 Revision* (United Nations Department of Economic and Social Affairs/Population Division, 2017). https://esa.un.org/unpd/wpp

281 "China vs. United States," *Index Mundi*, 2017. http://www.indexmundi.com/factbook/compare/china.united-states

282 Branko Milanović, "Inequality in the United States and China," *Harvard Business Review*, 17 January 2014. https://hbr.org/2014/01/inequality-in-the-united-states-and-china

283 Feng Wang, "China's Population Destiny: The Looming Crisis," *Brookings*, 30 September 2010. https://www.brookings.edu/articles/chinas-population-destiny-the-looming-crisis

284 Joan Kaufman, "China Now Has the Lowest Fertility Rate in the World," *National Interest*, 1 December 2016. http://nationalinterest.org/blog/the-buzz/china-now-has-the-lowest-fertility-rate-the-world-18570?page=2

285 Wu Yan, "Chinese Life Expectancy Up to More Than 76 Years," *China Daily*, 27 July, 2017. http://www.chinadaily.com.cn/china/2017-07/26/content_30256796.htm

286 Ibid.

287 Ibid.

288 Wang, "China's Population Destiny."

289 Kaufman, "China Now Has the Lowest Fertility Rate in the World."

290 Douglas Todd "High Birthrate Among Immigrant Women Has Implications for Canada," *Vancouver Sun*, 8 August 2013. http://www.vancouversun.com/life/High+birthrate+among+immigrant+women+implications+Canada/8766093/story.html#__federated=1

291 "China's Demographic Divisions Are Getting Deeper," *Economist*, 21 September 2017. https://www.economist.com/news/china/21729573-no-province-has-many-babies-some-shortfalls-are-much-worse-others-chinas-demographic

292 Yang Fan, "Low Fertility in China: How Credible Are Recent Census Data," International Union for Scientific Study of Population, undated. https://iussp.org/sites/default/files/event_call_for_papers/Low%20Fertility%20in%20China-How%20Credible%20are%20Recent%20Census%20Data-YangFan.pdf

293 Kaufman, "China Now Has the Lowest Fertility Rate in the World."

294 Katie Ngai, "China's Population Could Drop Below 1 Billion by the End of the Century," *Shanghaiist*, 2 July 2016. http://shanghaiist.com/2016/07/02/china_population_to_drop_below_1_billion.php

295 "China's Demographic Divisions Are Getting Deeper."

296 Nita Bhalla, "Rickshaw Drivers Take 'Respect for Women' Message to Delhi's Streets," *Reuters*, 12 November 2014. http://in.reuters.com/article/india-women-autorickshaws-idINKCN0IW1GN20141112

297 Interview with Darrell Bricker.

298 K. Srinivasan and K.S. James, "The Golden Cage: Stability of the Institution of Marriage in India," *Economic and Political Weekly*, Vol. 50, No. 13 (28 March 2015).

299 "India Sees Huge Spike in 'Honour' Killings," *Al Jazeera*, 7 December 2016. http://www.aljazeera.com/news/2016/12/india-sees-huge-spike-honour-killings-161207153333597.html

300 Srinivasan and James, "The Golden Cage."

301 Interview with Darrell Bricker.

302 Ibid.

303 Interview with Professor K.S. James by Darrell Bricker.

304 Geeta Panday, "Why Do Women Go to Sterilisation Camps?" *BBC News*, 11 November 2014. http://www.bbc.com/news/world-asia-india-29999883

305 Ibid.

306 Ibid.

307 Dhananjay Mahapatral, "Half of Delhi's Population Lives in Slums," *Times of India*, 4 October 2012. http://timesofindia.indiatimes.com/city/delhi/Half-of-Delhis-population-lives-in-Slums/articleshow/16664224.cms

308 "'Pakistan Would Move Toward China, Russia, as US Is Declining Power,'" *Times of India*, 6 October 2016. http://timesofindia.indiatimes.com/world/pakistan/Pakistan-would-move-towards-China-Russia-as-US-is-declining-power/articleshow/54708689.cms

309 *Global Trends 2030: Alternative Worlds* (Washington, D.C.: National Intelligence Council, 2012). https://globaltrends2030.files.wordpress.com

/2012/11/global-trends-2030-november2012.pdf
310. "QS World University Rankings 2016–2017," QS. https://www.topuniversities.com/university-rankings/world-university-rankings/2016
311. Ayez Ahmed, "Is the U.S. a Declining Power?" *International News*, 14 August 2016. https://www.thenews.com.pk/print/142341-Is-the-US-a-declining-power
312. "Best Selling Books of All Time," *James Clear*. http://jamesclear.com/best-books/best-selling
313. Ely Ratner and Thomas Wright, "America's Not in Decline—It's on the Rise," *Washington Post*, 18 October 2013. https://www.washingtonpost.com/opinions/americas-not-in-decline--its-on-the-rise/2013/10/18/4dde76be-35b1-11e3-80c6-7e6dd8d22d8f_story.html?utm_term=.894898e7b074
314. Josef Joffe, "The Canard of Decline," *American Interest*, 10 October 2013. http://www.the-american-interest.com/2013/10/10/the-canard-of-decline
315. "Most Say Immigrants Strengthen the Country" (Washington, D.C.: Pew Research Center, 8 December 2016). http://www.people-press.org/2016/12/08/3-political-values-government-regulation-environment-immigration-race-views-of-islam/#most-say-immigrants-strengthen-the-country
316. Jens Manuel Krogstad, Jeffrey S. Passel, and D'Vera Cohn, "Five Facts About Illegal Immigration in the U.S." (Washington, D.C.: Pew Research Institute, 27 April 2017). http://www.pewresearch.org/fact-tank/2017/04/27/5-facts-about-illegal-immigration-in-the-u-s/
317. Nan Marie Astone, Steven Martin, and H. Elizabeth Peters, "Millennial Childbearing and the Recession" (Washington, D.C.: Urban Institute, April 2015). http://www.urban.org/sites/default/files/alfresco/publication-pdfs/2000203-Millennial-Childbearing-and-the-Recession.pdf
318. Ibid.
319. Jeffrey S. Passel and D'Vera Cohn, "Number of Babies Born to Unauthorized Immigrants Continues to Decline" (Washington, D.C.: Pew Research Center, 26 October 2016). http://www.pewresearch.org/fact-tank/2016/10/26/number-of-babies-born-to-unauthorized-immigrants-in-u-s-continues-to-decline/
320. David Drozd, "Tables Summarizing Births and Fertility Rates by Race and Ethnicity of the Mother in the U.S. and Nebraska, 1989–2013" (Omaha: Center for Public Affairs Research, University of Nebraska at Omaha, January 2015). http://www.unomaha.edu/college-of-public-affairs-and-community-service/center-for-public-affairs-research/documents/fertility-rates-by-race-ethnicity-us-nebraska.pdf
321. Ibid.

322 "Teenage Pregnancy in the United States" (Washington, D.C.: Centers for Disease Control and Prevention, 2016). http://www.cdc.gov/teenpregnancy/about

323 Douglas Main, "Why the Teen Birthrate Keeps Dropping," *Newsweek*, 20 May 2015. http://www.newsweek.com/2015/05/29/why-teen-birth-rate-keeps-dropping-333946.html

324 Heather Boonstra, "What Is Behind the Decline in Teen Pregnancy?" *Guttmacher Policy Review*, 3 September 2014. https://www.guttmacher.org/about/gpr/2014/09/what-behind-declines-teen-pregnancy-rates

325 Eileen Patten and Gretchen Livingstone, "Why Is the Teen Birth Rate Falling?" (Washington, D.C.: Pew Research Center, 29 April 2016). http://www.pewresearch.org/fact-tank/2016/04/29/why-is-the-teen-birth-rate-falling

326 "African Americans Are Increasingly Affluent, Educated and Diverse," *Nielson Newswire*, 19 September 2015. http://www.nielsen.com/us/en/insights/news/2015/african-americans-are-increasingly-affluent-educated-and-diverse.html

327 Laura Shin, "The Racial Wealth Gap: Why a Typical White Household Has 16 Times the Wealth of a Black One," *Forbes*, 26 March 2015.

328 "Are We Talking Enough About the Black Middle Class?" *Pacific Standard*, 13 April 2015. https://psmag.com/are-we-talking-enough-about-the-black-middle-class-13dbfed92322#.r2eacnui1

329 "African Americans Are Increasingly Affluent, Educated and Diverse."

330 *The Condition of Education 2017* (Washington, D.C.: National Center for Education Statistics, May 2017). https://nces.ed.gov/pubs2017/2017144.pdf

331 John Gramlich, "Hispanic Dropout Rate Hits New Low, College Enrollment at New High" (Washington, D.C.: Pew Research Center, 27 September 2017). http://www.pewresearch.org/fact-tank/2017/09/29/hispanic-dropout-rate-hits-new-low-college-enrollment-at-new-high/

332 Anna Gonzalez-Barrera and Jens Manuel Krogstad, "What We Know About Illegal Immigration from Mexico" (Washington, D.C.: Pew Research Center, 20 November 2015). http://www.pewresearch.org/fact-tank/2015/11/20/what-we-know-about-illegal-immigration-from-mexico/

333 D'Vera Cohn, "Future Immigration Will Change the Face of America by 2065," (Washington, D.C.: Pew Research Center, 6 October 2015). http://www.pewresearch.org/fact-tank/2015/10/05/future-immigration-will-change-the-face-of-america-by-2065

334 Teresa Welsh, "Minority Babies Outnumber Whites Among U.S. Infants,"

*McClatchy*, 22 June 2016. http://www.mcclatchydc.com/news/nation-world/article85591172.html

335 Richard Alba, "The Myth of a White Minority," *New York Times*, 11 June 2015. http://www.nytimes.com/2015/06/11/opinion/the-myth-of-a-white-minority.html?_r=0

336 Ibid.

337 "Anti-semitism," *Father Coughlin*, 2017. http://www.fathercoughlin.org/father-coughlin-anti-semitism.html

338 Bilal Qureshi, "From Wrong to Right: A US Apology for Japanese Internment," NPR, 9 August 2013. http://www.npr.org/sections/codeswitch/2013/08/09/210138278/japanese-internment-redress

339 G. Edward White, "The Unacknowledged Lesson: Earl Warren and the Japanese Relocation Controversy," *VQR*, Autumn 1979. http://www.vqronline.org/essay/unacknowledged-lesson-earl-warren-and-japanese-relocation-controversy

340 Stuart Anderson, "Immigrants and Billion-Dollar Startups," NFAP Policy Brief (Washington, D.C.: National Foundation for American Policy, March 2016). http://nfap.com/wp-content/uploads/2016/03/Immigrants-and-Billion-Dollar-Startups.NFAP-Policy-Brief.March-2016.pdf

341 Giovanni Peri, "Do Immigrant Workers Depress the Wages of Native Workers?" IZA *World of Labor*, May 2014. https://wol.iza.org/articles/do-immigrant-workers-depress-the-wages-of-native-workers/long

342 Gonzalez-Barrera and Krogstad, "What We Know About Illegal Immigration from Mexico."

343 Mick Dodson interview with Darrell Bricker.

344 John Ibbitson, *Stephen Harper* (Toronto: McClelland & Stewart, 2015), 248.

345 Bernie Farber, "The Terrible Legacy of Duncan Campbell Scott," *Huffington Post*, 23 January 2017. http://www.huffingtonpost.ca/bernie-farber/duncan-campbell-scott-legacy_b_14289206.html

346 "Aboriginal People in Canada: Key Results from the 2016 Census" (Ottawa: Statistics Canada, 25 October, 2017). http://www.statcan.gc.ca/daily-quotidien/171025/dq171025a-eng.htm

347 David Macdonald and Daniel Wilson, *Shameful Neglect: Indigenous Child Poverty in Canada*, (Ottawa: Canadian Centre for Policy Alternatives, 17 May 2016). https://www.policyalternatives.ca/publications/reports/shameful-neglect

注　释　283

348 Matthew McClearn, "Unsafe to Drink," *Globe and Mail*, 21 February 2017. https://www.theglobeandmail.com/news/water-treatment-plants-fail-on-reserves-across-canada-globe-reviewfinds/article34094364/
349 Michael Shulman and Jesse Tahirali, "Suicide Among Canada's First Nations: Key Numbers," *CTV News*, 11 April 2016. http://www.ctvnews.ca/health/suicide-among-canada-s-first-nations-key-numbers-1.2854899
350 Vivian O'Donnell and Susan Wallace, "First Nations, Métis and Inuit Women," *Women in Canada: A Gender-Based Statistical Report* (Ottawa: Statistics Canada, 30 November 2015). http://www.statcan.gc.ca/pub/89-503-x/2010001/article/11442-eng.htm#a14. And Paula Arriagada, "First Nations, Métis and Inuit Women," *Women in Canada: A Gender-Based Statistical Report* (Ottawa: Statistics Canada, 23 February 2016). https://www.statcan.gc.ca/pub/89-503-x/2015001/article/14313-eng.htm
351 "More Victims Tell of Sexual Abuse on Reserves," *CTV News*, 14 December 2011. http://www.ctvnews.ca/more-victims-tell-of-sexual-abuse-on-reserves-1.740390
352 Barry Anderson and John Richards, *Students in Jeopardy: An Agenda for Improving Results in Band-Operated Schools* (Toronto: C.D. Howe Institute, January 2016). https://www.cdhowe.org/sites/default/files/attachments/research_papers/mixed/Commentary_444_0.pdf
353 *Aboriginal Demographics from the 2011 National Household Survey* (Ottawa: Aboriginal Affairs and Northern Development Canada, May 2013). https://www.aadnc-aandc.gc.ca/eng/1370438978311/1370439050610
354 "Aboriginal People in Canada: Key Results from the 2016 Census."
355 "Births and Pregnancy Outcome," *Overview of Australian and Torres Strait Islander Health Status 2016* (Perth: Australian Indigenous Health Infonet, 2017). http://www.healthinfonet.ecu.edu.au/health-facts/overviews/births-and-pregnancy-outcomes
356 *Trends in Indigenous Fertility Rates* (Canberra: Australian Bureau of Statistics, 2010). http://www.abs.gov.au/ausstats/abs@.nsf/Products/8C7C1A01E4D5F9C2CA2577CF000DF0A7?opendocument
357 Simon Collins, "New Zealand's 'Baby Blip' Officially Over as Fertility Rate Drops," *New Zealand Herald*, 18 February 2015. http://www.nzherald.co.nz/lifestyle/news/article.cfm?c_id=6&objectid=11403961
358 C. Matthew Snip, "The Size and Distribution of American Indian Population: Fertility, Mortality, Migration, and Residence," in Gary D. Sandefur, Ronald R. Rindfuss, and Barney Cohen, eds., *Changing Numbers, Changing Needs: American Indian Demography and Public Health* (Washington, D.C.: National Academies

Press, 1996). http://www.ncbi.nlm.nih.gov/books/NBK233098
359 Sarah Cannon and Christine Percheski, "Fertility Change in the American Indian and Alaska Native Population, 1980–2010." *Demographic Research*, Vol. 37, Article 1, 4 July 2017. https://www.demographic-research.org/volumes/vol37/1/37-1.pdf
360 Ibid.
361 Althea Sumpter, "Geechee and Gullah Culture," *New Georgia Encyclopedia*, 27 July 2017. http://www.georgiaencyclopedia.org/articles/arts-culture/geechee-and-gullah-culture
362 Katherine Shulz Richard, "The Gullah," *ThoughtCo*, 3 March 2017. https://www.thoughtco.com/the-gullah-language-1434488
363 "St. Helena Island, South Carolina Demographic Data," *TownCharts*. http://www.towncharts.com/South-Carolina/Demographics/St-Helena-Island-CCD-SC-Demographics-data.html
364 Alastair Kneale, "Increase in Manx Population Needs to Be Fought Tooth and Nail," *Transceltic*, 31 August 2015. http://www.transceltic.com/blog/increase-manx-population-threat-needs-be-fought-tooth-and-nail
365 Ellan Vannin, "Isle of Man Population Falls for the First Time in 30 Years, According to Census," BBC, 9 March 2017. http://www.bbc.com/news/world-europe-isle-of-man-39205163
366 Sarah Whitehead, "How the Manx Language Came Back from the Dead," *Guardian*, 2 April 2015. https://www.theguardian.com/education/2015/apr/02/how-manx-language-came-back-from-dead-isle-of-man
367 Beatrice Debut, "Kenyan Tribe of Honey Eaters Faces Extinction," *Agence France Presse*, 10 July 2007. http://www.terradaily.com/reports/Kenyan_Tribe_Of_Honey_Hunters_Fights_Extinction_999.html
368 Ibid.
369 Peter Grant, ed., *State of the World's Minorities and Indigenous Peoples 2016* (London: Minority Rights Group International, 2016). http://minorityrights.org/wp-content/uploads/2016/07/MRG-SWM-2016.pdf
370 Ibid.
371 Genesis 11: 1–9, *The Bible* (King James Version). https://www.biblegateway.com/passage/?search=Genesis+11%3A1-9&version=KJV
372 Rikka Fredriksson, Wilhelm Barner-Rasmussen, and Rebecca Piekkeri, "The Multinational Corporation and a Multilingual Institution: The Notion of a Corporate Common Language," *Corporate Communications*, Vol. 11, No. 4 (2006), pp. 406–23.

373 Steffanie Zazulak, "English: The Language of the Internet," *Pearson English*, 21 August 2015. https://www.english.com/blog/english-language-internet

374 Stephen Anderson, "How Many Languages Are There in the World?" (Washington, D.C.: Linguistic Society of America, 2010). http://www.linguisticsociety.org/content/how-many-languages-are-there-world

375 "How Many Spoken Languages," *Infoplease*. http://www.infoplease.com/askeds/many-spoken-languages.html

376 "Languages of the World," BBC. http://www.bbc.co.uk/languages/guide/languages.shtml

377 "Are Dying Languages Worth Saving?" *BBC Magazine*, 15 September 2010. http://www.bbc.com/news/magazine-11304255

378 John H. McWhorter, "What the World Will Speak in 2115," *Wall Street Journal Europe*, 9 January 2015. https://www.wsj.com/articles/what-the-world-will-speak-in-2115-1420234648

379 "Arctic Mosque Lands Safely in Inuvik," *CBC News*, 23 September 2010. http://www.cbc.ca/news/canada/north/arctic-mosque-lands-safely-in-inuvik-1.907731

380 "Immigration and Ethnocultural Diversity in Canada" (Ottawa: Statistics Canada, 15 September 2016). https://www12.statcan.gc.ca/nhs-enm/2011/as-sa/99-010-x/99-010-x2011001-eng.cfm

381 "Population and Dwelling Counts," *2016 Census* (Ottawa: Statistics Canada, 15 November 2017). http://www12.statcan.gc.ca/census-recensement/2016/rt-td/population-eng.cfm

382 "A Long-Term View of Canada's Demographics," *Century Initiative*, 2 October 2016. http://www.centuryinitiative.ca/2016/10/02/cboc

383 "Growth of the Canadian Population 2013–2063" (Ottawa: Statistics Canada, 30 November 2015). http://www.statcan.gc.ca/pub/91-520-x/2014001/section02-eng.htm

384 "Immigration and Ethnocultural Diversity in Canada" (Ottawa: Statistics Canada, 15 September 2016). http://www12.statcan.gc.ca/nhs-enm/2011/as-sa/99-010-x/99-010-x2011001-eng.cfm

385 Teresa Welsh, "Five Countries That Take in the Most Migrants," *US News*, 25 September 2015. http://www.usnews.com/news/slideshows/5-countries-that-take-the-most-immigrants

386 "Immigration and Ethnocultural Diversity in Canada."

387 Economist Intelligence Unit, "The Safe Cities Index 2015," 2015.

https://dkf1ato8y5dsg.cloudfront.net/uploads/5/82/eiu-safe-cities-index-2015-white-paper-1.pdf

388 Derek Flack, "Toronto Named Most Diverse City in the World," *TOBlogspot*, June 2016. http://www.blogto.com/city/2016/05/toronto_named_most_diverse_city_in_the_world/

389 Charlotte England, "Sweden Sees Record Numbers of Asylum Seekers Withdraw Applications and Leave," *Independent*, 25 August 2016. http://www.independent.co.uk/news/world/europe/refugee-crisis-asylum-seekers-sweden-applications-withdrawn-record-numbers-a7209231.html

390 A confidential conversation between a Swedish journalist and John Ibbitson, winter 2016.

391 "Migrant Crisis: Migration to Europe Explained in Seven Charts," *BBC News*, 4 March 2016. http://www.bbc.com/news/world-europe-34131911

392 Allison Jones, "Justin Trudeau to Syrian Refugees: 'Welcome Home.'" *Canadian Press*, 11 December 2015. http://www.macleans.ca/news/canada/justin-trudeau-to-syrian-refugees-welcome-home

393 Philip Connor, "USA Admits Record Number of Muslim Refugees in 2016," (Washington, D.C.: Pew Research Center, 5 October 2016). http://www.pewresearch.org/fact-tank/2016/10/05/u-s-admits-record-number-of-muslim-refugees-in-2016

394 Kathryn Blaze Carlson, "'None Is Too Many': Memorial for Jews Turned Away from Canada in 1939," *National Post*, 17 January 2011. http://news.nationalpost.com/news/none-is-too-many-memorial-for-jews-turned-away-from-canada

395 John Ibbitson, "Poll Says Canadians Oppose Trudeau's Refugee Plan. What Will History Say?" *Globe and Mail*, 24 November 2015. http://www.theglobeandmail.com/news/politics/politics-notebook-poll-says-canadians-oppose-trudeaus-refugee-plan-what-will-history-say/article27449197/

396 The authors made a similar argument in Darrell Bricker and John Ibbitson, *The Big Shift: The Seismic Change in Canadian Politics, Business, and Culture and What It Means for Our Future* (Toronto: HarperCollins, 2013).

397 Ramsey Cook, "Godwyn Smith," *Dictionary of Canadian Biography* (Toronto and Montreal: University of Toronto and Laval University Press, 2017). http://www.biographi.ca/en/bio/smith_goldwin_13E.html

398 "Sir Clifford Sifton," *Canadian Encyclopedia* (Toronto: Historica Canada, 2017). http://www.thecanadianencyclopedia.ca/en/article/sir-clifford-sifton

399 "Prairie Immigration and the 'Last Best West,'" *Critical Thinking Consortium*.

https://tc2.ca/sourcedocs/history-docs/topics/immigration/the-last-best-west.html

400 Erica Gagnon, "Settling the West: Immigration to the Prairies from 1867 to 1914" (Halifax: Canadian Museum of Immigration at Pier 21, 2016). https://www.pier21.ca/research/immigration-history/settling-the-west-immigration-to-the-prairies-from-1867-to-1914

401 Mohammed Omar, University of Ottawa graduate student, 2016, offered in class.

402 John Ibbitson, *The Polite Revolution: Perfecting the Canadian Dream* (Toronto: McClelland & Stewart, 2006).

403 Leah McLaren, "Canadian Martel Wins Booker," *Globe and Mail*, 23 October 2002. http://www.theglobeandmail.com/life/canadian-martel-wins-booker/article757348

404 "Liberty Moves North," *Economist*, 29 October 2016. http://www.economist.com/news/leaders/21709305-it-uniquely-fortunate-many-waysbut-canada-still-holds-lessons-other-western

405 Allan Woods, "Canada Not Ready for Second Wave of Asylum Seekers, Union Head Warns," *Toronto Star*, 19 September 2017. https://www.thestar.com/news/canada/2017/09/19/5712-asylum-seekers-crossed-canada-us-border-in-august.html

406 Rebecca Joseph, "More Than Half of Canadians Think Ottawa Isn't in Control of Refugee Issue in Quebec: Ipsos Poll," *Global News*, 16 August 2017. https://globalnews.ca/news/3673174/refugee-quebec-army-poll

407 John Ibbitson, "Immigration, Intolerance and the 'Populist Paradox,'" *Globe and Mail*, 18 June 2017. https://www.theglobeandmail.com/news/politics/immigration-intolerance-and-the-populist-paradox/article35355350

408 *Multiculturalism Policy Index* (Kingston: Queen's University). http://www.queensu.ca/mcp

409 Ingrid Perritz and Les Perreaux, "Quebec Reveals Religious Symbols to Be Banned from Public Sector," *Globe and Mail*, 10 September 2013. https://www.theglobeandmail.com/news/politics/quebec-unveils-plan-for-controversial-charter-of-values/article14214307

410 Jonathan Montpetit, "Quebec Group Pushes 'Interculturalism' in Place of Multiculturalism" *Globe and Mail*, 7 March 2011. https://www.theglobeandmail.com/news/politics/quebec-group-pushes-interculturalism-in-place-of-multiculturalism/article569581

411 "Quebec Immigration by Country," *Canadian Magazine of Immigration*,

7 September 2016. http://canadaimmigrants.com/quebec-immigration-by-country

412 "Canada: Immigrants by Province—2016," *Canadian Magazine of Immigration*, 20 April 2017. http://canadaimmigrants.com/canada-immigrants-by-province-2016

413 Cynthia Kroat, "Viktor Orbán: Migrants Are 'a Poison,'" *Politico*, 27 July 2016. http://www.politico.eu/article/viktor-orban-migrants-are-a-poison-hungarian-prime-minister-europe-refugee-crisis

414 Ibid.

415 "Hungary Population," *CountryMeters*, http://countrymeters.info/en/Hungary

416 "Hungarian: One of the Most Difficult Languages for Foreigners to Learn," *One Hour Translation*. https://www.onehourtranslation.com/translation/blog/hungarian-one-most-difficult-language-foreigners-learn

417 John Ibbitson, "Charter That Reshaped Canada Becomes a Model to the World," *Globe and Mail*, 16 April 2012, A1.

418 "Energy-Related Carbon Dioxide Emissions at the State Level 2000–2013" (Washington, D.C.: Energy Information Administration, 17 January 2017). http://www.eia.gov/environment/emissions/state/analysis

419 "An Average MTA Trip Saves Over 10 Pounds of Greenhouse Gas Emissions," (New York: Metropolitan Transportation Authority, January 2012). http://web.mta.info/sustainability/pdf/2012Report.pdf

420 Linda Rodriguez McRobbie, "15 Fast Facts About the London Tube," Mental Floss, 1 May 2018. http://mentalfloss.com/article/33491/18-facts-and-figures-london-tubes-150th-birthday

421 *World Urbanization Prospects: The 2014 Revision, Highlights* (New York: United Nations, Department of Economic and Social Affairs, Population Division, 2014). https://esa.un.org/unpd/Wup/Publications/Files/WUP2014-Highlights.pdf

422 "The Risks of Rapid Urbanization in Developing Countries," (Zurich: Zurich Insurance Group, 15 January 2015). https://www.zurich.com/en/knowledge/articles/2015/01/the-risks-of-rapid-urbanization-in-developing-countries

423 Max Roser, "Land Use in Agriculture," *Our World in Data*, 2016. https://ourworldindata.org/land-use-in-agriculture

424 Geeta Anand, "India, Once a Coal Giant, Is Fast Turning Green," *New York Times*, 2 June 2017. https://www.nytimes.com/2017/06/02/world/asia/india-coal-green-energy-climate.html

425 Justin Fox, "The De-Electrification of the U.S. Economy," *Bloomberg*, 12 April 2017. https://www.bloomberg.com/view/articles/2017-04-12/the-de-electrification-of-the-u-s-economy

426 Gregory Brew, "The Secret Behind Better Oil Major Earnings," *OilPrice.com*, 4 August 2017. http://oilprice.com/Energy/Oil-Prices/The-Secret-Behind-Better-Oil-Major-Earnings.html

427 "India's Coal Plant Plans Conflict with Climate Commitments," *Phys.Org* (Washington, D.C.: American Geophysical Union, 25 April 2017). https://phys.org/news/2017-04-india-coal-conflict-climate-commitments.html#jCp

428 Rush Doshi, "Xi Jinping Just Made It Clear Where China's Foreign Policy Is Headed," *Washington Post*, 25 October 2017. https://www.washingtonpost.com/news/monkey-cage/wp/2017/10/25/xi-jinping-just-made-it-clear-where-chinas-foreign-policy-is-headed/?utm_term=.1984131866a9

429 David Stevenson, *Cataclysm: The First World War as Political Tragedy* (New York: Basic Books, 2004), 15.

430 Mark L. Haas, "A Geriatric Peace? The Future of U.S. Power in a World of Aging Populations," *International Security*, Vol. 32, No. 1 (Summer 2007), pp. 112–47. http://www.belfercenter.org/sites/default/files/legacy/files/is3201_pp112-147.pdf

431 "Iran Attempts to Reverse Falling Birth Rate," *Associated Press*, 6 January 2014. http://www.telegraph.co.uk/news/worldnews/middleeast/iran/10554866/Iran-attempts-to-reverse-falling-birth-rate.html

432 Sarah Drury, "Education: The Key to Women's Empowerment in Saudi Arabia?" (Washington, D.C.: Middle East Institute, 30 July 2015). http://www.mei.edu/content/article/education-key-women's-empowerment-saudi-arabia

433 "Decline in Fertility Rate Among Palestinians, Says Statistics Bureau," *WAFA*, 29 December 2016. http://english.wafa.ps/page.aspx?id=gedjk6a51964762047agedjk6

434 Bessma Momani, *Arab Dawn: Arab Youth and the Demographic Dividend They Will Bring* (Toronto: University of Toronto Press, 2015). Quote derived from a summary of the book presented by the author at an event sponsored by the Brookings Institution, 28 December 2015. https://www.brookings.edu/events/arab-dawn-arab-youth-and-the-demographic-dividend-they-will-bring/

435 Haas, "A Geriatric Peace? The Future of U.S. Power in a World of Aging Populations."

436 *Quote Investigator*. http://quoteinvestigator.com/2012/11/11/exhaust

-alternatives
437 National Population Projections Team (report prepared by Nora Bohnert, Jonathan Chagnon, and Patrice Dion) *Population Projections for Canada (2013 to 2063), Provinces and Territories (2013 to 2038)* (Ottawa: Statistics Canada, 2015). http://www.statcan.gc.ca/pub/91-520-x/91-520-x2014001-eng.pdf
438 *New Projection of Germany's Population by 2060* (Berlin: Federal Statistics Office, 2015).
439 John Bingham, "Average Life Expectancy Heading for 100," *Telegraph*, 15 January 2015. http://www.telegraph.co.uk/news/politics/11348561/Average-life-expectancy-heading-for-100.html
440 "Biologist Believes Average Life Span Will Reach 150 by End of Century," *Toronto Star*, 7 September 2015. https://www.thestar.com/life/health_wellness/2015/09/07/biologist-predicts-average-life-span-will-reach-150-by-end-of-century.html
441 Casey and Galor, "Is Faster Economic Growth Compatible with Reductions in Carbon Emissions?"
442 "Birth and Total Fertility Rate, by Province and Territory" (Ottawa: Statistics Canada, 26 October 2016). http://www.statcan.gc.ca/tables-tableaux/sum-som/l01/cst01/hlth85b-eng.htm